培养造就"大写"的人

北京市第十二中学附属实验小学课程育人实践研究

司学娟 著

学苑出版社

图书在版编目（CIP）数据

培养造就"大写"的人：北京市第十二中学附属实验小学课程育人实践研究 / 司学娟著 . — 北京：学苑出版社，2022.7
　ISBN 978-7-5077-6476-5

　Ⅰ. ①培… Ⅱ. ①司… Ⅲ. ①小学教育—教育研究 Ⅳ. ① G622.0

中国版本图书馆 CIP 数据核字（2022）第 143755 号

责 任 编 辑：任彦霞
出 版 发 行：学苑出版社
社　　　址：北京市丰台区南方庄 2 号院 1 号楼
邮 政 编 码：100079
网　　　址：www.book001.com
电 子 信 箱：xueyuanpress@163.com
联 系 电 话：010-67601101（营销部）、010-67603091（总编室）
印　刷　厂：北京建宏印刷有限公司
开 本 尺 寸：710×1000　1/16
印　　　张：19.75
字　　　数：282 千字
版　　　次：2022 年 7 月第 1 版
印　　　次：2022 年 7 月第 1 次印刷
定　　　价：68.00 元

序

义务教育如何承担起为党和国家培养时代新人奠基的重任？义务教育如何通过核心素养本位的教学改革实现与高中和高中后教育的有效衔接以更好地落实立德树人根本任务？在《义务教育课程方案和课程标准（2022年版）》颁布之际，基于培养时代新人的校本化理解和创新性实践，司学娟同志撰写的《培养造就"大写"的人》一书在回答了"培养什么人、怎样培养人、为谁培养人"的时代命题上做了一些创造性的尝试，从而体现了它的实践价值和文化价值。

培养时代新人、滋养学生"大写"的气质，北京十二中附小有着自身独特的探索。学校以学生的兴趣点和需求为出发点，依托集团化办学优势，消化吸收北京十二中联合总校优质课程资源，构建了特色鲜明的"乐乐"课程体系，促进学生主动学习、快乐成长，以丰富的课程资源满足学生多样性学习需求。北京十二中附小2015年秋季学期正式招生，在执行校长司学娟同志的带领下，学校立足培养有理想、有本领、有担当的新时代的少年儿童，始终将"大写"的人字放在学校正中央，坚持高起点办学、高标准建设、高质量发展，秉持"求真、崇善、唯美"的办学理念和"培养'大写'的人"的办学宗旨，系统构建"乐乐"课程体系，围绕育人使命与课程目标、课程体系化、校本主题课程、学校文化环境、开放评价、课程领导力等方面进行了具有学校特色的校本化探索实践，努力为全校师生奋力书写"大写"的人生创造有利条件，切实将学生核心素养发展真正落实在每一节课、每一个活动、每一次互动中，一所友善、优质、可持续发展的学校正呈现出全面育人的勃勃生机。

　　在培养"大写的人"的校本化实践中，北京十二中附小特别重视课程体系建设，力图通过丰富的课程资源满足学生核心素养发展需要，更好地培养"和雅做人、本真求知、创意做事、康馨生活、责任担当"的"大写"的人。首先，学校前瞻性顺应核心素养本位的新课程改革方向，创造性利用北京市、丰台区地域特色资源，充分发挥全校师生创造力，建构起以学生为中心的"乐乐"课程体系，以课程滋养"大写"的人更好地成长。其次，学校系统开发"我是中国人""我是和雅小学生""小好奇学气象""探究南瓜生长奥秘""体育游戏"等校本主题课程，动态丰富和发展"乐乐"课程体系，充分满足学生全面而有个性发展的需求，为学生核心素养发展提供全方位保障。再次，学校创设文化隐性课程，以教室为中心，突出价值引领，增强学校文化与师生的互动对话，使学生在"创感"的学习空间中浸润式地学习，展现了学校"环境育人"的教育理念，彰显出更浓郁的文化特色。最后，学校在课题引领下，深入实践分享式教学，研发系列分享式学习支架和分享式教学支架，引导学生主动探索、发现和建构；以新时代教育评价改革为契机，围绕"为什么评""评什么""怎么评""评得怎么样"，深入实施包含发展性评价、过程性评价以及结果性评价在内的综合评价，引领学生在自评、他评中不断反思，认识自我优势和不足，从而实现主动学习和快乐成长。最后，学校还有力提升了校长教师课程领导力，推动核心素养导向的校本教研转型，提升信息化教学对师生发展的贡献度，提升家校社共育水平，调动一切教育资源以对师资队伍、课程资源以及课堂教学做出战略性安排，引领教师具备"大写"的风范，用人格力量来丰厚学生的心灵，培养学生独立思考和创新能力，帮助学生实现求真、崇善、唯美的相融共生，最终成长为一个"大写"的人。

　　我以为，大写的人就是具有八气（正气、勇气、志气、灵气、底气、雅气、和气和正气）修身的人格，真善美的气质的人。教育是培养人的事业，把学生培养成为一个"大写"的时代新人，既是教育的出发点，又是教育的过程，更是教育的归宿。站在"十四五"的新起点上，新的梦想正在起航。我衷心地希望北京十二中附小能够深入总结培养"大写"的人的成功经验和特色做法，持续探索培养"大写"的人的个性化策略与方法，把大写的"人"写得更大更好，从而为党和国家培养更多堪当民族复兴大任的时代新人。

李有毅

北京十二中联合总校校长

2022 年 5 月

目 录

第一章　育人使命与课程目标 ………………………………… 001
  第一节　培养时代新人的教育使命 ………………………… 002
  第二节　时代新人的学校视角：培养"大写"的人 ……… 010
  第三节　五育融合课程理念与"大写"的人 ……………… 017

第二章　"乐乐"课程体系：为了"大写"的人 …………… 031
  第一节　满足多样性需要的体系框架 ……………………… 032
  第二节　面向全体学生的共同基础课程 …………………… 039
  第三节　指向差异性的个性拓展课程 ……………………… 047
  第四节　提升创造力的创新发展课程 ……………………… 053

第三章　校本主题课程与"大写"的人 …………………… 065
  第一节　我是中国人 ………………………………………… 066
  第二节　我是和雅小学生 …………………………………… 084
  第三节　学气象　用气象　生气象 ………………………… 094
  第四节　探究南瓜生长奥秘 ………………………………… 107
  第五节　在游戏中强健身心 ………………………………… 118

第四章　校园文化环境与"大写"的人……129

第一节　会说话的墙壁……130

第二节　有温度的教室……139

第三节　营造"动"中生长的文化氛围……150

第四节　富有教育意义的文化活动……157

第五章　开放评价与"大写"的人……165

第一节　坚持师生发展导向……166

第二节　分享式教学与评价……171

第三节　学生核心素养评价……199

第四节　创新评价的六要素……211

第六章　课程领导力与"大写"的人……227

第一节　课程领导力提升……228

第二节　校本教研提能力……236

第三节　信息技术拓边界……250

第四节　家校社合力育人……254

第七章　迈向"大写"的人生……271

第一节　学生具备"大写"的气质……272

第二节　教师具备"大写"的风范……285

第三节　把"大写"的"人"写得更大……292

参考文献……302

育人使命与课程目标

时代车轮正以难以想象的加速度滚滚向前。"为党育人,为国育才"的教育使命也前所未有地聚焦于培养具备创造性的时代新人。如何发现学生的创造潜质并顺势而为,如何通过丰富的课程资源满足学生多样性学习需求,如何通过文化育人落实立德树人根本任务,是笔者作为教师、校长和研究者时刻思考的问题。北京市第十二中学附属实验小学(以下简称"十二中附小"或"学校")的育人成果——培养"大写"的人,凝聚了笔者对于培养时代新人的校本化理解和探索。

第一节　培养时代新人的教育使命

教育的本质归根结底是人的教育，新时代教育就是要培养德才兼备的"时代新人"。教育家叶圣陶早在1935年就提出："教育的目标，不外乎给予学生处理生活的一般知识，养成学生处理生活的一般能力，使他能够做一个健全的公民。"① 他强调："受教育的意义和目的是做人，做社会够格的成员，做国家够格的公民。"② 随着《义务教育课程方案和课程标准（2022年版）》的颁布实施，学习方式的变革、教学理念的改变、教学策略的改进以及评价体系的完善，成为摆在中小学教育工作者面前的头等大事。学校不断适应时代变化和社会发展的现实要求，全面深入学习新课标的内在本质，做到心中有课标、教学有方向、行动有力量，培养担当民族复兴大任的时代新人有了更清晰的方向和目标。

一、创新成为时代新人的必备素养

在建党100周年庆祝大会上，习近平总书记代表党和人民庄严宣告，我国实现了第一个百年奋斗目标，现在正向第二个百年奋斗目标迈进。今天的学生是实现第二个百年奋斗目标、实现中华民族伟大复兴的主力军。但民族复兴的道路并不是平坦的，世界百年未有之大变局进入加速演变期，全球新一轮科技革命和产业变革正在深入发展，人才竞争日趋激烈的现实对人才规

---

① 叶圣陶. 如果我当老师[M]. 北京：教育科学出版社，2012.
② 同①.

格提出新要求。伴随着人工智能的飞速发展,技术职位的门槛正在逐渐降低,那些曾经需要专门训练的工作现在借助简单的工具和互联网就可以完成。毋庸置疑,创新成为人们适应生产生活全方位变革的必备素养,决定着青少年能否肩负起实现中华民族伟大复兴梦的重任。

培养适应时代需要的创新人才,是党和人民赋予教育工作者的使命和责任。2018 年 9 月 10 日,具有里程碑意义的全国教育大会在北京召开,习近平总书记在大会上做了重要讲话,就如何加强教育强国建设、推动我国教育事业健康发展提出一系列新观点和新要求。在谈到"培养什么人"这个教育首要问题时,习近平总书记明确指出:"我国是中国共产党领导的社会主义国家,这就决定了我们的教育必须把培养社会主义建设者和接班人作为根本任务,培养一代又一代拥护中国共产党领导和我国社会主义制度、立志为中国特色社会主义奋斗终身的有用人才。"2021 年 7 月 1 日,习近平总书记在庆祝中国共产党成立 100 周年大会上强调:"新时代的中国青年要以实现中华民族伟大复兴为己任,增强做中国人的志气、骨气、底气,不负时代,不负韶华,不负党和人民的殷切期望!"实现第二个百年奋斗目标、实现中华民族伟大复兴对"培养什么人"提出了明确要求,即培养"拥护中国共产党领导和我国社会主义制度、立志为中国特色社会主义奋斗终身的有用人才"。这是教育工作的根本任务,也是教育现代化的方向目标。

培养时代新人,基础教育承担着促进每个学生全面而个性发展的重任。落实在办学实践上,学校将"拥护中国共产党领导和我国社会主义制度、立志为中国特色社会主义奋斗终身的有用人才"明确为培养造就"大写"的人,并进一步将"大写"的人细化为"和雅做人、本真求知、创意做事、康馨生活、责任担当"五大核心素养,围绕正气、志气、底气、灵气、和气、雅气、勇气、大气引导学生"八气"修身,系统构建"乐乐"课程体系,充分满足每个学生对不同课程资源的个性化需求。

培养造就"大写"的人,是学校办学的育人目标,是对"拥护中国共产党领导和我国社会主义制度、立志为中国特色社会主义奋斗终身的有用人才"

的形象表述。在笔者眼中，十二中附小的学生，谁能在日常学习生活中做到和雅做人、本真求知、创意做事、康馨生活、责任担当，谁能为中华民族伟大复兴积聚、贡献自己的力量，他的"人"字就是"大写"的。

二、坚持立德树人

教育，不仅要教给学生知识和技能，更重要的是先教会学生做人。学会做人，学会做"大写"的人，在学生学习成长过程中占据首要位置。孔子曰："志于道，据于德，依于仁，游于艺"，[1] 强调了君子要有志向和根本，视之在道德。苏霍姆林斯基认为，道德是育人之本。培养人的时候，不要忽视"人的所有各个方面和特征的和谐，都是由某种主导的、首要的东西所决定的，……在这个和谐中起决定作用的、主导的成分是道德"[2]，道德是照亮学生全面发展的一切方面的光源。

培养造就"大写"的人，不仅要让学生成为有能力的人，更要使学生成为道德高尚的人。如果一个人有才华但没有道德，这样的人注定不会成为"大写"的人。正如美国品德教育联合会（The Association for Moral Education，AME）主席麦克唐纳（McDonald）所说："光有品行没有知识是脆弱的，但没有品行光有知识是危险的，是对社会的潜在的威胁。"教育学之父夸美纽斯则强调："没有德行，文学技巧算得什么呢？凡是在知识上有进展而在道德上没有进展的人，那便不是进步而是退步。"[3] 可见，立德树人，注重学生道德品质的培养，这是陶冶培育"大写"的人的根本之处。

人无德不立，国无德不兴。新时代有新要求，新要求呼唤德才兼备、德智体美劳全面发展的人才。学校坚持立德树人根本任务，落实学生德智体美劳全面发展总要求，汇聚区域、社会、集团校优势资源，持续拓展和丰富学校课程资源，

---

[1] 陈晓芬译注. 论语 [M]. 北京：中华书局，2016.
[2] 苏霍姆林斯基. 苏霍姆林斯基选集 [M]. 北京：教育科学出版社，2001.
[3] 夸美纽斯. 大教学论 [M]. 傅任敢，译. 北京：教育科学出版社，1999.

充分保障每一个学生全面而个性的发展，努力培养造就德才兼备的"大写"的人，创造性回答了"培养什么人、怎样培养人、为谁培养人"的时代命题。

三、坚持"减负"和"提质"并重

唯分数、唯升学，培养不出适应未来社会发展需要的具有创造性的时代新人。在"双减"背景下，北京师范大学资深教授顾明远强调，"减负"不是仅仅减少一点作业，最根本的问题是要培养学生开朗的性格、开放的心态、健全的人格。"减负"的出路最主要的是在课堂上，老师要深入研究课程，研究教材，研究教材里的重点难点，把课讲实了、讲好了。

作为一名小学校长，笔者对"双减"有以下基本判断：从当下看，"双减"力图减轻家长过重经济负担，减轻学生过重学业负担，是教育本质的回归，体现了以人为本；往深处看，"双减"的核心是"轻负担，高质量"；往远处看，"双减"是以减负"小切口"带来教育生态的"大变革"。"双减"的价值意蕴与十二中附小"办一所友善、优质、可持续发展的学校"的发展目标高度契合。减负提质，就是为了学生更好地全面发展，培养学生稳定的兴趣，保护学生好奇心、求知欲和创造力，改变单纯以分数评价学生的功利化评价倾向，让教师和家长更多地注意培养学生的道德品质、社会责任感和创新创造能力，把学生培养成"大写"的人而不是"高分低能"的人。

十二中附小将"双减"的价值意蕴与学校发展目标"办一所友善、优质、可持续发展的学校"进行融合，构建"以人为目的"的德育主题活动课程并发展"做自己的冠军"的学校文化，以"友善"的教育内容和方式培养身心和谐发展的人；对课题、课程、课堂、课间、课后、课外工作进行再思考、再设计，以期实现教育过程的整体优化迈向"优质"；将"减负"与学校"十四五"发展规划进行整合，创设"我们一起 欢欢喜喜"的文化氛围，建立自主承诺的行为和制度文化，牵手多所学校开展跨区、跨省市的联合教研，在释放和激发每个人的善意与潜能中让学校发展"可持续"。

学校全面贯彻落实"减负提质"政策精神，坚持"减负提质"培养时代新人，深入研究减轻学业负担要"减什么"，多样化探索"如何减"，深化课堂教学改革，保障学业质量标准不降低，要求教师设计好每一个教案，上好每一堂课，留好每一次课后作业。全面实施"三减"，以备课组为单位列出作业减负清单，减少重复性、机械性作业，不布置需要家长完成的作业；把考试、竞赛次数压到最低，课程教学中心根据学段特点做出统一规定；学校计划减轻学生书包的重量，为学生提供在校体育活动用品、科学与综合学科材料袋、美术课用纸、书画类用具、在校阅读书目，为学生校园生活提供便利。

同时，在提质上做好加法。一是加强学生自主管理能力培养，以"自主管理"为突破口推进"五项管理"，不断培养学生的自主学习能力、时间管理能力，促进学生自我教育、自我管理、自主反思和自行调节；二是加强学生思维能力的培养，打破传统以刷题、知识点灌输为主的学习方式，探索建设以学生为中心、以核心素养为本、关注学生学习历程的教一学—评一体化的"大单元、大情境、大任务"教学模式，深度推进分享式教学，引导教师围绕"问题设计""作业设计"培养和发展学生的高阶思维；三是加强差异化教学，重点研究如何满足不同层次学生的发展需求，加强对学困生的针对性辅导，充分发掘学优生的潜质，做好拔尖学生的发现和培养工作；四是优化精选作业，增强作业的针对性、趣味性、拓展性和开放性；五是加强教学过程管理。考试成绩不是评价教师教育教学的唯一标准，突出全面育人和教育教学实绩，把工作落实到教师教学行为和过程中去，通过听课、交流、查看、走访等多种形式，真正掌握每一位教师实际的教学状况，切实做好教师的过程性评价；加强学生学习过程的诊断性评价，消除学生学习过程中的"疑点、断点、盲点"。

四、大家不同，大家都好

北京十二中深厚的文化积淀，为学校育人方向与课程建构提供了学术引领和专业保障。"大家不同，大家都好"的教育理念，是我们的老校长陶西平提出的，就是要倡导中小学要办出特色，尊重多元文化，尊重多元教育。北京十二中附小的创立和特色化发展，正是"大家不同，大家都好"教育理念在实践中的行动与升华。

"同心同德、兢兢业业、求实创新"的校训，是几代北京十二中人共同的精神源泉，具有以下基本内涵。首先，提高教育质量需要同心同德。同一个目标，同一个理想，把我们聚集在一起，要我们团结一致，共同奋斗，这是十二中人的精神。我们要在多元中立主导，在多样中谋共识，而这个主导，这个共识，就是提高教育质量。其次，提高教育质量需要兢兢业业。任何点滴进步，都需要付出辛勤的劳动。几代十二中人都曾经为建设一所名校，历尽艰辛，这是十二中人的作风。在教育改革的大潮中，后浪推前浪，我们需要增强紧迫感，绝不能有半点松懈。最后，提高教育质量需要求实创新。从实际出发，扎扎实实地做好教学工作，并且不断树立新的目标，勇于开拓，勇于追求，这是十二中人的品格。教师的专业发展只有融入教育质量的提高，才具有实际意义。

十二中附小是在教育优质均衡发展、办老百姓家门口好学校的时代背景下，在丰台区教委"优质教育集团化"办学思路指导下成立的。在北京十二中附小联合总校李有毅校长的领导支持下，2015年建校之初，笔者担任十二中附小执行校长，从此开启了培养造就"大写"的人的实践与探索历程。学校依托集团化办学优势，消化吸收北京十二中附小优质课程资源，形成了特色鲜明的"乐乐"课程体系，促进学生主动学习、快乐成长，以丰富多样的课程资源培养造就"大写"的人。北京十二中附小的优质品牌资源，尤其是"求真、崇善、唯美"的文化内核，正在释放巨大的文化力量，为培养造就"大写"的人注入新的文化软实力。

五、坚持高品质办学

坚持高品质办学，既要凸显学校的办学理念和价值追求，还要契合学校历史传统、办学基本条件和区域特色资源。北京作为全国的政治中心、文化中心、国际交往中心、科技创新中心，对高品质教育有着更高要求。学校位于北京市丰台区卢沟桥地区，毗邻北京园博园，不仅承载着带动集团校教师专业发展及优质资源共享的重任，更承担着服务区域高层次人才子女教育、吸引和稳定高层次人才队伍的使命与重担。

坚持高品质办学，离不开高水平师资队伍。学校教师以"做学生喜欢、家长满意、同行佩服的教师"为誓言，方正弘毅、论学创新，呈现出和谐向上的发展态势。截止到2022年1月，学校在校学生715人，教职工55人，其中市区级骨干教师和新秀10人，获得硕士研究生学历的教师9人；在由笔者主持的丰台区重点课题"开展分享式教学促进学生核心素养提升的研究"引领下，分享式教学核心研究团队不断发展壮大，经过扎实的理论研究与实证研究，研制出《分享式教学手册》，并在手册的指导下在课堂深入实践分享式教学，教师更多地成为学生学习成长的引导者、合作者、帮助者、支持者。实践证明，分享式教学使得师生互动质量得到明显提高，师生课堂行为得以有效转变，学生核心素养提升得到有效落实。

自建校以来，学校构建了核心价值引领人、主题教育激励人、全学科融合浸润人、校园文化熏陶人、研学旅行实践锻炼人的立德树人格局，有三项成果被评为北京市课程建设优秀成果二等奖，一项成果被评为北京市课程建设优秀成果三等奖，四项成果被评为丰台区一等奖；2020年荣膺北京市基础教育课程建设先进单位和丰台区第一届基础教育课程建设先进单位；2021年喜获中国气象学会"气象教育特色学校"称号。

北京十二中附小"十四五"教育高质量开局 *

2021年4月25日，北京十二中附小在绽放大厅召开会议，北京十二中联合总校李有毅校长出席。会议以"为'十四五'附小教育高质量发展开好局"为主题，总结回顾附小的工作，并在"十四五"精神引领下进行新阶段

---

* 本文由张远征撰写。

工作的安排部署。

　　会上，李校长首先肯定了附小建校六年以来的办学成果，表示附小能取得卓越成绩是校长、管理团队、全体教师的共同努力。其次，李校长指出，在教育工作中，教师要切实落实"五育并举"要求，完整地看待孩子的成长过程，引导学生德智体美劳全面发展，为初中输送优质人才，为中国特色社会主义培养合格建设者和可靠接班人。最后，李校长对新阶段的教师工作提出了期待和要求，认为一名优秀的教师要常怀热情、激情和深情，保持教育初心，主动更新自己的教育理念和知识结构，才能实现教师自我价值的跃升。

图1-1　司学娟校长在主持会议

图1-2　李有毅校长在做讲座

　　司学娟校长在总结发言时激动地说：站在"十四五"的起点上，新的梦想正在起航；李校长是附小发展蓝图的描绘者，指引着附小前进的方向；附小全体教师将谨记于心，严格要求自己，用科研之心对待教育工作，做到视野有宽度，研究有深度，创新有亮度，在培养"大写"的人的探索实践中收获更丰硕的成果。

第二节　时代新人的学校视角：培养"大写"的人

青年兴则国家兴，青年强则国家强。立足培养担当民族复兴大任的时代新人，笔者始终将"大写"的人放在学校正中央，依托北京十二中品牌资源，坚持高起点办学、高标准建设、高质量发展，带领全校师生逐步完善了具有学校特色的办学定位、办学理念和育人目标，努力将学校建设成为一所友善、优质、可持续发展的现代化高品质学校，将培养造就"大写"的人贯穿于教育教学全过程。

一、学校办学定位

科学求真，真中含美；艺术唯美，美不离真；人文崇善，善真美一。科学让人知道世界是什么，道德让人明白在世间应该做什么，审美则让人忖度人活一世愿意干什么，可以是顺从人内心的欲求，也可以是源自人的心甘情愿，甚至可以是在不自觉中愿意做的事情。

美学大师李泽厚认为，美是真与善的统一，也就是合规律性和合目的性的统一。合规律性是社会美的方面，而从客观对象说，合目的性则是自然美的方面。他从社会美到自然美进一步说明了人类总体的社会历史实践创造了美。曾繁仁认为，人要成为一个真正的人，一个"大写"的人。无论你是一位科学家，还是一名运动健将，或者是一个普通的人，都要是一个健全的人、一个真正的人。陶行知提出"生活美育"的概念，强调美育融于生活、生活融于美育，生活就是美，美就是生活。美育是不分国界的，"审美是真与善的桥梁"（康德），可以跨越时空的阻隔。清华大学石中英教授指出，生活世界就是人的世界，是属于人、为了人并由人加以解释、建构、体验和改造的。个体的、灵性的人是生活世界的核心，是生活世界得以生成和存在的前提，也是生活世界保持完整性的前提。可见，脱离美育和现实生活，培养不出真正的全面发展的"大写"的人。

在"求真、崇善、唯美"教育理念引领下，北京十二中人积极探索育人模式、课程改革、学术研究、创新实践，彰显出学校发展特色，成为首都基础教育的一张名片。秉承"同形、同构、同质"的集团发展理念，十二中附小从顶层设计和科学规划角度出发，打造学校发展方向和特色定位。"同形"就是同样的形象，"同构"是指同样的学校组织结构，"同质"是同样的十二中高质量。从外在形象到内涵发展，北京十二中联合总校以先进的办学理念为引领、以深厚的学校文化为基石、以优质的课程资源为载体、以科学的管理制度为保障，传承"真善美"文化，以"钱学森精神"铸校魂。

依托北京十二中联合总校的优质教育资源，结合小学教育特点和学校位于广安康馨家园小区的实际，学校办学目标定位为：办一所将人放在学校正中央、与十二中优质教育对接、充满活力的学校，办一所友善、优质、可持续发展的学校，办一所成为学生快乐成长的生态田园、儿童乐园、书香校园和康馨家园的学校。

二、学校办学理念

真善美教育既是教育的起点，也是教育的归宿。德国教育学家爱德华·斯普朗格（Eduard Spranger）认为，教育最终的目的不是传授已有东西，而是把人的创造力诱导出来，将生命感、价值感唤醒。李有毅校长强调，把真善美和学生的全面而有个性发展结合起来，就是为了培养"大写"的人。从"培养什么人"和"怎样培养人"两个方面出发，一是志在培养笃信"求真、崇善、唯美"目标的现代中国人，二是遵循"求真、崇善、唯美"的办学原则，这两方面都符合十二中人追求卓越的教育精神。

学校成立以来，顶着建校时间短、发展速度快、社会期望大的现实压力，专注于科学的顶层设计，以此作为学校发展的首要任务。学校积极汲取学校文化专家学者的专业智慧，发挥学校党员干部和教师创造性，历经多次探讨、提炼、研磨学校文化，形成了遵循"求真、崇善、唯美"教育理念的学校品牌。

教育思想：求真、崇善、唯美；

办学宗旨：培养"大写"的人；

学校发展目标：办一所友善、优质、可持续发展的学校，将学校建成生态田园、儿童乐园、书香校园和康馨家园；

学生培养目标：培养"和雅做人、本真求知、创意做事、康馨生活、责任担当"的阳光少年，为"大写"的人生奠基；

教师发展目标：敬业乐群，论学创新，树立正确的教育观、教学观、学生观和质量观；以课程、课题、课堂为载体，以校本培训和集团联合教研为基本途径，培养结构合理、创新型、学习型、科研型教师队伍；

管理理念：修己安人、示范引领、服务支持；

校训：同心同德、兢兢业业、求实创新。

在传承北京十二中"求真、崇善、唯美"教育思想以及研判新时代人才需求特征、教育变化以及自身特殊性的基础上，由学校全体成员共同参与、创造而成的办学理念系统，已成为学校品牌的文化内核，为学校课程建设与办学实践提供了方向指引和价值遵循。

三、学校育人目标

教育具有鲜明的政治属性。习近平总书记指出，培养什么人，是教育的首要问题。我国是中国共产党领导的社会主义国家，这就决定了我们的教育必须把培养社会主义建设者和接班人作为根本任务，培养一代又一代拥护中国共产党领导和我国社会主义制度、立志为中国特色社会主义奋斗终身的有用人才。

学校坚持社会主义的办学方向，坚守"为党育人，为国育才"的教育使命，全面贯彻落实党的教育方针，将立德树人根本任务落实到学校德育、学科教学、课程开发、课程实施、课程评价及学校治理体系建设各方面，积极探索培养造就"大写"的人的个性化策略与方法，不断提升教师教书育人本领，努力培养德智体美劳全面发展的社会主义建设者和接班人。

教育的本质是育人，学校不仅是教师教书、学生学习的地方，更是师生生活成长的地方。小学是一个人成长的起步期，将为人的一生奠定基础。培养"大写"的人，要培养学生"和雅做人、本真求知、创意做事、康馨生活、责任担当"的素养。

和雅做人： 和而不同、各雅其雅。"和"是中华优秀传统文化中的一种高尚民族精神，在人与人关系上主张和而不同，寻求的是人与人之间在保持差异的基础上达成统一与和谐。在人的身心关系上主张加强修养，实现自我身心和谐；"雅"即高雅、典雅、优雅、儒雅，引导学生以雅的行为、雅的思想、雅的目标来要求自己，在道德上和雅做人。

本真求知： 乐学善学、勇于探究。本真，即至善至美，要在学习上追求真实、真知、真情；以一颗赤诚之心做学问，以一颗坚毅之心探真相。

创意做事： 创新意识、问题解决。创意做事是指要能够综合运用已有的知识、信息、技能和方法，具有提出新方法、新观点的思维能力，具有发明创造、改革、革新的信心、智慧和意志。创新是既要继承前人，又不因循守旧；既要借鉴别人，又要有所独创。

康馨生活： 健康生活、智慧劳动。康馨生活即健康温馨的生活，需要拥有良好的作息时间，强健的体魄，积极乐观的心态和基本的生活技能。

责任担当： 合理规划、敬业奉献。责任即做好分内之事，包括家庭、校园和社会。担当既是一种态度，亦是一种责任感。担当是意志的锤炼，是勇气的体现，是智慧的加持，是信念的支撑。

学校准确把握时代新人应具备的做人、求知、创新等内在品质，在落实立德树人根本任务、遵循"求真、崇善、唯美"教育思想的基础上，深入实践以"和雅做人、本真求知、创意做事、康馨生活、责任担当"为目标的课程体系建设，积极推动分享互动式课堂教学，有效发展学生独特的创新思维和创新能力，精准指向"学生学科核心素养"和"学生发展核心素养"的养成，全面提升教学质量的内涵，拓展教育质量的边界。

凭借优越的软硬件条件、先进的办学理念和鲜活的教育实践，学校获得了快速稳步的发展，先后获得丰台区校园文化提升工程特等奖、北京市课程建设优秀成果、北京市"雏鹰爱心行动"创新实践奖，获得北京市综合素质评价先进单位、丰台区教育创新先进单位、北京市课程建设先进单位、北京市中小学科技教育示范校、北京市综合素质评价先进单位、北京市语言文字规范化建设先进单位、北京市学校标准化管理首批达标学校、北京市文明校园、中国气象学会"气象教育特色学校"、丰台区教育创新先进单位、丰台区课程建设先进校、丰台区落实体育条例十佳学校等殊荣。

追求独具内涵的校园文化 *

教育学首先是关系学，教育的全部意蕴都包含在师生、生生关系中。关系的建立需要包容、积极的沟通，更需要有一个"仁爱""正义"的学习环境，让学生内在的"智、仁、勇"得到充分激发。

我理想中的学校是一所将人放在学校正中央，友好且充满活力的学校，所以，我将学校的发展目标定为：办一所友好、优质、充满活力、可持续发展的学校，并将"友好"放在办学目标的首位；将真善美的教育理念具象为"和雅做人、本真求知、创意做事、康馨生活、责任担当"五大核心素养，

---

* 本文发表于《湖北教育（政务宣传）》2017年第12期。

将学校的育人目标定位为：培养"和雅做人、本真求知、创意做事、康馨生活、责任担当"的阳光少年，为"大写"的人生奠基。

将"和雅做人"放在培养目标的首位。学校围绕"求真、崇善、唯美"的教育理念，设计了三个卡通形象"真真""善善""美美"，并将一层大厅的正面墙壁设计为"八气"（正气、志气、底气、勇气、和气、雅气、灵气、大气）主题墙，以"八气诗歌""八气成语""八气格言""八气谚语""八气故事""八气书画""八气歌曲"为内容设计了"八气修身"长廊；围绕"和雅做人""本真求知""创意做事""康馨生活""责任担当"核心素养整体规划教学区的楼道文化。

研究表明，一个小学生在学校的心情如何，80%以上的因素与教师相关。为了让孩子们在学校拥有一个好的心情，学校专门制定了《北京十二中附属实验小学最美教师行为十条》，其中第六条内容为"博爱学生：孩子最不可爱的时候就是他最需要爱的时候。我们将主动承担起建立良好师生关系的责任"，要求教师在对学生严格要求的同时，必须通过恰当的方式将爱传出去，让学生感受到老师对他的关爱。学校安排每位教师重点关注一到两名在学习习惯、心理品质或学业成绩上有问题的学生，做他们的"影子成长伙伴"。

美术课上，老师指导学生画自画像张贴在楼道里，教师节前后，她又指导孩子们给老师画像，表达对老师的祝福。听说学生给老师画像，老师们纷纷对学生说"给我画漂亮一些""给我画瘦一些"，孩子们听后特别高兴。老师们的画像张贴在楼道里，成了学校一道亮丽的风景。学校将老师们最满意的画像制作成PPT，在学校大门口的LED屏幕上滚动播放，老师和学生上课时，看着这些画像，都从心底里感到高兴。

人们把经历无数惨烈战争的20世纪称为"战争与暴力的世纪"，期盼21世纪成为"和平与共生的世纪"。然而，这个"和平与共生的世纪"却并不会自然地到来，它有待于我们的希望和努力。在冬奥会背景下，学校开展了"橄榄枝"和平教育活动，旨在让同学们了解民族间和国家间的种族、宗教、文化差异，尊重世界文化的多样性和统一性；掌握与其他国家、民族、地区人民平等交往、和睦相处的修养与技能；从学生的生活实际出发，培养学生理解和尊重差异的意识和沟通与合作的技能，学会化解冲突；了解和体会战争与环境污染的危害，树立全球人类共同利益的观念以及为维护和促进世界和平而努力的意识，将和平的种子从小根植于同学们的心灵。"橄榄枝"和平教育内容有五个维度：一为天人之和，二为身心之和，三为人伦之和，四为社会秩序之和，五为协和万邦。在进校门的显著位置开设"开心老师"信箱，帮助学生防范和化解冲突，防止校园欺凌。将《情绪管理与性格培养》作为必读书目，开展"橄榄枝"主题班会活动，实施《安全小卫士》课程，切实提升学生安全防范意识及应对能力。

学校努力建设一种体现着精神价值和教育内涵的学校文化，让优秀的文化孕育优质的教育，让师生员工在校园中的每个角落时刻能有意或无意地感知到文化的感召力，并自觉在行动中践行。

第三节　五育融合课程理念与"大写"的人

"大写"的人是完整的人，而不是"单向度"的人。美国哲学家赫伯特·马尔库塞（Herbert Marcuse）认为，发达工业社会成功地压制了人们心中的否定性、批判性、超越性的向度，使这个社会成为单向度的社会，而生活在其中的人就成了单向度的人，这种人丧失了自由和创造力，不再想象或追求与现实生活不同的另一种生活。① 着眼于人的整体性需要，凸显人的伦理性获得，引领人的精神性追求，学校坚持五育融合课程理念，在五育融合中培养造就"大写"的人。

一、五育融合课程理念

课程是德育的核心，是学校教育教学活动的主要形式，在学生核心素养培养中发挥着关键作用。马克思"人的全面发展理论"认为，人的全面发展是人的"能力、志趣、道德和审美观"的发展，通过"融合、共生"的方法路径而实现。2018年9月，习近平总书记在全国教育大会上旗帜鲜明地指出，努力构建德智体美劳全面发展的教育体系。2019年发布的《中国教育现代化2035》进一步提出"更加注重学生全面发展，大力发展素质教育，促进德育、智育、体育、美育和劳动教育的有机融合"，明确提出五育融合的教育发展目

---

① 马尔库塞.单向度的人［M］.刘继，译.上海：上海译文出版社，1989.

标。五育融合，促进学生全面而有个性发展，既是教育的本质内涵，也是培养"大写"的人的必然要求。

五育融合课程理念以人为本，凸显了人成长的自然性与整体性，课程教学不局限于某一素养的专门提升，而是对人的核心素养进行整体性培养。融合不是简单并列或补齐拉平，而是通过不同事物要素或活动之间相互融入、渗透以生成一个新的有机整体。李有毅校长强调，学校将真善美的教育理念通过内容丰富、形式多样的教育活动不断具体化，激发每一位学生内心的真正动力，充分调动每一位学生的非智力因素，使其成为一个志存高远、勇于担当、懂得感恩的人，成为身体健康、品德高尚、知识丰富、能力较强的人，成为真善美"大写"的人。

五育融合课程理念为培养造就"大写"的人提供了根本遵循。学校整体构建共性与个性、基础与发展、科学与人文精神相融合的"乐乐"课程体系和运行机制，增强培养目标、课程标准、教材创造性使用、教学方法改革、教育质量评价的整体性、一致性和协调性，以课程结构的科学性满足学生核心素养发展目标，以课程资源的丰富性满足学生个性化需求，以校本课程开发引领教师专业发展，凸显对学生生命价值和意义的观照，充分保障每个学生全面而个性地成长为"大写"的人。

以课程结构的科学性满足学生核心素养发展目标。通过网络化、结构化，整体构建核心素养导向的课程体系。以价值性、系统论、整体观为基础，把握跨界、整合、分层、分类、实践、选择等关键词，将课程建设从"加法"转变到"优化"，从"散点"转变到"序列"，整体构建聚焦核心素养、体现"综合"和"实践"特点、呈现"契合、整合、融合、联合、化合"特征的课程图谱，学校课程结构体系更好地指向育人目标，凸显办学特色，走向深度建构。

以课程资源的丰富性满足学生个性化需求。课程有特色，但不能只有特色。每个学生都是独一无二的生命个体，都有属于自己的学习方式和成长方式。课程应该作为发现儿童的手段，还应该成为儿童发现自我的载体。在课程内容上，重视知识、技能、价值的整合，发挥其整体育人效果。学校致力于建设特色精品课程，建设特色社团，构建最大化覆盖优质教育资源的课程体系，注重以丰富性满足不同学生多样化的需求，为学生发现自己和别人不一样的潜能创造条件，帮助学生发现自己、唤醒自己、成为自己。

以校本课程开发引领教师专业发展。为教师创造个性化发展空间，使教师明确自我成长之路并为之付出努力，是校长的重要职责所在。当前，新课标、新教材、新高考、新课程改革对教师专业素养提出了更高要求，同时也赋予了教师专业自主的权利。教师不仅是课程的实施者、执行者，还是课程的开发者、创新者。为给教师创造良好的成长环境，笔者遵循"一个教师就是一门课程"的理念，鼓励、引导教师成为校本课程的开发者和创新者，在教学实践中注重积累以建立自己的教育思想，形成自己的教学主张，从而形成智慧育人的独特教学风格；推动学校课程体系的构建，加强学科建设和教师专业能力培养，使教师在课程研发、课堂教学、教材编写上成为课程建设的主力军，更好地成长为有理想信念、有道德情操、有扎实学识、有仁爱之心的"四有"好老师，有效增强教职工爱岗敬业、教书育人的责任感、使命感和成就感。

二、课程育人目标

2022年4月21日，教育部正式发布《义务教育课程方案和课程标准（2022年版）》，突出强调了学生核心素养培养的重要性和紧迫性。义务教育新课标的修订就是要进一步推动中小学育人方式改革，引领核心素养本位的教育教学，让每一位老师做到"眼中有人"而不是只有分数。

课程学习是学生生命体验和生活意义的唤醒过程，教育最根本的目的在于唤醒，唤醒学生自我发展意识，激发孩子们求知的欲望。课程不仅要传授知识、技能，还要传授科学思维、科学方法，更要关注学生情感意志的发展，保证学生知识与技能、过程与方法、情感态度价值观和谐健康地发展；课程还应增强与学生现实生活的联系，把学生的生活世界纳入视野中，充分发挥知识、素养对于人的生存意义和生命境界的指引与提升作用，使学生前瞻性适应未来社会、实现个人发展与社会发展的动态平衡。在教育家怀特海看来，国家的发展、民族的生存都依赖于人民的智慧。他指出，"凡是不注重智力训练的民族是注定要灭亡的"。教育旨在激发和引导人们"自我发展"，而"自我发展"是"最有价值的智力发展"。"教育的全部目的就是使人具有活跃的智慧。"[1] 显然，教育须传授学科基础知识，但是启迪智慧更有意义。

结合学校发展定位和育人目标，基于学生立场，立足培育学生核心素养，我们形成了"八六四"课程育人目标。其中，"八气"修身：修炼正气、志气、底气、灵气、和气、雅气、勇气、大气，为"大写"的人生奠基；六种习惯：遵守规则、潜心阅读、积极思维、勤于实践、乐于分享、热心公益；四项技能：一笔好字、一副口才、一门球技、一口戏曲。

基于课程育人目标，系统构建"乐乐"课程体系，为学生提供自主学习、积极思维、开展活动和充分表现的四大发展空间，让每一个学生都能在自己感兴趣的领域内得到个性化发展，更好地满足学生全面而有个性的发展需要。

值得注意的是，课程目标是演进着的，是在教育过程中不断生成的，而不是预先存在的，课程目标不是将课程引向"终止"，而是引导新的课程内容与课程意义持续不断地生成。课程目标在表述上可以模糊和多元，以便不拘一格地根据情境生成新的目标。课程是一个过程，是"在跑道上跑，而不是跑道"，课程不再是静态预设的文本，而是在文本、学生、教师与教育情境的交互作用中动态生成的经验和体验。课程是在一定教育情境中真实发生的事情，而不是计划要发生的事情，偶然的"意外事件"是课程的重要组成部分。

---

[1] 怀特海.教育的目的[M].赵晓晴,张鑫毅,译.上海：上海人民出版社,2018.

三、课程建设思路

世界在不断变化，课程也在不断改革，课程改革的本质是教育价值观念和行为方式的变革。培养造就"大写"的人，一方面有赖于科学的基于课程标准的课程设计，更为重要的是有赖于课程实施，要让学生核心素养真正运行于课堂教学和学生的学习过程之中。

学校坚持立足校情、稳中求进、求实创新的基本原则，综合考虑目标、条件、需求等定位，积极关注和回应社会发展的新趋势、新挑战与新机遇，整体设计，分类实施，分层推进，动态优化，以契合、整合、融合、联合、化合"五合"推进课程资源建设。

契合：课程目标契合培养造就"大写"的人的育人目标，契合新课标、新课程、新教材、新中高考改革方向，契合学校自身现实及发展愿景；

整合：基于学校发展愿景、学生培养目标整体建构课程体系；整合不仅仅意味着要强化学科内的知识联系以形成学科核心素养，而且要打破学科间的壁垒进行跨领域、跨学科的整合，以跨学科视野培养"大写"的人；

融合：以五育融合课程理念指导学校课程资源建设，五育融合，五育互育；融合自主学习、合作学习、探究学习、项目式学习等多种学习方式，培养学生超越变化的学习力；

联合：发挥集团化办学优势，实现北京十二中教育集团内课程资源的联合；实现知识与生活、知识与社会实践的联合；实现校内校外课程资源、家庭教育的联合；

化合：将发生化学反应作为检验育人质量的标准。生成性是化学反应的基本特征，是通过化学反应发生质的变化过程。五育融合是五育相互糅合的化学反应过程，其结果是超越单维度育人以实现融合育人的目的。

在"五合"课程资源建设思路指导下，学校系统优化国家课程编排结构，通过系统性浓缩和特色化拓展，形成长短课时相结合、行政班与分层教学相结合的多样化课程实施体系，突出课程创新性、综合性、实践性、发展性、开放性和可选择性，形成注重阅读，突出科技和体育的学校教育特色，高质量完成国家课程的同时满足学生的多样性学习需求。

发展结构均衡、特色彰显的课程体系。通过《"八气"修身读本》《我是和雅小学生》《好习惯 我养成》《我是小小爬山虎——北京十二中附属实验小学学生核心素养评价手册》《漫溯——北京十二中附属实验小学基于核心素养的阅读手册》《小好奇学气象》等校本主题课程材料的开发，动态丰富和发展"乐乐"课程体系，满足学生全面而有个性发展的需求，为学生"和雅做人、本真求知、创意做事、康馨生活、责任担当"核心素养发展提供全方位保障；在动态优化中完善气象科普教育、"卢沟笔记"、光影与阅读、太空种子种植、机器人、模型、街舞、田径、排球、武术、黄梅戏、合唱、泥塑等课程资源，优化课程结构，形成高品质课程体系；结合教育部公示的面向中小学开展的全国性竞赛活动名单，重点发展体育特色课程。以体育课程的体系建设为逻辑起点，以大单元教学为载体，培养运动专长；以发展体能为主体，提升体质健康水平；以"学练赛"为主线，发展特色品牌；以培养"阳光、坚韧、进取"的品德为核心，培养造就"大写"的人。

以"学科+"推进课程综合化实施。学科教学是学生发展核心素养的主阵地，学科融合是高质量培养"大写"的人的必然要求。学校开齐开足开好国家课程，强化国家课程的权威性，加强跨学科教育教学，充分发挥学科的综合育人功能，形成以"学科+"为主要特征的课程综合化实施模式，强调学科是基础，"+"是突出学科间的内在联系、体现整体融合，强调学科与不同关键要素的深度链接和融合，实现五育融合、五育互育；适应新课程、新教材、新中高考改革发展方向，构建完善学校课程体系开发与实施指南，以项目驱动推进校本课程资源建设，深入推进核心素养本位的教育教学改革，强化项目式学习、研究性学习的综合应用，探索以学习者为中心的"人工智能+"新型课程教学；引导教师通过有意义的问题设计，高质量的师生互动、生生互动，以及项目式学习、研究性学习设计，促进学生学科思维的形成和发展，使学生掌握知识背后的学科思想方法；培养学生反思学科学习过程和学习方式的能力，不断改进学习过程和学习方法，把学科思维方法迁移到其他学科学习中，提高学科学习能力和跨学科整合应用能力。

以"阅读+"推进学科课程和主题活动课程实施。阅读能给学生带来不同的思考和视野，并沉淀出独特的个性特质。以"阅读+"推进课程实施，让阅读"帮助学生建立更大的智力背景"，让阅读"成为更长远的教育"。建立教师有效指导、学生自主阅读、多学科自主融合、家校协同推进的"大阅读"理念，培育有人文底蕴、会自信表达、学会审美、视野宽广的"大写"的人。

优良校风从哪里来 *

学生的学习态度、奋斗目标、思想品德以及世界观的形成，在一定程度上取决于学校的风气，优良的校风将会推动学校的各项工作，有利于培养出全面发展且具有创新精神和创造能力的合格人才。同时，校风也潜移默化地影响着学校师生的价值观，改变着他们的思维方式和行为习惯。

那么，一所学校如何建立起好的校风，并以此来引领学生健康发展？

一方面，学校要帮助学生建立自信和归属感。《正面管教》一书中用冰山来比喻人类的行为。教育往往只关注冰山位于水面之上的部分，即学生的表面行为。教师试图用奖惩来控制学生的行为，然而对于冰山位于水面之下的部分——学生的内心世界，没有足够的重视。当孩子没有自信或者归属感时，他们就会寻求过度关注，例如在课堂上捣乱、吵闹等行为。

只有走近学生，才能帮助其建立归属感。因此，学校在校长室门外特意设计了"心情树""心愿树""感谢树"，为的是给学生一个表达自己的机会，让他们感受到自己被关注和尊重，他们可以倾诉自己的烦恼，分享自己的喜悦。学校还在开学典礼上，将孩子们许的心愿和立下的目标放在心愿瓶中，并承诺在"六一"儿童节给实现目标的学生一个惊喜。

2017年"六一"儿童节，我们启动了"橄榄枝"和平教育项目，内容

---

* 本文发表于《湖北教育（综合资讯）》2017年第7期。

包括身心之和、天人之和、人伦之和、社会秩序之和，以及协和万邦，目的是引导学生尊重多元文化，帮助孩子学会以和平的方式处理问题。

为了让孩子们感受到"我能发挥作用""我能带来变化"，提高他们的自信，学校在教室和楼道展示了大量的学生作品，组织开展了二十多期"午间秀场"活动，家长们积极支持孩子申报微社团，并从备课、组织教学方面给予孩子一些支持，帮助孩子获得成就感，学校活动大多由学生自己主持。

另一方面，学生的学业质量也是创建优良校风的基石。学习是学生的主业，学业优秀的学生更有力量，更能迎接未来的挑战。学校每学期进行语文、数学和英语基本知识的通关，包括但不限于语文的字词、数学的计算、英文的对话练习；每月开展一次古诗文通关活动，引导学生进行大量积累；每学期开展学科实践活动，有数学游艺节、语文嘉年华活动等。本学期，开启"跟着太阳走一年"之谷雨节活动，谷雨节综合实践活动包括探谷雨、讲谷雨、颂谷雨、舞谷雨、品谷雨、写谷雨、画谷雨、祈谷雨和记谷雨九个主题。谷雨节综合实践活动，围绕多个经过结构化的主题进行学习，融合了小学语文、数学、美术、音乐、体育、科学等学科教学，它打破学科界限，强调"做中学"的学习方式，消解了学科与学科、学习与生活、学校与社会之间的分离状态，拉近学科之间、学科与学习者、学科与生活之间的内在联系，让真实的学习发生，激发学生的内在学习力，起到了传承、弘扬传统文化和夯基础、超学科、提能力的目的。

学校一旦形成优良的校风，它就会对生活在这个环境里的人，特别是学生具有潜移默化的影响力，使他们都自觉或不自觉地接受熏陶，克服原来有待改变的一些习惯、行为。有条不紊的教学秩序、活泼紧张的生活作风、清洁安静的校园环境、尊师爱生的良好风尚及强烈求知的勤奋风气，必能使师生身心愉快、互相帮助、教学相长。

为学生构筑起思想成长的"立交桥"*
——北京十二中附属实验小学"大思政"育人体系的构建

"用新时代中国特色社会主义思想铸魂育人""不忘立德树人初心，牢记为党育人、为国育才使命"，习近平总书记的重要讲话为加强新时代学校思政课建设指明了前进方向。学校以《中国学生发展核心素养》为依据，传承北京十二中附小"求真、崇善、唯美"的教育理念，围绕"和雅做人、本真求知、创意做事、康馨生活、责任担当"五大核心素养，有效拓展学生思想教育的空间，架起学生思想教育的立交桥。

一、让思想教育结构立体起来

小学《道德与法治》教材共12册，教材内容依据与儿童生活的紧密程度，由近及远地安排了六大生活领域：我的健康成长、我的家庭生活、我们的学校生活、我们的社区与公共生活、我们的国家生活、我们共同的世界。在开足、开齐道德与法治课的基础上，将良好的思想品德和行为习惯与班会、课间操、校本课程相融合，用本校的评价体系为素质教育护航。

1.用主题班队会引领学生成长。依据学生心理发展水平和认知特点，联系学生的生活经验，开展主题班会，如在低年级开展"我是班级小主人""我是小小卫生员"等主题班会，中年级举行"'劳'有所得""开往春天的列车""帮垃圾找家 让垃圾有用"等主题班会，高年级开展"扬起尊重帆""我的梦想"等主题班队会，引导学生认识和践行社会主义核心价值观，做到"内化于心，外化于行"，学校每学期都举办大中队主题教育活动，强化集体观念、纪律意识和对国家与民族的使命担当。2020年10月学校成功承办了丰台区"从小学先锋 长大做先锋"主题入队示范活动，进一步激发了学生"做社会主义建设者和接班人的美好愿望"。

---

* 本文由司学娟、周连香撰写。

2. 以特色课间操传承文明礼仪。讲文明、懂礼貌是中华民族的传统美德。为了让学生学礼仪、知礼仪、行礼仪，做和雅的附小人，体育组老师根据学校学生特点创编了劳动操、文明礼仪操，将道德教育融入体育教育之中，让孩子在体育运动中培育好品行，锻炼好气魄。

图1-3 大课间活动

图1-4 体育游戏

3. 立足校本研发系列课程。围绕"和雅做人、本真求知、创意做事、康馨生活、责任担当"五大核心素养和"八气修身，做'大写'的人"的培养目标，系统开发实施了《"八气"修身读本》《我是和雅小学生》《好习惯 我养成》《我是小小爬山虎——北京十二中附属实验小学学生核心素养评价手册》《漫溯——北京十二中附属实验小学基于核心素养的阅读手册》《小好奇学气象》等校本教材，涵盖了社会主义核心价值观教育、法治教育、劳动教育、心理健康教育、中华优秀传统文化教育。

4. 用评价系统促进核心素养提升。为全面评估学生"和雅做人、本真求知、创意做事、康馨生活、责任担当"五大核心素养表现，我们研制了"我是小小爬山虎——北京十二中附属实验小学学生核心素养评价手册"，突出多主体评价，促进评价者（教师、学生同伴、家长等）之间、评价者（教师、学生同伴、家长等）与被评价者（学生）之间的价值协调和评价结果认同，充分发挥评价的引导和激励作用；每周五用微班会的时间进行自评和互评，然后请家长进行评价，自己、老师、同学、家长都是评价者，保证信息来源更加丰富，评价结果更加真实，从而促成以评价促进核心素养的落地。

二、让思想教育内容立体起来

中共中央办公厅、国务院办公厅印发的《关于深化新时代学校思想政治理论课改革创新的若干意见》，要求统筹推进思政课课程内容建设。学校以"家国情怀"为重点，凸显新课程改革"综合"和实践的特点，系统构建了家国课程体系。

1. 跟着太阳走一年：做有根的中国人。"跟着太阳走一年"主题课程在学校已经开展五年有余，此主题课程以二十四节气为内容，围绕多个经过结构化的内容进行学习，融合小学语文、数学、美术、音乐、体育、科学等学科教学，打破学科界限，强调"做中学"的学习方式，消解学科与学科、学习与生活、学校与社会之间的分离状态，拉近学科之间、学科与学习者之间、学科与生活之间的内在联系，让真实的学习发生，激发学生的内在学习力，让优秀的传统文化从耳濡目染深入我们的思想灵魂中，从而在真正意义上认识中华民族优秀的传统文化。在建校六年中已经成功地举办谷雨节、清明节、春分节、寒露节、秋分、冬至等节气活动，并深受学生喜爱。

2. 我的家在中国：厚植家国情怀。在道德与法治教材中"我们的国家生活"占据了不小的比例，从爱祖国到爱家乡再到爱生活，坚定学生的理想信念，厚植家国情怀。自2019年秋季学期起，学校以北师大檀传宝教授主编的《我的家在中国》为蓝本，开展升旗课程"我的家在中国"。2019年是中华人民共和国成立70周年，为了加深学生对国家的了解，增加民族自信心和自豪感，增强民族归属感，更好地了解我们脚下的土地和我们拥有五千年历史的国家，学校结合升旗仪式进行"我的家在中国"系列课程。课程共包括"节日之旅""民族之旅""城市之旅""道路之旅""山河之旅""湖海之旅"。迄今为止，学校已经开展了"节日之旅""民族之旅"和"城市之旅"。通过这些课程，拓宽了学生视野，使他们可以更好地了解过去和现在的中国。每周的升旗仪式上，由老师和学生共同为同学们介绍，以文字、图片、视频、学生介绍、演唱或演奏等方式全方位开启旅程，激发学生热爱祖国的情感。

3. 卢沟笔记课程：深情于脚下的这片土地。学校处于卢沟桥地区，有着特殊文化背景，周边教育资源富集，为我们提供了丰富的道德教育的沃土。2020年7月时，学校借助地域资源优势，研发了"卢沟笔记"课程群。"卢沟笔记"是以观察为课程内容和起点，以培育学生家国情怀、责任担当、问题解决、创意物化等方面的意识和能力，运用图画、文字、音像等多种笔记的方式引导学生进行观察、记录和实践、体验，以"观察、记录、阅读；交流、合作、分享；实践、体验、研究"的"三步九法"为学习方式的跨学科实践课程。

4. 科学类：开心农庄种植实验、校园气象站观察与服务、校园植物地图社、垃圾分类减量小发明、园博湖湿地研究、跟着太阳走一年——园博植物观察研究。

5. 艺体类：定向远足、生态造型艺术、卢沟桥狮子泥塑和速写、"和平鸽"合唱、和平的旗帜绘画、和平成语书法。

6. 信息技术类：光影卢沟、园博艺术微电影、上善若水——永定河探源。

7. 人文社科类：晓月童话、抗战社诗、卢沟史话、抗战英雄故事宣讲、园艺比较研究、"我是解语花"——园博花语、我是园艺博物馆小小志愿宣讲员。

图1-5 "卢沟笔记"课程实践

三、让思想教育者立体起来

习近平总书记殷殷嘱托广大思政课教师,"要给学生心灵埋下真善美的种子,引导学生扣好人生第一粒扣子"①。学校秉承"全学科、全过程、全方位、全领域"的课程建设思路,构建了以思政课教师为中心的全员思政教育体系。

教育部"国培计划"专家沙培宁指出,"道"是理念、信念,是情感、态度、价值观。"术"是方式、方法,是工具。"道"是解决为什么的问题。"道"决定"术","术"的合理性、科学性要由"道"来衡量。工具的合理性取决于价值的合理性,价值比智慧更重要。基于此,学校确定了《北京十二中附属实验小学教师誓词》——秉承北京十二中附小"求真、崇善、唯美"的教育理念,恪守"同心同德、兢兢业业、求实创新"的校训,八气修身,静心育人,潜心教书,做学生喜欢、家长满意、同行佩服的教师;制定了《北京十二中附属实验小学最美教师行为准则十条》,以"说出我的教育故事"为主题开展校本研修活动,对教师进行价值引领和意义追寻;每月开展"月度最美教师"推荐与宣传活动,每学期开展一次师德满意度测评活动。

只有同向同行,才能形成协同效应。学校党支部以"影子成长伙伴"为中心工作,每位党员重点关注1~2位在道德情感、行为习惯方面有问题的学生,并且每月进行交流和反馈,做到制度化、持续化。学校的家长升旗手活动,每周的升旗仪式由家长和孩子共同承担,由孩子介绍家长的先进事迹,为同学们树立身边的榜样,弘扬正能量。年级组混合编组,班主任与科任教师在一个办公室,有问题共同商量和解决,有问题及时跟进,全面落实"人人都是德育工作者"的理念。

习近平总书记要求思政课教师具备政治要强、情怀要深、思维要新、视野要广、自律要严、人格要正等六种素养。学校大队辅导员开发了"我的家在中国"课程,思政课教师将道德与法制课程与德育《我是和雅小学生》《"八气"修身读本》《我爱丰台》进行整合,心理教师开发实施了社会情感课程,语文教师组织学生阅读"北京十二中附小学生基于核心素养的必读书目和选读书目",以课程开发和实施为任务驱动,促进思政课教师的个性化成长。

第二章

"乐乐"课程体系:为了"大写"的人

探索培养"大写"的人的特色化办学之路,只有用高质量的课程体系做支撑才具有生命力。因为课程是学校的核心工作、办学思想的核心载体、学校特色的重要支撑、教师专业发展的重要途径、学生成长的重要通道。因此,学校前瞻性顺应核心素养本位的新课程改革方向,创造性吸收北京十二中"真善美交融"课程文化体系的精华,充分利用北京市、丰台区地域特色资源和发挥师生创造力,在课程专家的引领性指导下,建构起以学生为中心的"乐乐"课程体系,以课程滋养"大写"的人更好地成长。

第一节　满足多样性需要的体系框架

课程结构是学校育人目标的直接反映，是学校课程顶层设计的核心内容。在整体把握国家基础教育课程改革发展方向的基础上，学校深度建构契合学校育人目标的"乐乐"课程体系，融会贯通，形成合力，更好地满足了学生多样性需求，有力支持了学生全面而有个性的发展。

一、三级课程结构

现代课程论是确保学校课程结构科学合理的重要保证。与强调逻辑、科学、理性，主张以科学知识为中心的现代主义课程观不同，后现代主义课程观更加强调开放性与多元化并且致力于建立动态发展的课程。在后现代主义课程观的视野中，课程内容是不断变化和生长的，是随着外部世界的发展而不断变化的。后现代主义课程观更加注重实践和反思，希望学生在体验过程中增强学习动机和学习热情；学生不仅要掌握和具备丰富的知识体系与实践能力，而且要发展健全人格。

学校以后现代主义课程观为理论基础，秉承"真善美"的内在逻辑，构建了共同基础课程、个性拓展课程、创新发展课程三级课程结构，如图 2-1 所示，以有效满足具有不同学习策略、不同学习能力和学习潜能的学生对个性化学习资源的需求。

共同基础课程：为国家必修课程。国家课程的本质是基准性、统一性和权威性，承载着经过严格甄选和加工的知识体系，体现着国家对教育的基本要求。国家课程经过多年的研磨和发展，已经形成了以学科课程为主体的课程架构与内容逻辑体系，坚持底线思维落实国家课程校本化实施，面向全体学生，强调打牢基础，重在保障每位学生核心素养的形成和发展，是各课程领域重点优化的核心课程。

个性拓展课程： 对国家课程进行补充、融合或拓展。针对有更多兴趣和学习能力的学生，保护和进一步发展学生的学习兴趣，针对不同学生群体开设各类适性课程、社团活动。个性拓展课程既可以开拓学生视野，发展学生核心素养，又可以激发兴趣，培养学生的特长和潜能，是各课程领域重点丰富的选择课程。

创新发展课程： 包括固定的节日课程和综合实践课程。创新发展课程侧重于培养和发展以家国情怀、实践能力和创新精神为核心的综合素养，强调让学生在真实的情境中进行学习和解决问题，形成"带得走"的核心素养，是各课程领域重点打造的主题实践课程。

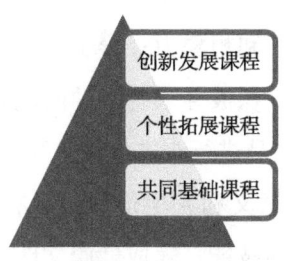

图 2-1　课程层级结构

二、五维课程内容

信息科技的迅猛发展给个人及社会生存方式所带来的根本变革，要求人不仅具有知识，而且要具有全球眼光和"带得走的能力"，懂得在合作中解决问题。在此情势下，世界各地和一系列国际组织自 20 世纪 90 年代以来陆续从"素养"层面描绘国民教育及人才培养的目标。如何将上述核心素养转化为学校课程呢？台湾中正大学教育学院院长蔡清田教授的观点很有代表性，即将核心素养视作"课程发展与设计的关键 DNA"。既然是 DNA，那就意味着整套课程的全部密码都在其中。换言之，核心素养是课程体系的"基质"和纲领，课程的所有目标与内容均由此推演而来。

聚焦培养"大写"的人的育人目标，遵循课程内在逻辑关系和课程本质，结合学生认知规律和成长规律，学校系统构建了包含"和雅做人""本真求知""创意做事""康馨生活""责任担当"五大课程的"乐乐"课程群（见表2-1），并注重增强课程之间的内在关联性，在课程融合中促进学生全面而有个性的发展。

和雅做人：穿着整洁得体，行为文明礼貌，自尊自律，诚信友善，宽和待人。

本真求知：具有积极的学习态度和浓厚的学习兴趣；能不畏困难，有坚持不懈的探索精神；能养成良好的学习习惯，掌握适合自身的学习方法；有反思的意识和习惯，善于总结经验；尊重事实和证据，能独立思考、独立判断。

创意做事：具有好奇心和想象力；善于发现和提出问题，有解决问题的兴趣和热情；能大胆尝试，积极寻求有效的问题解决方法；能将创意和方案转化为有形物品或对已有物品进行改进与优化等。

康馨生活：理解生命意义和人生价值；具有安全意识与自我保护能力；掌握适合自身的运动方法和技能，养成健康文明的行为习惯和生活方式；具有积极的心理品质，自信自爱，坚韧乐观；有自制力，能调节和管理自己的情绪，具有抗挫折能力；合理分配和使用时间与精力；具有达成目标的持续行动力；尊重劳动，具有积极的劳动态度和良好的劳动习惯；具有动手操作能力，掌握一定的劳动技能等。

责任担当：能主动学习，对自我和他人负责；具有团队意识和互助精神；热心公益和志愿服务；具有家国情怀，积极传承和弘扬中华优秀传统文化；能尊重世界多元文化的多样性和差异性，积极参与跨文化交流；关注人类面临的全球性挑战，理解人类命运共同体的内涵与价值等。

表 2-1 北京十二中附小"乐乐"课程群

课程群	共同基础课程	个性拓展课程		创新发展课程
		必修	选修	
和雅做人	道德与法制	中小学专题教育"我爱丰台"		"我的家在中国"课程
	班会/微班会/少先队活动课程	暮省《我是和雅小学生》		和平教育课程
本真求知	语文	金话筒 晨诵 光影与阅读 自由阅读 漫溯阅读	阅读与写作	阅读节 "小好奇"古诗文闯关活动
	数学	数学思维	分层教学 销售课程	数学嘉年华
	英语	大猫分级英语	英语电影配音	英语戏剧
创意做事	科学	科教模型课程 力翰科学	PBL特色气象课程 航海模型 车辆模型 机器人 古科技之趣味物理 乐高搭建	科技节
	美术	硬笔书法（一至二年级） 软笔书法（三至六年级） 面塑	软笔书法 面塑 招贴画 服装设计 年画 手作 衍纸艺术 南瓜漫画	喜庆文化节

续表

课程群	共同基础课程	个性拓展课程		创新发展课程
		必修	选修	
康馨生活	体育与健康	情绪管理与性格培养 街舞 文明礼貌操 劳动操 武术操 民间体育游戏 足球 排球 篮球 花式篮球	武术与韵律操 围棋国际象棋 足球 篮球 开心聊吧 排球 街舞	体育节 亲子运动会 长跑节
	音乐	古诗新韵（将古诗词谱成黄梅调吟诵）	合唱 民族舞 戏剧社 黄梅戏	艺术节
责任担当	综合实践	劳动 开心农庄 信息技术 "卢沟笔记"	信息学奥赛基础 食育课程 种植课程	"小好奇"游学课程 "小好奇"跟着太阳走一年主题综合实践活动 "小好奇"跟着真真、善善、美美走读世界 "安全小卫士"安全演练 南瓜课程

课程建设结硕果　年年创新绽芬芳 *

北京市第十二中学附属实验小学的"乐乐"课程，体现了对儿童主体地

---

* 本文由课程与教学研究中心撰写。

位的尊重，对教育规律的遵循，是基于对人生终极意义的理解。办学以来，十二中附小的课程建设聚焦学生核心素养发展，凸显"综合"和"实践"特点，呈现契合、整合、融合、联合、化合特征。学校的课程建设经过五年的探索和实践获得显著成果，2020年被评为北京市基础教育课程建设先进单位、丰台区第一届基础教育课程建设先进单位；《漫溯——北京十二中附属实验小学阅读课程建设》《唤醒学生的创新潜能——科学教育实践活动课程建设成果报告》荣获北京市基础课程建设优秀成果二等奖；《阅读实践活动成果》《帮垃圾找家 让垃圾有用》《跟着太阳走一年》分别获得丰台区第一届基础教育课程建设优秀成果一、二、三等奖。

学校课程建设的价值取向和实践主线是"真实的学习"。"真实的学习"就是让学生在真实的学习情境中学习解决真实世界的问题，在解决真实世界问题的过程中养成积极行为，形成品格。因此，学校将国家课程和校本课程分成求真类（科学、数学、技术综合领域）、崇善类（语言与文学、人文领域）、唯美类（艺术、体育与健康领域）三大类课程群。通过重组教育时空和教育内容，对愿景文化和核心素养进行校本化理解和解读，注重顶层设计，产出了适合自己学校特色的课程体系：十大主题活动课程体系、传统文化课程体系、"小好奇"科学课程体系、"个性发展社团课程体系"、"致远"与"漫溯"阅读课程体系、"我的家在中国"家国课程体系等，关注课程的主题化、综合化，强调课程整体育人的功能和价值，强调把知识作为一种工具、媒介和方法融入学习的各个层面中，培养学生的学习观念和综合实践能力。

学校的本质使命是满足学生全面而有个性的学习发展需求和社会经济发展对多样化人才的需求，而课程建设就是满足学生需求的核心载体。2020年秋季复课后，孩子们惊喜地发现南瓜遍布校园，学校成为生机盎然的生态田园，"探索南瓜生长的奥秘"科学探索课程应运而生。孩子们围绕着南瓜开展实践研究，聚焦"南瓜是怎么生长的？""南瓜花朵的功用？""南瓜为什么会出现烂果？"等研究问题，以自主学习和直接体验为主要学习方式开展了各个年级的项目学习。在一个月的活动中，孩子们通过观察、测量、记录、分析，对南瓜的结构特点、生长过程、生长环境、用途及功效等方面有了更深入的认识和了解。孩子们最终以绘画、泥塑、研究报告、诗歌、小制作、思维导图、游戏等不同形式展示研究结果。通过本次活动，同学们不仅了解了南瓜的生长奥秘，增长了相应知识，拓展了科学视野，而且还提升了动手实践、创新及与人交往的能力，体会到劳动的辛苦，促进了核心素养的提升。

在课程建设与实施过程中，十二中附小砥砺奋进，邀请家长、社区和社会友邻方加入进来，创新开展和实施"气象课程""卢沟笔记课程"的研究，形成了学校、家长、社区协同育人的教育生态，为课程建设与实施提供了新的探索途径。

第二节　面向全体学生的共同基础课程

共同基础课程以国家课程为主，是学校的基石课程，重在为学生打牢基础，保障每个学生德智体美劳全面发展。学校深入研究国家课程与教材，系统整合学科间重复的内容，对重点内容进行拓展和延伸，实现国家课程校本化高质量实施；同时，推进课程教学结构性变革，通过创新教学方式、更新教研模式等多种途径落实好共同基础课程。

一、基于培养目标推进国家课程校本化实施

国家课程校本化实施，经历了从"内容的整合"到"教学目标的整合"两个阶段。"内容的整合"包括学科内整合和跨界学科融合。学科内整合是指在学科内通过抓概念、抓联系、抓结构，统率其整个知识系统，统筹调节课程内容，譬如大单元备课；跨学科融合主要是指围绕一个主题，对不同学科的教学内容进行整合，例如，在"跟着太阳走一年"之"谷雨节"主题活动中，围绕"诵谷雨""舞谷雨""画谷雨""品谷雨"等分主题开展多学科学习。

课程目标的整合是更深层次的整合。学校以课程目标为实施抓手，以课程目标为整合的灵魂和主线，串联到所有课程教学工作中，从而摒弃了形式上的内容整合，实现了基于目标的整合。在目标分类的指导下，整合课堂不再是几门学科内容的形式加工，不再是几种学科教学的拼凑，而是真正回归到本真的阶段。例如，围绕"八气修身"培养目标，将《"八气"修身读本》

与阅读课进行整合；围绕"养成六种习惯"培养目标，将"我是和雅小学生"校本课程与班会课进行整合；围绕"拥有四项技能"之"一笔好字"培养目标，将写硬笔字与语文内容整合；围绕学会一项球技，将三大球与体育课整合；围绕一副口才，将金话筒与语文整合；围绕一口戏曲，将黄梅戏与音乐课整合；大课间活动创编礼貌操、劳动操、武术操，做到体育与德育融合。

课程整合的最终阶段一定不是呈现整合的表象，而是在于学生的内化过程，在于综合能力及核心素养的内部整合反应。与国家课程相呼应的校本课程体系，拓展了学生学习的宽度和深度，做到了课程的融入、融合、融通。

二、创新教学方式，从"传递中心"走向"对话中心"

课堂教学决定着课程建设质量和成效。学校课堂教学从"传递中心"走向"对话中心"，以分享式学习为统领，综合运用多元学习方式，创新个性化作业，积极构建"有效果、高效率、讲效益"的课堂。

（一）分享式学习

你有一个苹果，我有一个苹果，彼此交换，则各人手里还是一个苹果。你有一种思想，我有一种思想，通过分享，则两人至少各收获一种新思想，甚至在分享过程中碰撞出更多思想火花。分享式教学就是学生在与他人的交往过程中分享智慧，分享学习过程中的思考和经验，实现共同成长、享受认同与尊重的愉悦过程。分享式教学关注学生是否产生了新的观念，是否与别人分享自己的思考，而不在于思考的对错。新世纪小学数学教材（北师大版）编委任景业教授提出，分享式教学有三个"公理"。第一，我们的能力是有限的，需要群居合作而生存；我们的感官带有局限，需要分享智慧而发展。第二，教育不可有悖人的天性：好奇、好探究、好秩序（好讲理）、好分享。第三，教育要让我们的学生学会像一般人一样思考："问题—思考—分享"。

经过持续深入研究与实践，笔者主持的丰台区重点课题"以分享式教学促进学生核心素养提升"示范结题，以课题研究撬动了教师教学方式和学生学习方式的变革。依据人"好奇、好探究、好秩序（好讲理）、好分享"的四大天性，分享式教学建构"问题导学""思考探究""分享交流""互动反馈"四个教学单元，强调为学生营造一个平等、尊重、和谐的课堂秩序，引导学生对未知的知识产生好奇心，经历探究的过程内化成自己的理解，并解释分享给同伴，在同伴互动中提升、深化，从而实现共同成长、享受认同与尊重的愉悦过程。分享式教学赋予学习以价值和意义，让学生感受到所学知识的效用，从而唤醒学生的学习内动力。同时，通过问题设置，将学生置身到真实的问题情境中，学生自身的角色也获得了一定的意义，让学习和学生自身关联起来，有助于启动学生的自我系统，激发学习动机和兴趣，提升学习的意义感。

（二）综合运用多元学习方式

日本教育家佐藤学教授认为，好的学习是一种"互惠的学习"，即学习应当成为师生之间、生生之间互惠互利，不断分享经验、知识与智慧的过程。在课程教学中，可综合运用小组合作学习、情境化学习、跨学科学习等多元学习方式，提升学习效率与质量。（1）小组合作学习，倡导以小组为单位，以自学、小组学习的形式实现自主、合作、探究学习。（2）情境化学习，强调把学习设置到复杂的、有意义的问题情境中，通过学习者的自主探究和合作来解决问题，学习隐含在问题背后的科学知识，形成解决问题的技能和自主学习的能力。例如，在教学楼每一层设立"问题墙与回音壁"，鼓励学生"将世界作为教材"，在"问题墙"上就书本、校园、自然现象等感兴趣的问题提出自己的疑问，自己组成项目组进行研究，老师或同学可以自发在"回音壁"跟帖，实现跨情境的知识迁移，切实培养学生对现实复杂问题的解决能力。(3) 基于主题的多学科学习。学校以二十四节气为内容开展"跟着太阳走一年"综合实践活动课程，围绕多个结构化的主题学习，融合小学语文、数学、美术、音乐、体育、科学等学科教学，打破学科界限，强调"做中学"，消解学科与学科、学习与生活、学校与社会之间的分离状态，拉近学科之间、学科与学习者、学科与生活之间的内在联系，让真实的学习发生，激发学生的内在学习力，起到传承、弘扬传统文化，夯基础、超学科、提能力的目的。(4) 基于课程统整的跨学科学习。跨学科学习是一种以项目学习、问题解决、目标实现为导向的课程组织方式，它将科学、技术、工程、数学、语言、艺术以及历史文化等学科知识与方法有机地融为一体，有利于学生跨学科思维、整体思维以及设计思维能力的培养。(5) 综合实践活动。通过探究、服务、制作、体验等方式，在动手实践中培养学生的综合素质。综合实践活动可以渗透和融入所有的教育教学活动中，促进教与学的方式转变。当然，教学方式的转变不是用一类教学方式去代替另一类教学方式，而是不同教学方式的创造性组合，是综合性地使用多种教学方式。

（三）个性化作业

个性化作业，成为学生课外学习的平台、绽放自我的舞台。学校每学期针对作业问题召开家长、学生座谈会，了解教师布置作业的实际情况，在教研组内加强个性化作业的研究和创新。老师们充分研究教材的主旨，使作业的设计更趋于综合性、整合性。例如，数学老师与传统文化融合，引导学生设计传统节日饺子文化的数学绘本创作、利用端午节的买粽子问题设计统计性实践作业；美术、语文学科间整合设计了《我为图书绘新衣》图书封面文化研究的作业；结合寒暑假出游，整合英语、地理、品社、语文、美术等学科，设计了《我的假期旅游杂志》的个性作业。不同形式的个性化作业创新设计，不仅促进了教师对学生学习的深入认识，更重要的是提高了学生作业的研究价值，孩子们在搜集材料、精心设计、寻求同伴互助、合作学习的过程中有效发展了核心素养。

三、强化教学研究，以教研引领课程建设

在区级重点课题"开展分享式教学促进儿童核心素养提升"的引领下，笔者带领全校教师以学习工具开发为切入点，以核心素养的提升为落脚点，围绕"问题导学""思考探究""分享展示""互动反馈"四个单元，研发思维工具、行为工具和语言模板，引导学生敢于提问、学会表达、学会倾听、学会对话、学会质疑、学会合作，研究成果有力推动了学校课程走向深度建构。

学校还牵头组织北京十二中联合总校的联合教研，合理配置"主题""内容""形式""任务""专业引领"五个核心要素，建立了"以校为本、校区联动、集团推动、整体发展"的联合教研机制，引导、帮助教师提炼教育思想，形成教学主张，变革教学行为；开展"月度真善美教师"或"月度真善美班组"推荐和宣传活动；制定研修成果发表制度，要求教师至少两月内在组内、校内或校外发表自己的学习、实践所得，以"输出"带"输入"；组织开展从"经典"到"经验"读书分享和"说出我的教育故事"等专业研讨活动，开设"诵与弦"公众号，涵养教师专业素养。2019年，学校12名教师被评为丰台区骨干教师，对推动和引领区域教师专业发展产生了积极影响。

以"气象"为杠杆，撬动学生创造力*
——北京十二中附小第四届科技节

转眼间，北京十二中附小开展气象科普活动已走过六年时光，经过多年的积累、沉淀，学生已具有丰富的气象科普知识，良好的实践、创新能力和团结合作的精神。在北京冬奥会开幕式进入倒计时之际，北京十二中附小迎来了以"小好奇探气象"为主题的第四届科技节。2021年11月9日，《现代教育报》对本届科技节进行了专题报道。

---

* 本文由姜振敏撰写。

本届科技节分为"气象与冬奥""气象与南瓜""气象知识竞答赛""气象科普进校园"四大主题。丰富多样、有趣又贴近学生生活的科技活动，激发出"小好奇们"学习、探索、创新的强烈欲望。

一、气象与冬奥

作为冬奥小主人，"小好奇们"围绕冬奥期间的节气特点，冬奥期间的穿衣、饮食，冬奥期间的出行及注意事项，冬奥气象因素对比赛项目的影响，冬奥灾害性天气与预防方法，大胆想象，勇于创新，以绘画、泥塑、书法、连环画等形式为冬奥助威加油！

图 2-2　冬奥手抄报

二、气象与南瓜

去年秋天，学校南瓜喜获丰收，收获了 243 个大南瓜，而今年，满校园找不出几个南瓜，这是为什么呢？"小好奇们"通过实地观察、询问、上网查找等方法搜集相关资料，撰写研究报告和小论文，积极探索气象中的植物生长密码。

图 2-3 "探索南瓜生长的奥秘"科技节学生作品展

三、气象知识竞答赛

为促进"小好奇们"学习和交流气象科普知识,展示各班风采,培养团结合作意识,学校组织了一场紧张而又热烈的气象知识竞答赛。

图 2-4 南瓜生长过程

四、气象科普进校园

为激发"小好奇们"探究气象科学奥秘的热情,中国气象局的专家们来到北京十二中附小,为孩子们带来了生动有趣的气象"营养大餐"。

图 2-5　气象科普讲座

"小好奇们"把校园里的南瓜、国家的重大事件与气象科普活动相结合,通过观察、记录、讨论交流、归纳总结等科学的学习方法,将所学知识应用于实践,服务社会,不仅感受到科学就在身边,而且"强国有我"的责任担当意识大大增强。

第三节　指向差异性的个性拓展课程

急剧变化的社会需要的是个性独立、富有创造性、能够相互合作的"大写"的人。顾明远先生在《个性化教育与人才培养模式创新》一文中提到,"为了使学生个性发展,就要为每个学生提供最适合的教育"。[1] 每个学生都是不同的,通向成功的道路也是不一样的,只有为每位学生提供适合需要、兴趣和专长的课程资源与学习环境,才能最大限度地帮助学生实现个性化成长。学校在开齐开足国家课程的同时,根据学生兴趣发展需求开设个性拓展课程,把个性拓展课程作为增加学生选择、培养学生兴趣、提升学生综合素质、推动学生个性化成长的有效载体。

一、融合信息技术,丰富课程教学资源

未来社会的建设者和接班人应该是高素质、高起点的,能综合运用各种信息技术进行有效自主学习。如果学校课程建设还局限于传统的教育观,而置信息技术于不顾,势必受到历史潮流的抛弃。信息技术与课程教学深度融合,正是认真审视了社会发展趋势、未来人才培养需求和中小学课程建设薄弱环节而提出的一项行动策略。在融合信息技术丰富课程教学资源方面,学校主要以下面三点为抓手:一是建立课程和教学资源包。主动适应信息技术与教育教学深度融合的现实需要,满足互联网时代学习者学习特性和个性化学习需求,建设和丰富优质数字教育资源,推进与纸质版教材配套的数字化

---

[1] 顾明远.个性化教育与人才培养模式创新[J].中国教育学刊,2011(10):5-8.

教材与学习资源建设，实现优质课程资源的共建共享。二是建立网上选课系统。传统的适性课程选课方式耗时长、工作量大，学生和家长无法预知选报人数等问题，网上选课系统大幅提高了工作效率。三是将信息技术作为促进学生自主学习的认知工具和情感激励工具。利用信息技术所提供的自主探索、多重交互、合作学习、资源共享等学习环境，充分调动学生的主动性、积极性，使学生的创新思维与实践能力得到有效发展。

二、落实学科素养要求，设置学科拓展类课程

学校以教研组为单位，以"贴近学科特点、贴近学生生活"为原则，以场景体验式推进学科拓展类课程。孩子喜欢在活动中进行知识探索和发现，从而体验到学习的快乐。学校通过"挖掘资源—整合资源—应用资源"的方式开发、实践和推进拓展类课程建设，切实推动学科拓展类课程资源的丰富与完善，培育学生的主体意识、完善学生的认知结构、提高学生的学科素养，激发和发展学生的兴趣爱好与潜能优势，让学生个性在拓展类课程学习中得到充分发展。

基于某一个学科领域，紧紧围绕学科素养开发开设了语言表达课程、数学思维课程、自然探索课程、海洋课程等拓展课程，着重培养学生良好的学科学习习惯，注重引导学生掌握适合自己的学习策略，培养学生思维的灵活性与深刻性，成为自觉、自主、自理、自控的独立学习者。例如，基于阅读对孩子成长的极端重要性，学校构建了"漫溯"阅读课程体系（见表2-2）。

表2-2 "漫溯"阅读课程体系

领域	低年级	中年级	高年级
阅读	自由阅读班级书柜、学校楼道、图书馆的书籍；《北京十二中附小基于核心素养的必读书目和选读书目》；校本《光影与阅读》		
积累	《国学启蒙》之《弟子规》《三字经》；"八气"修身读本》；古诗；成语；儿歌	《国学启蒙》之《笠翁对韵》《幼学琼林》；归类的古诗文；名言警句	《国学启蒙》之《增广贤文》《论语》；古诗；成语；谚语；对联

续表

领域	低年级	中年级	高年级
表达	讲故事	讲故事；新闻联播；演讲	演讲；辩论；戏剧表演
实践	语文学科嘉年华；阅读节活动；戏剧表演		

阅读是最好的德育，一所书香充盈的学校才会是一所美丽的学校。教育家苏霍姆林斯基说："一个不阅读的孩子，就是学习上潜在的差生。"[1] 新教育倡导者朱永新教授曾说："如果我们的孩子在10多年的教育历程中，还没有养成阅读的兴趣和习惯，一旦他们离开校园就将书永远地丢弃在一边，教育一定是失败的；相反，一个孩子在学校的成绩普普通通，但是对阅读产生了浓厚的兴趣，养成了终身学习和阅读的习惯，一定比考高分的孩子走得更远。"[2] "漫溯"阅读课程体系，强调以生为本，以读为主，让学生在读中整体感知，在读中有所感悟，在读中培养语感，在读中受到情感的熏陶，在读中激发学生的创新思维，激发学生的求知欲，调动学生的探究兴趣，从而使学生更自觉、自主地参与到阅读学习中来，点燃学生创造思维的火花。

除从语文学科延伸拓展以外，学校还与日常主题教育活动相结合，选择与学生生活密切相关的话题进行辩论。例如，结合学雷锋活动，以"当今时代是否还需要雷锋精神"为话题开展辩论，引导学生在思辨中领悟奉献精神内涵，提升客观理性看待问题的意识和能力。小辩手课程大大激发了学生的兴趣，尽可能唤醒每一个孩子的学习潜能，在搜集处理信息、撰写辩论稿、练习辩论的过程中提升学生听说读写能力，以及培养学生独立思考、多角度思考问题的意识和能力。

三、发展学生个性，满足每一位学生的学习需求

学校的拓展类课程并不是多多益善，而是要以课程的功能为目标，在了

---

[1] 苏霍姆林斯基. 苏霍姆林斯基选集 [M]. 北京：教育科学出版社，2001.
[2] 朱永新. 我的阅读观 [M]. 北京：中国人民大学出版社，2012.

解和尊重差异的基础上，设计和选择适合不同个体的课程，以充分地挖掘个体的潜能，形成个性特长。因此，学校以学生发展为本，尊重学生的个性差异，开设了多门类选修课程供学生自主选择进行学习，在学生积极参与活动、主动获取知识的同时，提升了学生"自我选择—自我发现—自我认知—自我发展"的能力，使学生的个性发展得到满足，学生在选择中懂得珍视，并付诸行动，逐渐形成了独立、自主、持之以恒的个性品质。

在年级层面，围绕一类学科，开设年级选修课程，使学生在自主选择学习的过程中培养兴趣、发展能力。例如，在三至六年级开设体育特色课程，包括"篮球""足球""排球""健美操""乒乓球"选修课程内容，实现了年级学生走选修班学习，引导学生掌握体育与健康知识、技能和方法，增强学生的体能，培养学生坚强的意志品质、合作精神和交往能力；在三年级开设创客课程，包括"恐龙星球""机器人""汽车模型""迷你赛车"选修课内容，拓展学生知识面及综合能力，培养动手实践和团队协作能力，发展创新思维与创新能力。

北京十二中附小机器人社团屡获佳绩 *

2021年5月16日，附小机器人社团11名学生分别参加了第二十二届北京市中小学生师生电脑作品交流展示活动、第二十一届北京青少年机器人竞赛和第二届3E国际青少年智能与创意设计大赛，均获得了优异的成绩。

马皓然、任岳成组获得了第二十二届北京市中小学生师生电脑作品交流展示活动可编程控制的空中飞行器·小学组冠军。

朱坤钰、王妙菡组获得了第二十一届北京青少年机器人竞赛暨第六届北京青少年创意编程与智能设计大赛二等奖。

任岳成、张皓然、杨博臣组获得第二届3E国际青少年智能与创意设计大赛智慧物流项目一等奖，祝语诗、夏韵杰、李宗珉组和刘奕恺、田沛伦组获得优秀奖。

---

* 本文由高涵撰写。

将梦想带入星空 *

2021年4月23日,北京十二中附属实验小学六(3)乐乐班曲坤元同学的爸爸来到乐乐班,为全班同学进行了航天知识讲座。曲叔叔是航天科工的工作人员,为我们祖国的国防事业立下了汗马功劳,DF-100就是曲叔叔单位研发出来的,称为国之重器。有了曲叔叔这样的人才为我们的国防出力,我们的国家一定会更加强大。

讲座主要围绕着航天、航空、航宇这三个主要知识来讲,曲叔叔还给我们拓展了引擎的区别和作用,马赫和音速的进率等一些我们平时了解不到的航空知识。曲叔叔以其幽默的语言吸引了在场同学,同学们无一不听得如痴如醉。

曲叔叔深入浅出的讲解,科学家的风范,都深深吸引着同学们。当他讲到近几年中国航天事业飞速发展时充满了自豪,那铿锵的声音感染着我们每一位同学,从小乐乐们那坚定的眼神就可以看出大家都立志一定要好好学习为国争光!

讲座过程中,曲叔叔引经据典,语言幽默风趣,充分体现了他渊博的知识和丰富的人生阅历以及敏锐的洞察力。在讲解"航天科技"和"航天科工"的区别时,"科技是把人送上蓝天的""科工是把人送上西天的"这一句幽默的语言,更是带动了现场气氛,惹得同学们哈哈大笑,我们更加喜爱曲叔叔了。

经过这一次的讲座,同学们都了解了深奥又有趣的航天知识,更使我们知道了自己身上背负着国家的荣誉,许多同学都立志要成为为国争光的人。我们将带着梦想扬帆起航。

北京十二中附小啦啦操队喜获北京市啦啦操比赛一等奖 **

2020年10月24日上午9点,2020年北京市中小学生啦啦操比赛视频

---

* 本文由六(3)班薛丁伟撰写。

** 本文由晋维娜撰写。

直播准时开始啦!

由于疫情,本次比赛改为线上直播的形式,各参赛队上传参赛视频进行评比。虽然这样,但并没有影响啦啦操队员们参赛的热情。本次线上比赛共89所学校、3000余名学生报名参赛。

经过精彩激烈的角逐,北京市第十二中学附属实验小学炫动街舞啦啦操队最终夺得小学高年级组集体舞蹈啦啦操自选动作——街舞项目一等奖。指导教师晋维娜被授予北京市中小学生啦啦操比赛优秀教练员称号。

图2-6 十二中附小啦啦操队在比赛中精彩绽放

为备战本次线上比赛,在老师的专业指导和悉心带领下,孩子们利用课间操、午休和放学后的时间进行紧锣密鼓的练习,认真完成每一个动作和队形变换。虽然训练是艰苦的,但是孩子们在备战的过程中收获了友谊、快乐和团结。期待孩子们在更多的赛场上登台亮相,诠释来自北京十二中附小的活力与朝气!

第四节　提升创造力的创新发展课程

创新能力已经纳入我国学生发展核心素养框架,"实践创新"在我国学生发展核心素养框架中占据重要地位。党的新时代教育方针在"德智体美劳"五育并举的基础上,突出了发展学生创新能力、倡导创造性劳动、培养创造性劳动者的育人导向。基础类课程需要更加注重知识的系统性、结构性,资源的有效运用也并不能局限于学习单一学科知识和技能。显然,现有的按学科划分的教学体系很难有效地胜任创新能力等核心素养培养的目标。因此,学校充分挖掘优势资源,注重培育特色,构建了指向学生创造力提升的创新发展课程。

一、十大主题活动课程

培养造就"大写"的人不仅仅要有课程,更要融化到整个教育的全过程、全部生活之中。曹红旗、王桂亮提出,要设计一些开放性的课程,使课本知识与现实社会生活紧密联系起来,让现代科技知识走进课堂,让学生走出课堂,在实践中去探索、去思考、去发现、去创造;在课程各部分中都应增加培养创造性发问的内容,设计开放性、创造性的问题情境,给出一定的材料、条件、时间、空间,让学生自己去积极主动地探索获取知识,在探索的过程中学会提出问题和发现问题,特别是学会提出创造性问题,引发创造的意向和行为。[①]

---

① 曹红旗,王桂亮.创新素养与课程开发[J].教育研究,2003(9):80-84.

随着核心素养研究成果的出台和新课程标准的逐步实施，以往的重视"知识取向"的传统正在加速向关注"核心素养"的时代转变。新课程改革更加关注课程的主题化、综合化发展趋势，注重课程整体育人的功能和价值。因此，学校将主题教育、学科综合实践、项目学习和STEAM学习进行整体架构，形成学校课程特色。十大主题活动课程（见表2-3）并非面向知识，而是强调把知识作为一种工具、媒介和方法融入学习生活的各个层面中，培养学生的核心素养和实践创新能力。

二、传统文化课程

中华优秀传统文化，是中华民族思想智慧的结晶和宝贵的精神文化遗产，是培育社会主义核心价值观的历史"源头"。十二中附小传统文化课程注重处理好继承和创造性发展的关系，重视体验和实践，深入开展和平教育，学习中国传统文化中的和平主义思想——天人之和、身心之和、人伦之和、社会秩序之和、协和万邦，通过开发"情绪管理与性格培养"课程、开展每月最后一天的校园"和解日"活动、双胞胎节活动、垃圾分类减量活动，将中华优秀传统文化进行创新性转化，促进学生对传统文化的认同与内化。

千百年来，喜庆文化为人类免灾祛祸、纳瑞祈祥，给人们带来平安如意、和谐幸福。在历史上，喜庆文化曾以其特有的民族凝聚力、向心力、吸引力，唤起民众的认同感、归属感、安全感。在经济全球化、信息数字化、文化多元化的今天，喜庆民俗文化正是我们精神的家园、生命的魂魄、不灭的记忆。随着时代的进步、科学的发展、文明的进化，学校在继承的基础上融入时代精神，把喜庆文化课程作为国家课程的补充，形成包括书法、手作（年画、泥塑、剪艺、中国结、灯笼制作等）、民族舞在内的具有校本特色的传统文化课程，学生在一笔一画、一揉一捏中提高了审美素养和动手能力，同时也激发了学生们主动学习、快乐成长的潜能。

表2-3 北京十二中附小十大主题活动课程

主题	目标	学习内容	学时	涉及学科	年级	实施
"小状元"古诗文闯关活动	弘扬中华优秀传统文化，丰富学生的语词积累，提高学生语文素养	必背古诗、"八气"诗歌和《国学启蒙》	2课时/次	语文、音乐	一至六年级	每月一次
"橄榄枝"和平教育主题活动	让和平的种子从小植入学生心间。培养学生同伴交往、合作交流、和平倾听、调解、化解冲突的能力；自尊、宽容、尊重他人的尊严和差异；增进文化间的相互理解、关怀、同情、培育生态意识	身心之和——情绪管理与性格培养	3课时/次	道德与法制、班会、心理、音乐、美术、传统文化	一至二年级	
		人伦之和——同伴交往		道德与法制、班会、心理、音乐、美术、传统文化	三年级	
		社会秩序之和——规则教育		道德与法制、班会、心理、音乐、美术、传统文化	四年级	
		天人之和——环保教育		道德与法制、班会、科学、音乐、美术、传统文化	五年级	
		协和万邦——我们在一起		道德与法制、班会、音乐、美术	六年级	
		安全小卫士（无校园欺凌）	2课时/次	体育与健康、班会、美术	一至六年级	每月一次、安全演练
		慈善义卖	2课时/次	科学、品德、班会、音乐、美术	二至六年级	视开心衣庄蔬果生长情况定

续表

主题	目标	学习内容	学时	涉及学科	年级	实施
"八气修身"升旗课程	以和雅行为正行,以"八气"故事养心修身	身边的"人气"故事,升旗手事迹介绍,我是和雅小学生	1课时/次		一至六年级	每周一次
"跟着太阳走一年"PBL项目学习活动	在"做中学""学中做",培养好奇心,探究饮和实践能力,激发学生对中华传统文化的热爱	二十四节气,气象,种植,食育,春秋诗歌,谚语,游学,茶艺,手作	4课时+12课时		一至六年级	每学期先后围绕两个节气开展活动
"小好奇"学科通关和综合实践活动	夯实学科基础知识,提升学生综合应用和创新能力	口语表达,专题积累,阅读交流,计算通关,思维拓展,专题实践	2课时/次		一至六年级	6月、12月
"乐乐"艺术节	培养学生欣赏美、感受美、创造美的能力	绘本剧、绘画、民族舞、腰鼓、合唱、黄梅戏展示	3课时	音乐、美术	一至六年级	6月
"小好奇"STEAM科技嘉年华	培养科学素养,具备科学探究,敢于质疑,尝试验证的科学思维和动手实践	科学小实验、小制作、科学幻想画	3课时	科学、美术、信息技术	三至六年级	10月

续表

主题	目标	学习内容	学时	涉及学科	年级	实施
"乐乐"运动会	培养学生健康阳光的生活态度、积极进取的意志品质，养成良好的锻炼习惯，掌握科学的锻炼方法	亲子运动会	3课时		一至二年级	9月
		田径赛	3课时		三至六年级	5月
		球赛（足球、篮球、排球）	3课时	音乐、美术、语文	三至六年级	10月
"乐乐"喜庆文化节	唤起学生的民族认同感，提升学生艺术素养和创新能力	手作、诗歌、对联、年画、腰鼓、灯笼、中国结、歌曲、数字	3课时	语文、数学、书法、美术	一至六年级	12月
"小好奇"跟着真善美、善善美美走读世界	感受多元文化，拥有国际视野，树立全球共同利益观念	以世界港口城市为脉络，了解其风土人情特点	3课时	语文、思品、美术、音乐、英语、科学、体育	二至六年级	1月、7月

三、个性发展社团课程

个性发展社团包括竞赛性社团和各类学生自组织的社团，旨在满足学生的多样化需求，使个体差异得到全面充分的照顾，同时突出展现学校办学特色。其一，成立竞赛性社团。通过持续训练，培养学生专注严谨、追求卓越的专业态度，形成技艺娴熟的专业技能，积极参与各级各类竞赛和展示。学校竞赛、展示性社团有合唱团、剧社、梅戏社、球社、舞蹈与韵律操社、球社、武术、机器人、车辆模型、航海模型、面塑社、街舞社团、太空种子种植社团、气象社、围棋社。其二，成立学生微社团。为学生搭建自我展示、互助互学的平台，由学生自主设计开发社团项目，发挥学生群体参与课程资源建设的优势，不断丰富和发展学校课程体系，让学生在微社团活动中获得存在感、成长感和价值感。目前，学生自组织的微社团有快板社、剪纸社、武术社、魔方社、计算机社、文博社。

四、"小好奇"研学课程

在真实的世界中学习才是最有效的学习方式，探究类、体验类、实践类课程需要优质社会资源的深度参与。学校紧密结合北京作为国家历史文化名城璀璨的物质文化遗产、丰富的非物质文化遗产资源和独特的红色文化资源，例如故宫、首都博物馆、天坛公园、颐和园、圆明园等独具特色的教育资源，丰富教育发展内涵，形成了"皇城文化之旅、自然科普之旅、实践体验之旅、艺术博物之旅"四位一体的社会大课堂"小好奇"研学课程（见表2-4），引导学生从课堂走向社会、从书本走进实践，在传承优秀文化、体验科学与职业活动的过程中培养学生创新思维，提升科学素养和社会情感素养，为成为"大写"的人做好充分的准备。每年寒暑假还会布置"小好奇"研学作业，例如围绕一个国家的港口城市，了解它的地理环境、人文风情，旨在开阔儿童视野，培养世界眼光。

表 2-4 北京十二中附小"小好奇"研学课程

研学课程	皇城文化	自然科普	实践体验	艺术博物
课程目标	感受皇城文化和历史，了解古老北京的京韵文化，用文字、PPT等形式介绍皇城历史文化故事	了解植物、动物、环境等相关自然知识、了解基本科技知识和科技发展；亲历探索大自然，参与自然保护；参与科技实验、创新等活动	了解不同职业的工作内容及特点，体验不同职业；感受历史，参与真实的社会生活	了解参观内容的基本知识、感受艺术、体育带来的心灵震撼，参与相关创作活动
一年级	北海公园	世界花卉大观园	汽车博物馆	儿童剧
二年级	天坛公园	北京植物园	金龙鱼食育基地	园博园
三年级	颐和园	北京动物园	气象体验馆	艺术展览
四年级	先农坛	梨花庄园	抗战纪念馆和雕塑园	首都博物馆
五年级	故宫	中国科技馆	职业体验馆	体育比赛
六年级	圆明园	自然博物馆	知名企业、基地	百工坊博物馆

五、康馨生活课程

围绕十二中附小学生"康馨生活"核心素养，学校将安全教育、心理健康教育、体育与卫生、劳动教育进行系统整合，构建了"康馨生活"课程体系（见表 2-5）。

表 2-5 北京十二中附小"康馨生活"课程体系

项目	内容	实施途径
安全小卫士	食品安全，课间安全、体育锻炼安全，交通安全、预防校园欺凌	周一"康乃馨"广播站广播，安全讲座，安全演练等

续表

项目	内容	实施途径
情绪管理与性格培养	调节情绪和人际交往的方法	开心聊吧约谈，微班会，心理辅导
文学与农事课程	"跟着太阳走一年"，举办田园诗歌（包括节气诗歌）赛诗会，节气谚语书法比赛，作文比赛	校内开心农庄，校外实践，语文10%学科综合实践活动
食育	节气养生与面点制作	劳动课
卫生	疾病预防，卫生习惯	广播和楼道主题板

微社团：附小孩子们的"大事业"*

附小的微社团完全由学生做主，教师让位，家长辅助完成。由学生担任社长、独立承担社团的前期准备、招募社员、认真备课、独立授课、组织放学。

微社团因何产生呢？不得不提到一份特殊的儿童节礼物。在上学期，学校中的首届学生张思琪在校长办公室的心愿树上许下了一个小小的心愿："我想教同学们'打快板'。"于是，所有的同学六一儿童节都收到了一份特殊的礼物，就是一副快板。在随后的学期中，张思琪在老师的帮助下制作了海报，召集了自己的"快板社"，当上了一名快板小老师。同学们的热情仿佛被点燃，"剪纸社、京剧社、演唱会"如雨后春笋般涌现出来。

为了更好地组织微社团，帮助更多的学生梦想落地，学校将微社团活动分解为准备阶段、实施阶段、总结阶段三步。在准备阶段，面向所有的学生发出"我要当社长"的社团邀请书，请学生筹划5次为一期的活动计划，与家长共同制作宣传海报、小传单、制作PPT到各班进行宣传。随后，社长就在体育馆进行社员的招募。体育馆内热闹非凡，小社长们各显神通，介绍社团招募社员。在实施阶段，社长制定教学设计，具体细化到授课过程中提什么样的问题，社员会做出什么样的回答，结构式的开场白、新知识传授、小

---

* 本文由司学娟撰写。

结语。在总结阶段，面向社员进行问卷调查，社长撰写活动感受。

张思琪作为老社长，在微社团活动初期，有些急于求成，一心想在每一次活动后都让社员们打熟一个快板节目，结果不尽如人意，社员们也非常疲惫。但在这一次的活动中，思琪在备课中发生了转变，她将基本功作为第一期社团的活动内容，稳扎稳打地进行教学。活动之后，社员们对快板从好奇转变为爱好，课下经常可以见到学生们在一起切磋打快板的手法和技巧，思琪的脸上也洋溢着小有成就的喜悦。

随着微社团活动的开展，学生们在发生着悄然的转变，社团的组织从无序向有序转变，家长们的意识也从学知识向培养能力发生着转变，孩子们因获得成就感而变得更加自信。附小的孩子们从一年级就开始了为自己的事业而奋斗，他们因努力而收获成就，他们因努力而收获责任，他们因努力而收获精彩，我们因有他们而收获幸福！

帮垃圾找家　让垃圾有用*
——主题活动课程化实施的视角

主题活动课程化实施是指以一个主题为线索，围绕课程目标、课程内容、课程实施和课程评价四个要素，整体设计目标化、系列化、科学化、常态化、主体化的活动。学校结合垃圾分类"知而不行"的现状，遵循学生知情意行诸因素统一发展的规律、学生在活动和交往中形成思想品德的规律、学生思想矛盾内部转化规律、学生思想品德形成的长期性反复性规律，把德育过程还给学生，以课程化实施的视角开展了"帮垃圾找家　让垃圾有用"主题活动。

一、过程科学化：立足实情，在螺旋上升中进行拓展延伸

第一，宣传动员，融化于情。在开学典礼上，在国旗下发表《开展垃圾

---

*　本文发表于《基础教育论坛》2018年第10期。

分类十小行动》讲话，吹响活动号角；编排《桶治地球》环保剧，以跳皮筋操的方式表演垃圾分类童谣，教师与学生一起表演《垃圾变奏曲》，亲子携手制作垃圾分类减量LOGO。

第二，学习为本，内化于心。观看《世界各国对垃圾的分类处理》视频；创设垃圾分类减量环境文化；编辑垃圾分类知识手册；开展亲子垃圾分类知识竞赛家庭竞赛和现场竞赛。立体化的学习途径，使垃圾分类减量知识入脑入心。

第三，躬身践履，外化于行。一是动手实践，实施垃圾分类。制作垃圾桶，班级放可回收垃圾箱和不可回收垃圾箱，中午就餐每班放一个厨余垃圾桶；学校设立"垃圾宝贝之家"，报纸、玻璃、易拉罐等分类存放。二是变废为宝，让垃圾减量。成立项目组，开展厨余垃圾沤肥活动；变废为宝，征集亲子环保创意作品；开设环保时装适性课程；开展闲置物品置换活动。三是深化主题，在感悟中提高。开展为期两周的垃圾分类减量主题班会活动，及时总结垃圾分类知识和行为，基于问题解决改进行为，班会成为垃圾分类减量活动的关键事件。

第四，评价激励，强化于果。主题活动评价是评价者与被评价者、教师与学生共同建构意义的过程，我们在垃圾分类减量活动中将过程性评价、展示性评价和结果性评价相结合。一是过程性评价：将落实垃圾分类作为每周和雅班级评价的指标。二是展示性评价：展示手抄报；国旗下讲话分享垃圾分类小妙招；开展环保作品展示活动。在环保作品展示活动中，让学生参与评价，选出自己最满意的作品。三是结果性评价：开展垃圾分类知识竞赛、亲子LOGO制作活动、亲子环保作品制作和主题班会评优活动，对获奖个人和班级进行奖励。综合评价引导学生在知、情、意、行的过程中逐渐做到知行合一。

二、行为常态化：反馈调节，让优秀行为成为习惯

在巡视"垃圾宝贝之家"时发现"废纸之家"里许多面巾纸、消毒纸，感悟到学生、教师在垃圾分类知识上还存在一定的误区。基于问题，结合阅读课和小学学生的心理特点，选编了《垃圾分类在我家》故事，开展专题阅读活动。为了引导学生用自己的眼睛去发现问题，更好地反思改进自己的行

为，我们从各班抽部分学生作为小小观察员，检查校园和班级的垃圾分类落实情况。在活动中发现，班级垃圾分类做得比教师办公室好，校园里的垃圾桶存在分类不合理的现象，经过调查，是校园里的保洁、保安随意丢弃垃圾，没有践行垃圾分类，为此，学校开展了教职工垃圾分类知识竞赛。

三、参与主体化：责任担当，在社会参与中推进进程

为了培养学生参与公共生活的意识和社会责任感，我们将教育引向生活、引向社会，组织学生结合校园和社区垃圾分类中存在的问题给市长写信，例如，有学生写道：我们学校开展给垃圾找家活动，但废纸、易拉罐能找到家，废旧玻璃瓶、废铁没人回收，找不到家，建议在小区建废品回收站。孩子们的信发出近一个月，没有消息，为了保护孩子们的"初心"，时任校长的我给市长信箱写了一封信，请求呵护孩子们的热情。后来，市长办公室委托北京市城市管理委员会给孩子们分别回了信。就可回收垃圾无家可归的问题，2018年丰台区开政协会议时，我写了一份提案，对学生的提议给予呼应。1月26日放假，孩子们走进社区进行垃圾分类宣传，让垃圾分类减量的意识与行动走进社区、走进更多的家庭，学生在宣传中实现了自我的再学习和再实践。

垃圾分类减量是一项长期的系统性工程，在实施过程中，随着主题活动的不断展开，根据实际需要对活动的目标与内容、组织与方法、过程与步骤、反馈与评价等做出动态调整，使主题活动不断深化。垃圾分类减量，"人人有责，人人动手，人人受益"，让我们携手同行，在垃圾分类减量活动中做真的追求者、善的传播者、美的创造者。

黄梅戏社团在传承中创新 *

我校以中国戏曲学院"戏曲进校园"项目为契机，成立了黄梅戏社团，并派老师参加专业培训，与安庆公园小学结成黄梅戏教育合作。截至目前，

---

* 本文引自《指向家国情怀陶养的课程群建设研究报告》，作者为司学娟、张宇飞、周连香、刘妍丽、张远征。

黄梅戏社团成员数量从十几人增加到50人。社团每周活动1~2次，每次上课时间为一个半小时，根据学生学习的程度和性别分为初级男生班、初级女生班、中级男生班、中级女生班和剧目班五个班，根据需求在不同场地同时开始教学。教学内容则由专业老师根据学生实际情况进行制定。社团学生在每次课后积极在微信群中打卡练习，巩固提高。戏曲的生命力在于舞台，为了支持学生对黄梅戏的传承发展，学校每学期都会举行演出或展演，积极鼓励学生参加校内外各种演出和比赛，给学生以展示提高的机会。

图2-7 十二中附小黄梅戏社团的表演在中国教育电视台播出

学校将黄梅戏与音乐课整合，从每个年级的语文课本中选出一首古诗，共12首，编创成古诗黄梅戏调，形成富有学校特色的黄梅戏校本教材，在2021年的六一儿童节时，以年级为单位展示了6首黄梅戏古诗词歌曲，用歌声传承传统文化。疫情期间，黄梅戏社团的孩子们录制了原创黄梅戏曲调古诗词《登鹳雀楼》，用歌声为武汉送去支持和祝福。视频不仅发表在十二中的公众号上，还被丰台区小学音乐学科公众号采用，面向全区推广。附小自建校以来一直倡导和宣传垃圾分类，黄梅戏社团以垃圾分类为主题，创编和排练了黄梅戏现代校园剧目《和雅社区》，实现了在传承中创新，探索出一条属于自己的发展道路，让孩子们喜爱上戏曲艺术，肩负传承黄梅戏的责任。

第三章

校本主题课程与"大写"的人

校本课程是学校课程体系的重要组成部分,与国家课程、地方课程构成一个有机的整体,更多关注学生思维的唤醒与培养,以满足不同学生深入探索个人兴趣和发展方向的需要。十二中附小高质量开发丰富多样的校本主题课程,动态发展、不断丰厚"乐乐"课程体系,充分支持学生全面而有个性的发展,以更好地滋养、培育"大写"的人。

第一节 我是中国人

中国是文明古国、礼仪之邦。自古以来，中华民族传统美德始终是中华民族赖以生存和发展的道德根基和思想基础，始终是中华民族赖以生存和发展的重要精神支柱和精神动力。在中国五千年的文明历史进程中，我们的祖先创造了辉煌灿烂、丰富多彩的传统文化，其中所蕴含的民族精神和诸多道德理念，至今仍然具有强大的生命力，是学校德育的重要思想养分。在小学生成长过程中，通过诵读积淀，让传统文化浸润童心、充实学生内心世界，学生有了民族底气和文化底蕴，才不会丧失中国人的本色。

一、课程目标

弘扬优秀传统文化，培养学生文化自信，是传承北京十二中真善美教育理念和"八气"修身教育特色的使命担当，是立足实际发展学生核心素养、服务学生健康成长和幸福生活的必然选择。党的十八大以来，习近平总书记指出："文化是一个国家、一个民族的灵魂。历史和现实都表明，一个抛弃了或者背叛了自己历史文化的民族，不仅不可能发展起来，而且很可能上演一幕幕历史悲剧。文化自信，是更基础、更广泛、更深厚的自信，是更基本、更深沉、更持久的力量。坚定文化自信，是事关国运兴衰、事关文化安全、事关民族精神独立性的大问题。"[①] 正是基于增强"大写"的人文化自信的目

---

① 2016年11月30日，习近平在中国文联十大、中国作协九大开幕式上的讲话。

的，学校开发设计了"我是中国人"校本主题课程，本课程目标主要体现在以下三个方面。

一是趣味体验国学经典。在小学阶段通过国学诵读活动，使学生积累一千个成语、二百首经典古诗词；通过古诗词、谚语、俗语、对联通关活动，体会中华文化的博大精深，通过积累词语提升学生语文学科核心素养，在体验优秀传统文化中增强文化自信。

二是亲身探寻中华文明。通过阅读美文或者绘本、观摩影视作品、游学等活动，了解自己所居住的城市、了解自己的民族、民族的历史，建立民族自信，培育民族精神，传承民族文化及民族精神。

三是做传承民族文化的真善美小使者。为学生提供丰富多彩、多视角立体化的文化情景或者场域，力求让学生身临其境，通过欣赏、体验、创新等多种方式，引发学生作为中国人的自豪感，从而认同民族文化、民族精神，建立民族自信，争做传承民族文化的真善美小使者。

二、课程内容

国学经典是记录中国传统文化精神的典籍，是中华民族博大智慧和美好情感的结晶，所载为至理常道，透射着人文的光芒，其教育价值历久弥新。学校将"积淀、浸润、滋养、传承"作为经典诵读的核心词，让孩子们在诵读中汲取智慧，为未来人生积淀幸福；中国民间传统游戏或体育项目，具有健身性、趣味性，形式新颖活泼，内容文明健康，具有独创性，学校通过创意设计，开发系列体育游戏项目，在强健学生体魄的同时传承和创新优秀传统文化。

表 3-1 "我是中国人"校本课程体系

课程名称	内容	实施方式	特 点
"八气"修身与经典诵读课程	一年级"八气"诗歌和《弟子规》	每天早上8：10-8：20、中午12：40-13：10为学生诵读时间，每周一次	采取教师导读—小助教带读—集体诵读—竞聘小考官—通关—晋级的模式
	二年级"八气"人物、格言和《三字经》		
	三年级"八气"人物、谚语和《笠翁对韵》		
	四年级"八气"人物、成语和《千字文》		
	五年级"八气"人物、歇后语和《幼学琼林》		
	六年级"八气"人物、对联和《增广贤文》		
喜庆文化艺术课程	手作年画	融入美术课，也作为选修课	满足学生个性需求，传承传统艺术技能，把喜庆文化课程作为国家课程的补充，形成具有校本特色的传统文化课程
	竖笛	融入音乐课，也作为选修课	
	手作（剪艺、中国结、灯笼制作等）	作为选修课	
	腰鼓	作为选修课	
传统体育游戏课程	踢毽子、跳绳、跳皮筋、滚铁环、跳房子	融入体育课和大小课间活动	传承中华传统体育游戏，丰富学生活动内容，强健学生体魄
	武术、武术操		
"我的家在中国"TIE家国课程	从"自然中国""文化中国""当代中国"三个维度去努力呈现一个立体、厚重的中国。全书六大系列，每一个系列包含具有代表性的8个学习主题，总计48个主题	融入班本课程、与思品课整合、多学科实践活动整合。每个年级每学年落实8个主题，每个主题1~2课时	依托德育绘本开发影视资源，引导学生在观摩和表演中感受祖国河山的壮美秀丽、中华文化的博大精深、人物故事的荡气回肠，激发学生的国家认同感、民族自豪感与历史使命感，促进学生家国情怀的生成与爱国行为的产生

"八气"修身,做"大写"的人,作为办学理念,从实践层面回答了让孩子一生精彩的实践路径,即通过"八气"文化的浸润,成就孩子的精彩童年,为孩子的成长打下人生底色。"八气"修身是学校独具特色的系列性校本课程,设置有校本教材,分别为学生讲授诗歌、格言、谚语、成语、歇后语、对联等内容。早上 8:10–8:20、中午 12:40–13:10 为学生诵读时间,每周一次。采取教师导读、小助教带读、集体诵读、竞聘小考官、通关、晋级的模式。

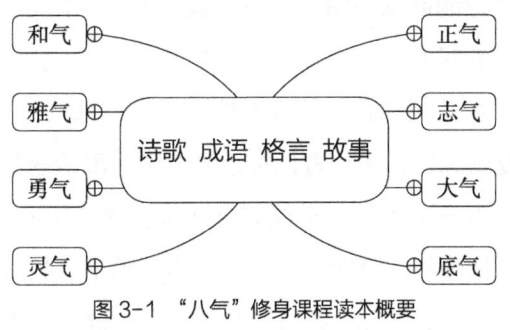

图 3-1 "八气"修身课程读本概要

一、我会背八气诗歌

　　　　xià rì jué jù　　　sòng　lǐ qīngzhào
　　　　夏 日 绝 句（宋 · 李 清 照）

　　　shēngdāng zuò rén jié　　sǐ yì wéi guǐ xióng
　　　生 当 作 人 杰，死 亦 为 鬼 雄

　　　zhì jīn sī xiàng yǔ　　bù kěn guò jiāng dōng
　　　至 今 思 项 羽，不 肯 过 江 东

二、我会读八气成语

四海为家

【释义】原指帝王占有全国。后指什么地方都可以当作自己的家。指志在四方,不留恋家乡或个人小天地。

【例句】我自幼离开父母,一直过着流离颠沛、四海为家的日子。

三、我会写八气格言

　　一心向着自己目标前进的人,整个世界都会给他让路。

图 3-2 "八气"读本部分内容

三、课程实施

建校以来,老师们用文化来浸染孩子,用情感来感染孩子,用行动来影响孩子,使"八气修身"教育理念深深地烙印在每个孩子的心里,让孩子们一谈到"八气",就在头脑中形成相应的画面和动人的故事。

不断思索,用诗韵诗情编织"八气"课程群。中国古诗词和神话故事中蕴含着丰富的情感和民族气节,就像一个巨大的精神宝库。如文天祥"人生自古谁无死,留取丹心照汗青"的天地浩然正气;如周恩来总理"为中华之崛起而读书"的爱国志气;再如古代神话故事中大禹治水的大气,精卫填海、愚公移山及神农尝百草的勇气。学校对这些传统文化宝藏进行深入筛选和挖掘,将与"八气"精神相契合的古诗词、故事、谚语、格言重新编选成《"八气"修身读本》,构成了蔚为壮观的"八气"精神群体,无声浸润孩子心灵,陪伴孩子成长。

不断完善,在积淀、浸润中传承民族精神。学校组织老师们认真学习"八气"精神,不断地筛选与"八气"精神相契合的古诗文进行编选,目前开发出低、中年级《"八气"修身读本》(共2册),《"八气"修身读本》(低年级)包括"我会背八气诗歌""我会读八气成语""我会写八气格言""我会讲八气故事"四个板块。如:《正气》。

板块一:会背"八气"诗歌

石灰吟
(明)于谦
千锤万凿出深山,烈火焚烧若等闲。
粉身碎骨全不怕,要留清白在人间。

在积淀的过程中感受诗歌、诗人的情怀,让诗人的民族气节通过诗歌的积淀，慢慢浸润学生的心灵。

板块二：我会读"八气"成语

正气凛然

【释义】正气：刚正之气。凛然：可敬畏的样子。形容正气威严不可侵犯。

【例句】文天祥正气凛然，面对元军的威逼利诱，决不投降。

成语不仅需要积淀，而且要理解成语的含义，能够灵活运用成语。配合"八气"精神选择的成语，不光有成语意思解读，更有例句帮助深入理解成语、会用成语。

板块三：我会写"八气"格言

人不可有傲气，但不可无傲骨。

格言的选择，不仅便于学生理解"八气"精神，更在格言积淀中浸润"八气"精神，感受精练的语言文字展现深远意义的魅力。

板块四：我会讲"八气"故事

只坐一个座位

一天，曾教授在英国乘坐地铁时发现乘客很少，车厢里有不少空座位。但令人费解的是，一名英国母亲抱着一个四五岁的小男孩儿，合坐在一个座位上。母亲对于身旁的空座位毫不理会，像是没看见一样。小男孩儿很胖，挤坐在母亲的腿上。母亲的脸上沁出了一层细细的汗珠。到达终点站后，曾教授好奇地问这位母亲："你旁边的座位始终空着，为什么把孩子一直抱在腿上，不让他坐到空座上去？"那位母亲笑了笑说："我只买了一张车票，就只能坐一个座位。我不能教育孩子从小去侵占国家和公共的利益，那样做我会很羞愧的。"

作为低年级孩子，故事更是必不可少的阅读素材。简短生动的小故事引人入胜，传达意境深远，比经典古诗文更加贴近学生现实生活情境，引导学生端正其行为，知行合一。

《"八气"修身读本》（中年级）包括"正气榜样我宣传""榜样语录引我行""榜样故事润我心""正气谚语我积累（歇后语）"四个板块。根据中年级孩子的年龄特点，每一课选择与"八气"精神对应的中国名人传记故事为主线，宣传"八气"人物、积累"八气"人物的经典语录、积累"八气"谚语歇后语。聚焦语文学科核心素养的培养，在"榜样故事润我心"板块中加入"积累、感悟、创造"一栏，引导学生通过阅读记录所思、所想、所悟，培养学生传承民族精神，书写真情实感。

依托绘本开发视频资源，构建立体化课程。相比平面化的课程素材，立体化的视频资源更有利于打开学生的视野，引导学生走出教室、走出课本，走进民族，走进民族文化。如在"我的家在中国"的家国课程中，学校尝试整理大量网络资源，依托德育绘本《我的家在中国》开发多种影视资源，让孩子们在立体的视听中感受中国独特而充满魅力的文化。如：放眼河山，黄鹤楼依然耸立、紫禁城仍旧巍峨；长江水依然奔流到海、武昌鱼仍是中华名菜；山东有孔庙、敦煌有石窟；李白的文字、纳兰的故事、苏轼的词谱成了"明月几时有"的乐章；滕王阁的解说里有"秋水共长天一色"的蓬勃气势、莫高窟的壁画上镌刻着一段历史的奇绝工艺和完美想象。如此多姿多彩的影视资源，带领着孩子们重游五千年文化的源远流长，让"我的家在中国"课程成为民族传统文化精神弘扬的出发点，增强了学生传承民族文化、提升文化自信、弘扬民族精神的自觉性和使命感。

落实到课表，确保有实效。加强校本课程管理，制定课程学习计划，每学期、每周严格执行课程学习计划。学校每天早晨和中午共安排40分钟的诵读积累的微课时，落实到课表内，保证在校有充足的诵读和积累时间。在每学期的开学初和学期末，学校会进行"诵千古美文，做八气少年"通关活动，选拔坚持积累诵读的学生进行表彰，激励引导学生争做"八气"少年。

四、课程融合创新

坚持多学科、多组合、多体验的创新方式，结合学校发展核心理念，让学生接触多元知识文化，在优秀传统文化中获得发展的力量，为培养造就"大写"的人注入文化基因。

融入学科活动，让文化浸润童心。 课堂是传承民族文化的主阵地。"人性不是上帝赐予的，也不是先天生物本性，恰恰是通过历史（就人类说）和教育（就个体说）所积淀形成自然的人化。"而这个积淀过程，正是历史进程中不同的素材汇聚成为人类的文化心理，然后塑造出了人性特征。换言之，人是一种历史的存在。学校将自编的《"八气"修身读本》校本教材融入语文阅读活动，利用每天早读、午读时间进行"八气"古诗、"八气"格言、"八气"成语、"八气"谚语、《三字经》、《弟子规》等传统文化的诵读和积累。结合语文学科活动开展"诵千古美文，做八气少年""小好奇看图猜成语"闯关活动，将传统文化融入学科实践活动中，在诵读中让国学经典浸润童心。通过数学分层课堂，开设七巧板、四巧板、鲁班锁、九连环、魔方等中华传统数学游戏课程，结合小好奇数学学科实践活动进行"玩转魔方""神奇拼摆"等益智游戏通关活动，引导学生浸润中国传统文化，体验民间游艺项目，让学生在玩中感受中国劳动人民的智慧。

课程整合，建立文化自信。 整合"我的家在中国"TIE 家国课程与思想品德国家课程、班本课程，以影视观摩和戏剧表演等多种方式，让孩子们感受一个完整、复杂、深厚、有魅力、有回味的中国。如：自然中国之湖海之旅中的《洞庭湖》，通过阅读德育绘本，了解洞庭湖历史传说；观看影视资料，直观领略洞庭湖的上下天光，一碧万顷；结合传统文化，通过诗画无双的版块，感受洞庭之美，感受传统文化之精华。再如：道路之旅中的《丝绸之路》，通过读故事绘制丝绸之路路线图、看影视《马可·波罗游记》、排演戏剧《波斯商人的最后一单生意》等活动，感受中国文明对世界文化的贡献，深度了解丝绸"一带一路"。"我的家在中国"TIE家国课程，通过生动的故事、鲜活的画面、丰富的影视资源，引导孩子们在大好河山里面遨游，欣赏自然中国的多姿多彩；在人文历史中穿越，理解文化中国的气象万千；在当代发展中研究、发现中国故事的荡气回肠，激发学生的国家认同感、民族自豪感与历史使命感，促进学生家国情怀的生成与爱国行为的产生。

创新课程形式，传承民族喜庆文化。为了满足学生个性需求，传承传统艺术技能，把喜庆文化课程作为国家课程的补充，形成具有校本特色的传统文化选修课程。在每周三、周四适性课程中开设手作年画、竖笛、腰鼓等选修课程，学生实际体验制作灯笼、年画、中国结、剪纸等民间工艺，唤起学生的民族认同感，提升学生艺术素养和创新能力。为了鼓励学生传承民族文化，创新社团模式，由学生自主申报作为社长，招收3~5人，开设微社团。自2016年秋季学期开始，由学生自主陆续开设了快板社、剪纸社、京剧社、武术社、围棋社、滚铁环社、泥塑社等微社团，像星星之火点燃了孩子们爱民族文化的热情，呈现出传承民族文化的燎原之势。

创新评价方式，激发学习内在动力。有效的评价可以让学生更好地看见自己，创新评价方式不仅可以引导学生正确认清自己，而且还能持续地激励学生保持深入学习的内在动力。在古诗文通关活动中，采取招聘小考官，学生自主考察的通关形式。学校为校级小考官发聘书，给通关学生发小秀才证书（每学年四次考察，通过就分别发"秀才""举人""贡士""进士"证书，四次被聘为校级考官就是"状元"），给一次性全部通关的班级发"翰林院"证书。学生不仅是在积累古诗文经典，而且在通关的活动中了解感受了中国官品文化，感受了中国古代才子十年寒窗苦读之艰辛，只为一朝状元夺魁之喜庆的心路历程；在小好奇趣味成语活动中，看图猜成语重在考查学生成语积累的数量，为成语画颜色则侧重考查学生对成语意义的理解，力求在考察成语积累的同时提升学生的词语理解力，从而在成语理解应用中培养学生创新精神。

"我的家在中国"TIE家国课程*

以檀传宝教授主编的中国首部大型青少年德育绘本《我的家在中国》为蓝本,"我的家在中国"TIE家国课程从"自然中国""文化中国""当代中国"三个维度去努力呈现一个立体、厚重的中国。"自然中国"包括"山河之旅""湖海之旅"两大系列;"文化中国"包括"民族之旅""节日之旅"两大系列;"当代中国"则设计了"城市之旅""道路之旅"两大系列。全书六大系列,每一个系列里均包含8册,即具有代表性的8个学习主题,总计48课。计划每个年级8个主题。本课程从《我的家在中国》中选择一些有代表性的自然风光、历史人物、风土人情,以影视观摩和戏剧表演的方式,让孩子们感受祖国河山的壮美秀丽、中华文化的博大精深、人物故事的荡气回肠,激发学生的国家认同感、民族自豪感与历史使命感。

学校还将民族之旅中的部分内容与喜庆文化课程相融合,开发了手作年画课程。手作年画是版画的一种,是通过画稿、上板、刻制、印刷等工序完成的一件美术作品。如果说《我的家在中国》内容是对传统文化的欣赏、感染,那么手作年画就是引导学生通过在"无拘无束"的创作领域中理解和认同中国传统文化,发现与其他民族的区别,从而寻找到本位。在课程教学中,通过欣赏电影《小门神》,从情绪上建立与门神形象的认识关系,了解门神是年画的一种,同样被赋予平安吉祥的寓意。通过学习,孩子们了解了年画里"连年有余""喜上眉梢""锦上添花"等美好寓意,体会了中国传统民间美术中形象与色彩的圆满构图方式。对于学生学习该课程的评价,以"吉祥生肖"为大背景创设喜庆文化长廊,展示学生为自己的属相设计"牛气冲天""喜气羊羊"等"吉翔属"创意绘画。孩子们结合有美好寓意的物象进行创意构图,在年画的寓意与形象组合的艺术滋养中自在表达内心对喜庆与美好意愿的理解,将有美好寓意的吉祥祝福运用到生活中来表达美好希冀,这不正是对于民族文化的认同和传承吗?

---

* 本文引自《指向家国情怀陶养的课程群建设研究报告》,作者为司学娟、张宇飞、周连香、刘妍丽、张远征。

表 3-2 "我的家在中国" TIE 家国课程结构

自然中国		文化中国		当代中国	
山河之旅	湖海之旅	民族之旅	节日之旅	城市之旅	道路之旅
一年级	二年级	三年级	四年级	五年级	六年级
[黑龙江]白山黑水好风光	[黄海]蓬莱山外那片海	[春节]爆竹声中一岁除	[民族服饰]穿在身上的别样风情	[北京]百花深处访京城	[丝绸之路]一条条丝路通亚欧
[黄山]黄山归来不看岳	[南海]我的家在海之南	[端午节]龙舟竞渡粽粽飘香	[民族舞蹈]奇妙的肢体语言世界	[广州]冬季来这找春天	[郑和下西洋]漂洋过海中国梦
[嵩山]文武双全，峻极于天	[长白山天池]山口有蓝宝石	[国庆节]祖国生日快乐	[民族饮食]抗拒不了的舌尖诱惑	[上海]浦江两岸新天地	[京杭大运河]你想听哪个水乡的故事
[天山]在那雪莲盛开的地方	[西湖]人文风景魔法盒	[七夕节]星星的愿望	[民族语言]多姿多彩的中国话	[武汉]楚风汉韵通九省	[航天]人类神奇一大步
[黄河]黄河之水天上来	[大湖]万顷湖光聚宝盆	[清明节]纪念日	[民族建筑]叹为观止的空间魔方	[沈阳]东方"鲁尔"再启航	[铁路]开往春天的列车
[泰山]登泰山，小天下	[青海湖]雪域民风	[元宵节]一起点灯喽	[民族节日]时光上的民族盛典	[西安]这里的马路会说话	[水运]凭水走天下
[珠穆朗玛峰]勇攀世界第一峰	[洞庭湖]白银盘里一青螺	[中秋节]月是故乡明	[民族体育]车上的民族绝技	[成都]天府之国多彩城	[航空]飞机带我们翱翔
[长江]不尽长江滚滚来	[泸沽湖]湖畔有个女儿国	[重阳节]向山顶出发	[民族音乐]跳动音符间的传奇	[台北、香港、澳门]血脉相连一家人	[公路]通向远方的风景

"我的家在中国"升旗课*

"我的家在中国"升旗课程，共有实践、探索与创新三个关键步骤。

从实践的角度来看，2019年秋季学期，我校开启了"我的家在中国"升旗课程的第一个篇章"节日之旅"。在实施过程中，以时间为线索，以学生最感兴趣的节日由来故事、节日习俗、节日饮食为切入点，把文字、图片和动画作为主要形式，凝聚着几千年文化的各类节日一一呈现在学生面前。比如在介绍春节的时候，选取了朗朗上口的春节习俗配上卡通画，让同学们了解到春节不是只有大年三十和初一，春节习俗也不仅是贴春联和吃饺子。在最后一周的升旗仪式上，把本学期了解过的所有节日进行串联，形成闭环，是"节日之旅"的完结，也是正式体会各种节日的开始。

再者是探索，有了"节日之旅"的实践经验之后，在第二段旅程"民族之旅"、第三段旅程"城市之旅"时，分别进行了不同方向的探索。书中"民族之旅"以民族服饰、民族舞蹈、民族饮食等为分类进行了介绍。经过对我校学生的前期调研，确定以不同的民族为主题进行介绍。由于我本身是音乐老师，再加上少数民族大多能歌善舞，所以我在标题上融入了各民族独特的音乐文化。比如"山歌好比春江水——壮族""花儿与少年——回族""阿细跳月——彝族"。有趣的题目加上多姿多彩的民族，让学生一学期都津津乐道。在"城市之旅"开展时，学生刚从新冠病毒的封锁中回归校园，所以"城市之旅"的第一站我选择了武汉。以"英雄的城市——武汉"为主题录制了升旗仪式视频，视频中先介绍了武汉的"前世"（武汉的历史和文化），然后介绍了武汉的"今生"，视频中坚守一线的工作人员、一方有难八方支援的医护人员和无数勇敢坚强的武汉人民撑起了英雄的武汉和英雄的中国。这次室内的升旗仪式取得了意想不到的效果，许多同学和老师感动得热泪盈眶。在学生介绍环节，也从单一的讲述增加了演唱、演奏、朗

---

* 本文引自《指向家国情怀陶养的课程群建设研究报告》，作者为司学娟、张宇飞、周连香、刘妍丽、张远征。

诵、画画等方式，用学生擅长的方式表现关于城市的文化风貌，学生讲得认真，台下听得认真。在升旗仪式前的集合环节，还会播放各个城市的代表歌曲作为暖场音乐片，带领学生全方位地了解城市文化。

最后是创新，在积累了实践和探索的经验后，结合2021年中国共产党建党百年和2020东京奥运会，创新地开辟了"复兴之旅"和"人物之旅"。"复兴之旅"中，以国家的重大政策或事件为主题，讲述新中国成立以来特别是改革开放之后，我国在中国共产党的领导下发生的重大变化。如"改革开放""一带一路""脱贫攻坚""乡村振兴""体育强国""文化自信"等主题，这些主题均是国家大事，同时也是儿童不好理解的。我从同学们熟悉的事物入手，通过学生喜爱的动画视频、学生敏感的数字和图片等方式，用儿童的视角、儿童的语言让他们了解国家大事、理解国家大事。

卢沟笔记课程 *

"卢沟笔记"是以观察为课程内容和起点，以培育学生家国情怀、责任担当、问题解决、创意物化等方面的意识和能力，运用图画、文字、音像等多种笔记的方式引导学生进行观察、记录和实践、体验，以"观察、记录、阅读；交流、合作、分享；实践、体验、研究"的"三步九法"为学习方式的跨学科实践课程，以教、学、评一体化的方式实施。学校正在实施或拟开发以下课程：

科学类： 开心农庄种植实验、校园气象站观察与服务、校园植物地图社、垃圾分类减量小发明、园博湖湿地研究、跟着太阳走一年——园博植物观察研究

艺体类： 定向远足、生态造型艺术、卢沟桥狮子泥塑和速写、"和平鸽"合唱、和平的旗帜绘画、和平成语书法

信息技术类： 光影卢沟、园博艺术微电影、上善若水——永定河探源

人文社科类： 晓月童话、抗战诗社、卢沟史话、抗战英雄故事宣讲、园

---

* 本文引自《指向家国情怀陶养的课程群建设研究报告》，作者为司学娟、张宇飞、周连香、刘妍丽、张远征。

艺比较研究、"我是解语花"——园博花语、我是园艺博物馆小小志愿宣讲员

我校的卢沟笔记课程之卢沟桥的狮子泥塑课程受到孩子们的喜爱和专家领导的高度评价，多次被媒体报道。在课程实施过程中，我校教师提前设置课前文化知识学习单，其内容包含阅读填空、视频回顾、小知识等等。

（一）课前文化知识学习单

班级		组别	
活的时间		活动新式	
参与成员			

一、通过阅读材料了解到：

1. 卢沟桥，亦称_____，位于北京市西南约15公里处，丰台区_____上。因横跨卢沟河（即永定河）而得名，是北京市现存_____的石造联拱桥。桥身结构坚固，造型美观，具有极高的桥梁工程技术和艺术水平，充分体现了古代汉族劳动人民的聪明才智和桥梁建造的辉煌成就。

2. 北京有句歇后语："卢沟桥的狮子——数不清。"这座狮子多得数不清的桥，建于1189年。这是一座联拱石桥，总长约266米，上面有_____根望柱，每个柱子上的都蹲有石狮子。

3. 通过观看视频，你知道这些卢沟桥上的狮子数不清的原因是什么吗？
_____
_____

第二部分则是研学实践考察方案，包含图片观察、说一说个人观点等内容。

教师依据分类系统评价模式和教学逆向设计的方式，提前制作出本课的评价量表，使教学目标和评价要求高度契合，利用"教、学、评"一体化促进分享式综合实践课堂的顺利开展，使学习既有趣味性又有竞争性，发挥了学生的主体地位，鼓励了学生个性发挥，培养学生具有合作探究的动力、科学评判的能力、实践创新的创造力、健康生活的活力、社会担当的魄力，从而促进学生"和雅做人、本真求知、创意做事、康馨生活、责任担当"核心素养个性化发展。

（二）研学实践现场考察方案

需要准备的材料：

学习材料	研学学习单、笔记本、签字笔等
绘画材料	写生本、画笔、橡皮等
其他用品	水壶、干湿纸巾、塑料袋等

基本信息：

班级		组别	
活的时间		活动新式	
参与成员			

著名建筑学家罗哲文先生在《名闻中外的卢沟桥》一文曾对桥上雕刻精美、神态活现的石狮子有过生动的描绘："……有的昂首挺胸，仰望云天；有的双目凝神，注视桥面；有的侧身转首，两两相对，好像在交谈；有的在抚育狮儿，好像在轻轻呼唤；桥南边东部有一只石狮，高竖起一只耳朵，好似在倾听着桥下潺潺的流水和过往行人的说话……真是千姿百态，神情活现。"

1.都说卢沟桥的狮子数不清，今天请你和同伴一起试着数一数这些石狮子，你们数出多少个？

_____

图 3-3　创作卢沟桥的狮子

追忆弹坑的历史　讲述弹坑的故事*
——北京十二中附小四年级卢沟笔记项目学习方案

一、核心任务

追忆弹坑的历史　讲述弹坑的故事

二、指导思想

项目式学习是一种动态的学习方法，学生在老师的引导下通过具体的学习项目，主动发现和探索现实世界的问题和挑战。学生围绕具体的项目主题，充分挖掘、选择和利用各种学习资源，对宛平城城墙的弹坑进行探究性合作学习。在开展项目式学习的过程中，遵循以学生为主体、教师为主导的教学理念，在真实的实践活动中培养学生自主查阅资料、解决问题、探索创新、团队合作的能力，加深学生对抗战历史的了解，在学习、总结和梳理中，传承红色精神，感受抗日战争中中国人民的坚强不屈、百折不挠，进一步培养学生自主探究、探究学习的能力，深化科学精神、社会规则、国家认同和文化自信。

三、项目目标

（一）认知领域

知道宛平城内弹坑形成的时间和原因。

（二）情感领域

1.能感受到抗日战争中中国人民坚强不屈、百折不挠的精神。

2.能传承和弘扬红色卢沟精神，体悟现代和平生活的来之不易。

3.能和小队成员合作完成各项任务。

（三）动作技能领域

1.能完成讲述或演绎七七事变。

2.能用小组擅长的方式记录本次项目式学习的收获。

---

* 本文由金霞、晋春柳、申慧敏、屠美欣撰写。

表 3-3 "追忆弹坑的历史 讲述弹坑的故事"任务表

核心任务	问题	任务分解	时间	参与学科	要求	质量标准	负责人
追忆弹坑的历史，讲述弹坑的故事	问题一：宛平城中哪里有弹坑？	任务一：走进宛平城，寻找弹坑的位置	4.16–4.17	语文	班主任提前布置实践活动的任务，教学生辨别方位	能找到弹坑的位置，并用语言叙述寻找过程，录制寻找视频	班主任
		任务二：数一数弹坑的数量，量一量或估算一下弹坑的大小	4.16–4.17	数学	学生会用尺测量，会估算事物的大小	能用数学的方法记录下弹坑的数量和大小	数学教师
		任务三：用拍照、方位图或文字的方式记录弹坑的位置	4.16–4.17	信息技术、数学、语文	分好小组，每组用不同的方式记录弹坑的位置	拍摄弹坑的照片，绘制弹坑位置的方位图、文字记录弹坑的位置	班主任、赵新月、田振涵
	问题二：墙上的弹坑是怎么形成的？	任务一：访谈宛平城中的居民，了解弹坑形成的时间和背景	4.16–4.17	语文	访谈城中居民或管理员，听一听大家眼中的弹坑	学生做好笔记，也可录音保存资料	班主任
		任务二：查阅弹坑形成的时间和背景	4.18–4.19	语文、历史、信息技术	从网上、书籍中查阅弹坑形成的时间和背景，看看和访谈的结果是否一致	能够讲述查阅的结果，可以制作PPT辅助说明，也可以用图文并茂的方式来表达	班主任、魏春娥
		任务三：根据弹坑，了解当时敌方使用的武器及其射程	4.18–4.19	历史、数学	从网上、书籍中查阅造成弹坑的兵器及其射程	利用图片和文字加以说明	班主任、赵新月、田振涵
		任务四：用彩泥制作宛平城中的弹坑	4.18–4.29	美术	小组合作完成弹坑的泥塑作品	泥塑作品的制作	刘妍丽

续表

核心任务	问题	任务分解	时间	参与学科	要求	质量标准	负责人
追忆弹坑的历史，讲述弹坑的故事	问题三：如何讲述弹坑的故事呢？	任务一：整理弹坑形成原因，用文字撰写形成弹坑的故事，并以讲故事的方式呈现	4.19–4.22	语文	能用讲故事的形式，生动地讲述宛平城中弹坑的故事	撰写故事，拍摄讲故事的视频	班主任
		任务二：演绎弹坑形成的故事（可体现七七事变的）	4.25–4.28	语文、美术、劳技	组织部分有表演天赋的孩子演绎故事，有美术和劳技天赋的孩子制作道具，有唱歌天赋的孩子可以演唱剧目中涉及的歌曲	呈现一部抗战情景剧	班主任、张远征、刘妍丽、黄佳欢
	问题四：弹坑让我们知道了什么？	任务一：追忆历史，回到当下，当下我们应该怎样做	4.29–5.10	语文	召开一次项目式学习总结会，或班会，进行总结	召开总结会或班会，进行录像	班主任
		任务二：分小组，用最擅长的方式记录本次项目式学习的收获	5.11–5.15	多学科	提前了解各小组要展示的方式	手抄报、作文、PPT、书法作品等	涉及的学科

四、项目学习评价

综合运用表现性评价、展示性评价等评价方法，引领学生在完成项目任务中发展核心素养。展示性评价，将学生学习过程和成果呈现在门厅的创意物化区，充分展示学生取得的项目成果和成长进步。

表 3-4 项目学习小组表现性评价表

维度	表现	自己评价	小组互评	教师评价
和雅做人	参与小组活动时文明礼貌，自尊自律，诚信友善，能宽和待人	☆☆☆	☆☆☆	☆☆☆
本真求知	面对任务和困难，能积极探索，寻找解决问题的方法，坚持不懈地完成任务	☆☆☆	☆☆☆	☆☆☆
创意做事	具有好奇心和想象力，能将创意和方案转化为有形物品或对已有物品进行改进与优化	☆☆☆	☆☆☆	☆☆☆
康馨生活	坚韧乐观，传承历史，珍惜当下的美好生活	☆☆☆	☆☆☆	☆☆☆
责任担当	具有团队意识和互助精神，能主动承担小组任务；积极传承和弘扬中华民族的抗战精神	☆☆☆	☆☆☆	☆☆☆

说明：请对项目学习小组表现性评价表中的每一项，根据实际情况打星。不符合不打星，基本符合打 1 星，比较符合打 2 星，非常符合打 3 星。

第二节 我是和雅小学生

小学是学生行为习惯养成的关键期。孔子说："不学礼，无以立。"荀子说："人无礼则不生，事无礼则不成，国家无礼则不宁。"礼仪是个人立身之本，是弘扬中华民族传统美德的需要，是"大写"的人应具备的基本素养。

一、课程目标

学生怎样着装，怎样站立行走，怎样与人交往，怎样待客做客，怎样遵守学校日常行为规范和社会公德，都影响着良好校风的形成。"我是和雅小学生"校本课程，是培养学生"和雅做人"核心素养的专门课程。课程的开设，为指导小学生如何做一个"和雅小学生"提供了具体行为规范。

一是日常行为规范。让学生掌握基本的礼貌、礼节规范，在学习、生活实践中初步养成讲文明、讲卫生、讲秩序、讲公德的良好习惯和人际交往技能，形成"我们一起，欢欢喜喜"的人际关系，营造一个优雅、和谐的校园人文环境。

二是提高德育实效性。通过本课程的开发，形成"我是和雅小学生"校本课程的内容体系和实践体系，丰富学校德育教育资源，提高德育工作的针对性和实效性。

三是引导学生争做"和雅小学生"。通过"我是和雅小学生"校本课程设计、开发与实施，引导学生在日常学习生活中践行"雅言雅行"，引导学生争做"和雅小学生"，争做"大写"的人。

二、课程内容

我国素有"礼仪之邦"美誉，讲文明、懂礼仪是中华民族的传统美德，是今天我们社会主义祖国精神文明建设的重要内容。中小学生文明礼仪丰硕的研究成果，为本课程的设计开发提供了丰富的参考资料。学校搜集整理包括北京教育科学研究院编辑的《小学生礼仪》、北京市教委编辑的《中小学生日程行为规范》等近十本文明礼仪教材，借鉴国内外文明礼仪教育教材和心理健康教育教材，在比较、分析、判断的基础上结合学校实际进行选编、改编和新编，确定了一套包括个人礼仪、交往礼仪和社会公德涵盖学生日常生活方方面面的内容体系，共36课时。例如，衣着大方又得体、上学问好甜蜜蜜、尊敬国旗会肃立、敬爱师长讲礼仪、书本文具能爱惜，使养成教育落小、落近、落实。每一课时包括"和雅老师、和雅茶坊、和雅童谣、和雅动画"四部分。

和雅老师

以描述性的、可操作的语言告诉学生应该怎么做。例如,"书本文具能爱惜"和雅老师教学生:

书本和文具是我们的好伙伴,应该注意爱惜它们:

✓ 铅笔、橡皮、尺子用完后有序放进铅笔盒。
✓ 作业本用完后再换新的。
✓ 书本破了及时修补。
✓ 书包定时清洗。
✓ 丢了学习用品及时找回。
✓ 拾到学习用品找不到失主就放在教室,谁哪天忘带可以借用。

和雅茶坊

多设计小组讨论和实践体验的环节,让学生在参与中体验,在体验中感悟。如"书本文具能爱惜"设计了三个环节:

(1)议一议,他们做得对不对?

小熊:我的书破了,再买一本新的吧。
小王:我舅舅给我买了一支自动铅笔,其他铅笔都不要了。
小林:我最喜欢削橡皮了,哈哈!

(2)检查自己的书本,需要修补的地方自己补一补。
(3)画一画我们的小伙伴——学习用品。

和雅童谣

朗朗上口,让学生在游戏中习礼仪。如"书本文具能爱惜"童谣:

爱惜学习用品
铅笔、尺子和橡皮，
天天帮助我学习，
不损坏，不浪费，
学习用品要爱惜。

和雅动画

学校每天在楼道的宣传发布台滚动播放和雅动画片，围绕每周的和雅行为教育确定动画片的内容。

三、课程实施

课堂是实施教育教学的主渠道。学校整合《我是和雅小学生》校本教材与《品德与生活》学科教材，两本教材互为补充，相得益彰。学科教师将其作为组织教学的材料，把养成教育有机融合到各科课堂教学中。

校园环境途径：形成和雅文化场域。最好的教育莫过于感染。学校正门命名为"雅气门"，侧门命名为"和气门"，寓意是每天要穿着整洁、大方有礼地走进校园，与社区要和谐相处。在一层的外墙上设计了"我们一起，欢欢喜喜"的玻璃幕墙，体现学校的价值追求；在门厅，将核心素养喷绘在帆船上，其中"和雅做人"放在第一位；将整个一层的教学区建设成"和雅做人"的价值教育环境，包括"八气长廊""礼仪帆""尊重帆""友爱帆""和平帆""沟通帆""雷夫道德发展的六个阶段"。围绕每周养成教育培养点，学校墙体LED屏每周滚动播放和雅行为提示语和歌谣；学校楼道宣传发布台每天滚动播放和雅教育动画片，教室黑板旁张贴着"音量提示表""我会说""我会听"彩页，像无声的老师时刻提醒着孩子们；针对低段学生爱告状的问题，开辟"点赞台"，引导学生学会欣赏和感恩。立体化的和雅校园文化，促进了学生与和雅文化的对话、互动与交流，起到了润物无声的教育作用。

班本课程途径：在互动对话中明理。对话与独语反映的是个体间的两种交往状态。就教育立场而言，对话更符合教育互惠、教学共长的现实需要。对话本身是一种体验，双方会在对话中以一方的经验体验另一方，建立共在关系。平等、自由、互动、开放的对话情境，有助于各种立场、观点的冲突与融合，有利于拓宽教化情景中的问题视野、提高个体的道德理性和启迪个体的道德智慧，不断实现对话双方道德人格的自主提升。班本课程主要以班级圆桌会议或主题班队会与年级集会的形式进行，是针对孩子的既存问题所做的生成型课程，由班主任与学生共同设计，采取协商上课的方式，如同学之间发生冲突怎么办、如何与家长表达清楚自己合理的想法，等等。

榜样示范途径：心有榜样，学有榜样。教育最伟大的力量来自"亲见的力量"。榜样不仅可以激励当代人，也可以跨越时空激励后来人。在现实生活中，榜样的选择与自己的人生目标有关，是把自己的目标具体化、形象化的过程。一旦榜样选定，就把榜样作为人生的坐标，并且调动各种要素、有计划有步骤地模仿榜样安排自己的行动，从而一步步靠近自己的目标。心理学家认为，人在一生中不仅其外显行为来自对别人的模仿，其态度和价值观念、好恶、行为习惯、道德品质以及性格特征，都可能来源于模仿。因此，榜样对于个体的成长具有重要意义。为发挥教师和家长的榜样示范与引领作用，学校研制了《北京十二中附属实验小学最美教师行为准则十条》和《北京十二中附属实验小学教师的底线行为十条》，对教师行为进行约束性规范和价值引领；学校还发挥家长的榜样示范作用，邀请家长担任升旗手，让学生本人介绍自己的爸爸妈妈，激发学生的自豪感，也激发了其他学生和家长向上向善的愿望。

主题教育途径：在情感体验中培养道德意志。《我是和雅小学生》总计36课时，将每一课时落实到每一周，每周一个习惯培养点，校长、大队辅导员每周利用"国旗下讲话"时间进行宣讲。《我是和雅小学生》校本教材是告诉孩子们该怎么做，但德育是知情意行统一的过程，有效的德育必须有情感来参与。校长国旗下讲话的侧重点是引起学生情感共鸣，比如学习"上学问好甜蜜蜜"，笔者对学生说："今天早上我在校门口迎接同学们上学，几位同学甜甜地向我问好，我心里也甜甜的，说明问好能传递美好。"这样就激发了学生情感的认同，他们自然会主动调整自己的行为。每学期学校将"做和雅小学生"作为综合实践活动的第一课，集中学习"0级音量静悄悄""坐姿"和"肃立"。PPT呈现的照片大多是学生本人，看到自己成为全体同学的榜样，孩子们的表现更加优秀。

参与体验途径：在践行中习惯成自然。学校制作了一系列文明礼仪提示语，由学生负责装饰美化校园环境。学校将学生制作的提示语贴在楼道、卫生间，每个学生都知道自己的提示语贴在哪里，并自豪地展示给同学和家长；学校开展一系列校内外实践活动，每次活动的"行前教育"都将和雅教育放在首位，行后及时给予跟踪评价；配合行为习惯的养成，结合学科特点设计了"诵千古美文，做八气少年"的趣味古诗文通关比赛，学生浸润在国学的氛围中践行和雅行为、养成良好品质；课堂之外，学校积极开展"美美走进社区"活动，鼓励学生自主发出号召，为社会贡献自己的一份力量；组织开展"和雅过年""和雅养犬"等社会实践活动。学生在活动前积极筹划准备，在活动中亲历践行，在活动后主动宣传，真正实现了在活动中体验成长，在活动中感悟和雅，在活动中明白道理、践行和雅。

课间活动途径：律动中体会和雅行为。结合小学生体质健康能力要求，我们将《我是和雅小学生》中的部分内容改编为《礼貌操》，每日在课间活动时锻炼使用，学生边做体操边背诵《礼貌操》的童谣，在律动中感受和雅行为，在运动中传递和雅精神。

特殊关爱途径：影子伙伴共同成长。不可否认，学校有一些学生在学习习惯、学业成绩和心理品质上存在这样或那样的问题，如果让学生知道学校指定教师担任他的成长导师，学生会有自卑感或排斥心理。我们让每位干部教师重点关注一两名问题学生，将特殊的爱给特殊的学生，学生在情感上接纳教师，就很容易接受他们的指导和帮助。

四、课程评价与创新

评价体系是保障课程建设和实施的有力支撑,直接引导着课程改革的方向。课程评价以自评为主,他评为辅,学生、老师、同学、家长都是评价者。在充分体现学校教育教学功能的同时,发挥家长、社区、社会的教育功能,打造学校、家庭、社会三位一体的全景评价模式。

学校每天放学前都安排10分钟的暮省时间,学生对照班级"和雅行为公约"和《我是和雅小学生》的内容进行一日常规的反思与总结。每周五利用微班会时间,班主任组织学生进行自查、同伴互查、家长督查,完成"我是小小爬山虎"的评价。学校每月开展一次"和雅之星"评选,并进行表彰。在各班由学生推选、教师推荐选出两名"和雅大使",参与到学校的日常行为评价当中来,发现问题、向班级反馈问题,积极促使各班级良性发展。

学校每周对班级进行评价,评价项目全部赢得笑脸,就在和雅班级的"和、雅"二字上生成一笔,每次大型活动表现优秀也添上一笔,到期末"和、雅"二字最先填满的班级可获得"和雅示范班级"光荣称号,全部填满的班级可获得"和雅班级"荣誉称号;未能填满的班级将不能获得荣誉称号。无论是班级评价还是个人评价,注重及时性评价,比如将干部教师的"点赞"作为评价项目,更注重累积性评价,鼓励学生与自己比,以折线图的方式体现成长的过程,引导学生明白"做最好的我"是自己与自己比,有进步就是好孩子。

"我是和雅小学生"校本课程实施以来,学生行为悄然发生着变化。几乎每个学生都能做到主动问好,传递物品用双手,上下楼梯靠右边行走,集会时做到热情鼓掌,安静听讲、依次退场。学校举办与丰台区气象局的共建仪式和气象日科普讲座,孩子们用眼神传递出他们学会了倾听,在互动环节会用"您""谢谢"等文明语言。有时教师在思考问题,没有意识到自己没有靠右行走,学生们会主动提醒。学生的进步也影响着家长,有家长会说,孩子会提醒我，给我提要求。孩子的成长变化，家长看在眼中，喜在心中，也越来越支持学校的工作。

书香浸心灵　雅言润校园＊
——北京十二中附属实验小学年级故事会报道

2021年12月，同学们花费三周时间，以年级为单位参与了以"书香浸心灵，雅言润校园"为主题的系列故事会。

自2015年建校以来，学校围绕"和雅做人""本真求知""创意做事""康馨生活""责任担当"五大核心素养研发和完善了能够体现学校办学理念与办学特色的学生阅读推荐书目，语文教研组在此基础上又结合丰台区小学教研室发布的阅读推荐书单研发了校本阅读手册《漫溯》。学生结合读物原著与对应的电影作品完成自主光影阅读任务，在班级中初步交流阅读收获。由班级再推选代表来参与年级的故事会展示。

故事会利用了课表中的学科延伸时间，一方面落实了国家"双减"政策，另一方面丰富了课程内容，受到了学生们的欢迎。在故事会展示的过程中，邀请相邻年级的语文教师、学生代表以及特邀行政领导组成评委团为选手打分。

图3-4　故事会展示评比中的学生评委

＊ 本文由王梦怡、范晓烨、金霞、王雪、李腾卓、梁佳煜撰写。

"书是甜的""书是最好的朋友""书让灵魂壮游"……这些喷绘在学校阅读树上的理念都在选手们的精彩表现中落地生根，开花结果，一场场故事会为大家共同的精神家园添砖加瓦。

　　率先成功举办故事会的是六年级学长团。陈一和与胡伯洋同学声情并茂地讲述了《鲁滨逊漂流记》的故事，随着故事情节的展开，他们的语调时而高昂，时而低沉，时而柔和，时而跌宕，引人入胜；周玥涵和赵楚萌讲述了《哈利·波特》的故事，讲到激动处还为观众演示了如何施咒，同学们纷纷跃跃欲试。张语珊同学将《阿凡提》的故事娓娓道来，带领听众沉浸在故事情节中，久久不能自拔。汪雨婷配合着精彩的插画，通过语言描绘出一幅奇妙的爱丽丝梦游仙境的图画。赵梓轩同学用幽默的语言、张力满满的肢体动作为自己的故事增色，把大家逗得哈哈大笑。

　　五年级同学的展示围绕中外名著和名家名篇展开。不少同学都对《哈利·波特》系列故事情有独钟，黄悦涵、金弘远、郑喻心、黄刘伊铭几名同学不约而同都选择了其中的精彩情节。韦杨桋嘉同学通过动作、道具的综合运用，入情入境地讲述了"魔法石被盗"的有关情节，使情节画面活灵活现。体现我们中国文化特色的作品也备受青睐，徐昱轩同学将冀中人民对敌斗争的《地道战》声情并茂地展现出来，单佳祺带来《白蛇传》，我国四大名著之一《西游记》也是同学们喜闻乐见的题材。崔玥涵讲述《三打白骨精》的片段，张益豪演绎《真假美猴王》，大气的台风和流畅的表达让他崭露头角。朱坤玉带来的《草房子》片段真可谓夺人眼球，他以洒脱的动作和灵动的演绎带领大家品味了宝贵的童真，引得六年级学生评委团连连称赞。

　　程颢曾说："读书要玩味。"四年级的同学们又是如何体味书中的趣味呢？他们在"漫溯"课程中，通过阅读名著，欣赏电影，通过漫画、思维导图、续写故事、改编故事、评价人物形象等形式进行探究式的学习，收获颇丰；在中国古代故事中查阅历史资料、人物经历，了解故事背景和故事内容，他们从故事中汲取精神养分，提炼故事的精神内核，滋养灵魂。

图 3-5　参加故事会展示的部分同学亮相

高年级的学长们各有特色，中低年级的学弟学妹们也不甘示弱，赛出了自己的特色。四年级的选手们为更好地诠释故事情节，再现画面，做了主题头饰，观众们以抽签方式开展古诗背诵擂台赛，台上台下遥相呼应，好不热闹。三年级的故事会把自主制作的文明提示语带到了现场，"认真倾听"主题的提示语在现场发挥了举足轻重的作用。任岳成和陈砚抒带来《安徒生童话》和《吹牛大王历险记》，白欣怡、王钰迪、佟卓伦都选择了《夏洛的网》，白欣怡带来了《女巫》，包晨瑞讲述了《丑小鸭》的故事，吕林熙讲了《橘子老虎》，无论是台上的故事展示，还是台下的文明提示语应用，都绽放了各自的精彩。二年级同学基于自身的年龄特点，采用小组合作的形式率先完成了故事会的展示，一年级的后续展示使精彩再次延伸。

同学们在阅读中实现了与书籍对话、与自己对话。阅读不仅为头脑充电，阅读也有助于习惯养成，阅读还将为每一个有梦想的孩子插上翅膀！未来我们还将伴着书香远航，在阅读与实践中收获新的成长。

第三节 学气象 用气象 生气象

神秘天空中的风雷激荡、云雨变化，是每一个小学生渴望知晓的大自然奥秘，气象科普可以为学生打开认识大自然的一扇窗。透过这一扇窗，学生们不但身临其境地学习到气象知识，脚踏实地地检验科学理论，全心全意用气象知识提升生活品质和进行社会服务，更培养了学生在人生旅途上"仰望星空"、追求真理的创新进取精神和"和雅做人、本真求知、创意做事、康馨生活、责任担当"五大核心素养。办学之初，笔者就将科技教育作为学校的特色发展目标，但以一个怎样的载体作为切入点比较合适呢？在关注学科融合、关注可持续发展、重视发展学生核心素养的今天，气象科普教育无疑是一个非常好的契合点。

一、课程目标

站在五育并举、立德树人的高度，坚持以人为本，遵循学生身心发展规律和教育规律，围绕学校的愿景文化，融合科学、语文、数学、美术、劳动等多学科课程，整合学校传统节气文化课程、科学综合实践课程和特色班集体创建工作，构建《小好奇学气象》校本课程体系，提升学生适应终身发展和社会发展需要的必备品格和关键能力，成为全面发展的社会主义建设者和接班人。

一是点亮了学校。《小好奇学气象》成为理念先进、可示范的特色科学教育课程，丰富了学校科技教育课程体系，发展了气象特色班级和特色社团，促进了学校内涵发展、特色发展,彰显了学校的办学理念和文化特色,打造了特色突出、实践领先、质量优异的科技教育特色学校。

二是发展了教师。以学术思维引领工作思维,增加了教师跨学科交流和学习的机会,提高了教师课程开发意识和课程设计能力,丰富了教师教育教学实践,促进了教师不断创新教学方式方法,让教师能够更专业、更自信地成为新时代学生成长的引路人。

三是成长了学生。学生在"观气象、学气象、研气象、用气象"的过程中学会了学习;在分析问题、解决问题中加深了对气象与生活关系的进一步了解;拓宽了视野;增强了观察自然、科学探究和创新能力,培养了爱科学、爱自然的情感和求是的精神;成为具有人文底蕴和责任担当的人。

二、课程结构与内容

学校围绕培养"和雅做人、本真求知、创意做事、康馨生活、责任担当的阳光少年,为大写的人生奠基"的培养目标,按照小学生的认知发展特点与学校课程一体化建设的整体思路,依托含有气象元素的国家、校本教材,充分挖掘和利用校内外气象教育资源,构建了"'小好奇探气象'主题实践课程"的框架,形成了"基础性气象课程、拓展性气象课程、创新发展性气象课程"三个层级,主要包括气象与农业、气象与生活、气象与文学、气象与人物、气象与主题活动、气象与校园、社区气象服务等内容。

基础性气象课程:以国家课程为基础,依托校情和学生发展的个性要求,不断开发气象校本课程,让学生了解常见的天气现象及成因,熟悉二十四节气蕴藏的基础性气象科学知识,为学生"用气象"、提升科学素养打好基础。

个性拓展性气象课程:在气象科学知识学习的基础上进行延伸,为开展气象课程补充实践活动资源,丰富气象课程内容,以选修课方式,针对个性化学习设置的课程,体现为拓展性。

创新发展性气象课程:学生在具有丰富的气象科学知识和实践活动经验

的基础上，根据自己的认知发展水平、科学探究能力确定气象相关专题研究的目标和内容，体现出探究性、科学性、创造性的特点，满足学生研究性学习需要，发展学生问题解决的能力。

表3-5 "小好奇"探气象主题实践课程内容

课程层级	课程主题	课程目标	涉及学科	实施年级
基础性气象课程	校园气象站观测课程	1.学会观测并能记录空气温度、湿度、降水量等气象数据 2.分析气象数据并进行校园气象播报，感知气象与生活的密切关系 3.激发学生学气象的浓厚兴趣	科学、数学、语文	三至六年级
	气象讲座课程	1.普及气象科学知识 2.增强气象灾害防范意识，提高自救互救能力	科学、数学、语文、美术	一至六年级
	"小好奇"探气象	1.通过观测使用温度计、湿度计、雨量器、风向风速仪等，了解天气特点，知道如何适应不同的气候特点。学会用多种方法进行调查研究，在分析问题、解决问题中加深学生对气象与生活关系的进一步了解 2.通过主动探究获取气象知识，培养学生的科学探究能力和团队合作精神。学习使用观测、采访、网络搜索等探究方法，收集处理信息 3.培养学生运用知识解决实际问题的能力，增强观察自然的能力，培养学生热爱科学、热爱自然的情感	科学、数学、语文、美术、劳动	三至六年级
拓展性气象课程	气象知识竞赛培训课程	1.调动学生学气象的热情 2.增强学生团结合作的意识	科学、语文	四至六年级

续表

课程层级	课程主题	课程目标	涉及学科	实施年级
拓展性气象课程	研学旅行选修课程	1. 拓展学生的知识和技能 2. 发展学生的兴趣和特长，促进学生个性化发展 3. 促进教师专业成长和学校特色发展	科学、数学、语文、美术、体育、劳动	三至六年级
	重要节日选修课程	了解当今社会面临的环境问题，增强保护环境、爱护地球家园的社会责任感	科学、数学、语文、美术	一至六年级
	气象特色班队活动	开展系列学气象、研气象、用气象活动，进而使班级生长万千气象	班会、语文	气象班级和气象联合中队
创新发展性课程	科技节	结合小学科学不同领域的学习内容开展主题综合实践活动，让学生在真实的情境中进行学习和解决问题，培养学生科学素养和社会责任感	科学、数学、语文、美术	一至六年级
	跟着太阳走一年	围绕二十四节气开展项目性学习，发展学生价值体认、责任担当、问题解决、创意物化的素养	全学科	三年级
	特色社团课程	1. 围绕了解不同太空植物的生长特点与生长规律。了解气候变化对太空植物生长的影响 2. 感受温度、光照等气象要素对水培植物生长的影响，了解水培植物的栽培方法和技能 3. 了解气象与冬奥会成功举办的关系 4. 提高与人合作、交往的能力，体验科技发展的魅力和劳动的快乐，发展学生的科学探究力、创新力	科学、数学、语文、美术、体育、劳动	太空种子种植社团、智慧农庄社团、气象与冬奥社团

多年的气象科普实践与研究，使学校气象课程建设形成了以"实践与创新"为特色的课程体系，"多学科融合""家校联合"助力课程发展，促进学生更优成长。

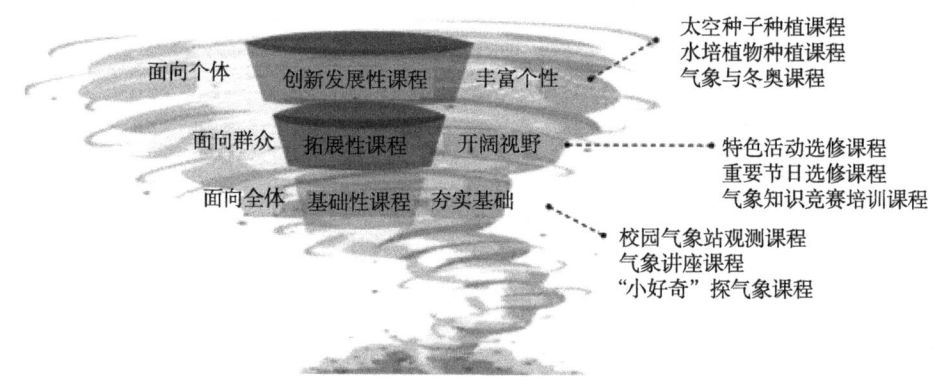

图 3-6 "小好奇"探气象主题实践课程体系结构

三、课程实施

学校"小好奇探气象"校本课程将气象科普与生命教育、传统文化教育、学科教学、劳动教育和特色班集体建设相结合,创新课程实施策略,强化课程实施保障,优化课程学习资源、拓宽课程实施空间和维度,探索出一条气象科普教育的新生态道路。

创新课程实施策略。首先,在"互联"中建构气象科普教育立交桥。经过学生主体性、创造性的学习活动,将教与学、内容与形式、个体与群体、课内与课外、自然性与社会性、科学性与人文性有机地结合起来,气象科普教育与学校办学愿景、学生培养目标关联;以气象日、防灾减灾主题活动、气象宣传、气象服务、社团活动等并联的方式,拓展学生学习的宽度和深度;以循序渐进的串联方式深化学生的学习进程;在项目性学习中以互联方式让课程之"跑道"四通八达。其次,在"行动"中掌握气象知识与技能。行是知之始,学校将"小好奇探气象"主题实践活动具体为"气象十全十美行动"(表3-6)。再次,在"体认"中获得有积极意义的价值体验。让学生在活动中通过价值体验——价值澄清——价值内化——价值引领这一相互衔接、相互依存、相互支撑的价值链，获得有积极意义的价值体验，深化科学精神、劳动情感、社会规则、国家认同、文化自信。最后，在"濡染"中让学习发生在足迹所至。注重学习空间的建设，让学习发生在足迹所至的地方。"Try"主题墙、科技素养树、问题墙、图书馆的海洋与气象特色书柜及"国家科技进步奖""改变生活的科技""科普图书"主题软膜灯箱等让学习无处不在，学生每周推出一位获得国家科技进步奖科学家的故事发布在学校"诵与弦"公众号，孩子们被科学家的故事激励，因科技创新而激动，坚信改变世界的方法多种多样，改变世界的力量有大有小，自己也可以成为改变的力量！科普校园环境让校园成为天然的研学场所。

表3-6 "气象十全十美行动"一览表

活动名称	活动设计	活动目的
观测行动	进行气象观测及数据采集	激发兴趣，培养实践能力
探究行动	发现问题，解决问题	培养问题意识和问题解决能力
预报行动	进行数据信息整合，进行天气预测，用个性化方式播报天气	提高信息处理能力
参观行动	参观气象站或观象台	开阔视野，激发兴趣
温馨行动	每天在气象服务站进行生活提升	培养奉献精神和贵在坚持的品质
文化行动	学习气象诗词、气象谚语行动	仰望星空，涵养人文素养
班队行动	成立气象特色班级和年级	彰显班级特色，培养良好班风
宣讲行动	进跨班级、社区宣传防灾减灾知识	增强防灾减灾的意识，培养社会责任感
创想行动	创作气象创想画、创新发明观测工具等	激发创新潜能，发展创新力
爱心行动	关注气候灾难，为灾区募捐	培养社会参与意识和仁爱之心

强化课程实施保障。一是组织保障。成立以学校发展中心、课程与教学中心为核心,科学、语文、数学、美术、劳技学科组长参与的课程开发领导小组,制定课程方案,组织课程参与的老师学习、研究先进的课例,积累经验并勇于创新,保障了课程科学、扎实、有效推进。二是师资保障。学校由专职科学教师负责气象课程的开发与实施,聘请丰台区气象局和中国气象学会、国家气象局的专业人员担任校外辅导员。与此同时,通过购买服务的方式解决师资不足的问题。三是资金保障。学校气象特色活动得到了丰台区科协的大力支持,支持专项经费24万元,为课程实施提供了极大的物质保障。四是资源保障。学校坚持"校内资源和校外资源相结合",除利用校内的开心农庄、智慧农庄、校园气象观测站等资源,还充分开发校外的丰台区、国家气象局等气象部门的资源,使得课程开展得更加顺利、专业、有实效。

课程实施过程。一是基础性课程——积淀气象科普知识。(1)校园气象站观测。2015年,学校在丰台区气象局的帮助下,建成校园气象观测站。目前,气象站有自动、手动两套观测设备,可观测大气温度、湿度、风速、风向、大气压力、降水量六大指标。每个工作日,气象特色班级——气象中队、竺可桢班的同学都会轮流进行气象观测、记录,并对观测数据进行分析、研讨,最后把天气阴晴雨雪的情况、空气质量、穿衣运动指数公布在校园气象服务站上,指导大家安排好学习、生活、运动、穿衣。小小的气象观测站不仅让学生认识了一些气象观测仪器,学会了观测方法,还学会了气象数据整理、气象播报,气象科普素养得到有效发展。(2)气象讲座课程。为拓展科学视野,丰富气象科普知识,发展学生将所学知识应用于社会实践的能力,学校一学期分低、高两学段,每学段开设4课时的气象科普讲座课程。比如低学段学生通过与气象专家的互动交流,了解常见的天气现象以及暴雨、寒潮等天气灾害及防御方法,感知天气对我们生活的重要影响。(3)气象校本课程的开发与应用。学校开发了《小好奇探气象》校本教材,分高、中、低3册,每个学段每学期开设了12课时的课程,学习的内容分为气象故事、气象实验室、气象诗词谚语、气象反思等模块,每部分从知识、技能、情感态度等方面予以体现。

二是拓展性课程——丰富学生的科学体验。把有关气象的世界气象日、防灾减灾日、世界环境日活动作为1~6年级学生的选修课，带领学生进行主题研究、作品创作和宣传教育。如："海洋、我们的气候和天气"世界气象日活动，学生在课上了解气象日主题"海洋、我们的气候和天气"的内涵，课余时间上网搜集相关资料，充分发挥自己的想象力、创造力，利用身边的材料，设计、制作出一个个精美的绘画、摄影、动手类的气象作品。学生在拓展性课程学习中，通过搜集、设计、制作等学习过程，发挥自己科学探究的自主性、创造性，在气象实践课程中充分感受到气象科技的魅力。

表3-7 研学气象课程一览表

	年级	特色气象课程	课时
选修课	三、四年级	1. 走进绿堤公园，宣传气象知识	6
		2. 参观丰台区气象局，了解气象工作	3
		3. 走进宛平湖公园，宣传冬奥知识	4
	三、六年级	1. "了解天气，康馨生活"走进社区，开展丰台区冬季气候特点与养生的气象宣讲	6
		2. 走进经仪公园，开展气象科普宣讲	4
		3. 编排校园气象科普剧，助力冬奥	10

三是创新发展性课程——激发创新潜能。创新发展性课程包括科技节、"跟着太阳走一年"项目学习课程、专题性气象社团课程，侧重于培养和发展以家国情怀、实践能力和创新精神为核心的综合素养，强调让学生在真实的情境中进行学习和解决问题，形成"带得走"的素养。

表 3-8　气象社团课程一览表

社团名称	课程内容	课时安排
太空种子种植社团	1. 种植太空植物，掌握植物种植的基本方法和技能 2. 了解太空植物的生长特点及生长规律 3. 探究太空植物的生长与温度、土壤、光照等气象要素的关系 4. 整理数据，撰写植物种植研究报告	每年 3~7 月份，共 30 课时
水培植物种植社团	1. 水培生菜、小白菜等绿叶植物，学习水培植物的基本方法 2. 探究各种气象要素对水培植物的影响 3. 填写实验记录单，撰写水培植物小论文	一学期 20 课时
小好奇探气象社团	2021 年 3~9 月丰台区气候变化对校园南瓜生长影响的初步探究	一学期 20 课时
气象与冬奥社团	1. 冬奥期间的节气特点 2. 冬奥期间的穿衣、饮食 3. 冬奥期间的出行及注意事项 4. 气象因素对比赛项目的影响 5. 灾害性天气与预防方法	一学期 20 课时

学校现有开心农庄、智慧农庄、苹果园、山楂园等多个植物种植、研究基地，社团成员在老师的指导下，开展"气象·农业"的项目性研究，先后进行了"不同土质对航彩樱 1 号生长情况影响的初步研究""不同气象要素对航粉樱 6 号生长情况影响的初步探究""航瓜 mini 在有土、无土栽培中的对比研究"等项目的研究性学习。通过植物种植、观察、记录、比较、分析、归纳总结等方法，学生认识到土壤、温度、湿度、阳光、水及气流强弱等气象要素与植物的相互关系，感受到气象要素对植物生长的重要性，不仅科学探究、合作分享的能力逐步提高，而且关注气候变化、保护环境、爱护身边植物的社会意识也大大增强。

为检验气象科普的教育成果，学校组织开展气象知识竞赛、有奖竞猜等活动，授予"气象百事通"称号；组织开展气象观测操作技能比武，授予"气象研究员"称号；强化学用结合，组织开展"小小竺可桢"评选活动，授予"小小竺可桢"称号。通过加强过程性评价和表现性评价，对学生在活动中的参与度、表现力、质疑能力、品质成长等方面进行全面评价，有效培养了学生的气象科学素养，提升了学生应用科学方法关注气候变化的能力，增强了学生关注生态环境的责任意识，使气象科普教育成为学校科普教育的一大特色。

四、课程特色与创新

多元化、多学科融合的"小好奇探气象"主题实践课程为师生提供了更多、更广阔的展示舞台，促进了学生全面发展、教师专业成长和学校的内涵发展。2019年，"小小气象宣讲员"项目在北京市创新公益项目中获"益路同行优秀公益创新团队"奖；2020年，气象宣传员李东实被评为全国优秀少先队员，气象中队被评为北京市先进班集体，学校被评为北京市科技教育示范校、北京市课程建设先进单位；2021年，学校被评为全国"气象教育特色学校"。

架构起具有"关联、并联、串联、互联"特点的气象科普教育立交桥。把气象科普教育与学校办学愿景及学生培养目标关联，让气象科普教育成为办学思想的载体；以"小好奇学气象"校本课程的开发与实施为圆点，根据知识的内在逻辑联系而进行多维拓展与整合，以气象日、防灾减灾主题活动、气象宣传、气象服务、社团活动等并联的方式拓展学生学习的宽度和深度，丰富学生的体验；形成"基础性气象课程、拓展性气象课程、创新发展性气象课程"三个层级，以循序渐进的串联方式深化学生的学习进程；以"我是小小气象宣传员"为任务驱动开展跨学科主题综合性学习，引领学生通过观察、实验、体验、制作、研学等方式，在多学科结合、多环境体验、多方式学习中，展开有意义、有深度的学习，以互联方式让课程之"跑道"四通八达。

"小好奇探气象"校本课程成为学生"学气象、研气象、用气象"的有力载体。根据学校所在地域特点和学生的认知发展水平，学校开发了高、中、低三学段的气象校本课程，由气象培训学校教师授课，与课内的国家基础课程中的气象内容互为补充，形成一体化教学，进而促进学生气象素养的不断提升。学习内容分为气象故事、气象实验室、气象诗词谚语、气象反思等模块，每部分从知识、技能、情感态度等方面予以体现。课程内容以正文为主体，辅以古今经典气象故事、气象观测、气象实验、气象灾害防御等多种形式。高段课程除了学习气象常识外，以气象观测实践、环保知识学习及实践调查为学习的主要内容，既相互并列又各有自己的侧重点，既体现连续性又相互独立，体现了不同阶段不同的学习特征，加强了校本教育的针对性和科学性，成为学生"学气象、研气象、用气象"的有力载体。

构建了氛围浓郁的气象科普校园环境。校园空间的使用方式能引导课程的自然发生。优质的校园设计能将课程融入其中，让教育随处发生，使校园环境与学生学习相互助益。学校先后建设了校园气象站、观云识天展板、开心农庄、智慧农庄、气象服务站、创意物化区、"Try"主题墙、科技素养树、问题墙、图书馆的海洋与气象特色书柜及"国家科技进步奖""改变生活的科技""科普图书"主题软膜灯箱等，在校园里种植了山楂、苹果、梨、柿子、石榴、李子、杏、桃、海棠、无花果等多棵果树，每年在校园的边边角角种植一百多株南瓜，校园充满生长的气息，处处洋溢着浓郁的学习氛围。

气象科普教育为促进学校特色发展注入强劲力量。学校将气象科普教育与班级建设结合，先后成立了气象班级、竺可桢班、气象联合中队和叶笃正班。在气象特色班级开展气象科普知识的学习探究活动，定期带学生走进园博园气象馆、丰台区气象局、北京市观象台；组织气象社团学生进行气象观测，参加气象知识竞赛，开展气象灾害预防宣传，开展校园气象服务。学校气象科普活动注重普及与提高结合，面向每位学生成立校园气象社团，社团分为气象观测、气象宣讲、气象与农业研究等多个研究小队，科学老师作为辅导员、丰台气象局专业人员作为校外辅导员，全程指导学生开展气象活动。

学气象　用气象　生气象*

气象科普教育经过多年的发展，已经成为学校的亮点，让培养"和雅做

---

* 本文为笔者在全国"校园气象科普教育论坛"上所做的经验分享。

人、本真求知、创意做事、康馨生活、责任担当"的"大写"的人落地,同时对"大写"的人有了更深层次的校本化解读,即"拥抱精神的气象万千"。

一、和雅做人

学校气象中队的队员们承担了"中国石油·益路同行"公益项目。在项目活动中,队员们走进附近的公园、社区、附属幼儿园,把气象知识带给不同的受众群体。走进社区时,事先为老人安排舒适的座椅,队员们贴心地搀扶着爷爷奶奶走到座椅前,把简明易懂的宣讲材料发给他们,等老人们都坐好,宣讲才正式开始,考虑到老人的听力都不太好,队员们提高了音调,声情并茂地讲解着。讲解完,孩子们生怕自己讲得不清楚,还走到爷爷奶奶身边,拉着他们的手问道:"您能听见吗?有哪里不清楚吗?"队员们的表现受到了老人们的高度评价。每次宣讲时,队员们落落大方的举止、精彩生动的语言、文明有礼的表现,都会赢得阵阵掌声。

二、本真求知

好奇心和求知欲是学生探索世界的种子,也是不竭创造力的源泉。他们在气象站认识了风向标、风速计、湿度计、雨量器,认识了百叶箱里的温度计及它们的用途,学会了观测方法,还会对气象数据进行整理,进行气象播报。他们还自己动手制作风向观测仪和迷你气象站。为了将气象科普与农业结合,自2016年开始,学校每学期都要开展为期半个月的"跟着太阳走一年"项目学习。围绕二十四节气,学校先后开展了"谷雨节""秋分节""春分节""寒露节""清明节"等节气活动。结合节气,他们在科学老师的指导下开展太空种子种植活动,先后进行了"不同土质对航彩樱1号生长情况影响的初步研究""不同气象要素对航粉樱6号生长情况影响的初步探究""航瓜mini在有土、无土栽培中的对比研究"等项目的研究。通过植物种植、观察、记录、比较、分析、归纳总结等方法,学生认识到土壤、温度、湿度、阳光、水及气流强弱等气象要素与植物的相互关系,感受到气象要素对植物生长的重要性。在种植活动中,学生"一日看三回",感受到了生命的神奇,感悟到什么是"像科学家一样思考""像科学家一样做事"。

三、创意做事

学习的价值在于运用，在"3·23"世界气象日、"5·21"防灾减灾日的绘画、摄影、动手类气象制作比赛活动中，学生依据比赛要求，上网查阅、咨询家长、搜集作品的相关资料，充分发挥自己的想象力、创造力，利用身边的资料、材料，花费几个小时甚至几天时间设计、制作出一件件精美的绘画、摄影、动手类的气象作品，像风向观测仪、科普校园剧等，都是他们自己的创造。

四、康馨生活

2016年，学校在丰台气象局的帮助下，建成校园气象观测站。目前，气象站有自动、手动两套观测设备，可观测大气温度、湿度、风速、风向、大气压力、降水量六大指标。每天气象中队、竺可桢班的同学会轮流进行气象观测、记录，并对观测数据进行分析、研讨，最后把天气阴晴雨雪的情况、空气质量、穿衣、运动指数公布在校园气象服务站上，指导大家安排好学习、生活、运动、穿衣。学校组织全校师生和家长参加看云识天摄影比赛，继而出现了"最美的云""最奇的云""最险的云""最怪的云"，每张照片背后都有一段美丽故事，映射出师生对生活的热爱、对艺术的理解，更融入对蓝天白云的热恋，还透露出对美好未来的憧憬……

五、责任担当

气象中队申报的"小小气象宣传员"项目经过层层评审，被中国石油和中国扶贫基金会立项，学生们深入社区、学校、公园宣传气象科普知识，帮助居民提高对气象灾害的认识和在遭遇气象灾害时的自救能力。

气象科普为学生打开了认识大自然的一扇窗，透过这一扇窗，学生们不但身临其境地学习到气象知识，更培养了"仰望星空"、追求真理的创新进取精神，他们的核心素养在此过程中潜滋暗长，从而生长出精神上的万千气象。学校将继续着力培养内生力量，借力气象专家资源和科普教育资源，继续讲好我们的气象故事。

第四节　探究南瓜生长奥秘

大自然以其天然、有趣、丰富的变化，在不同的季节，向孩子们献上不同的礼物，并让这些奇妙的礼物来引导孩子们养成善于发现、敢于探索的习惯。"让教育自然发生"是一种独特的教育模式。笔者理想中的小学是一所将人放在学校正中央、充满活力的学校，是一所友善、优质、可持续发展的学校，是一个生态田园、儿童乐园、书香校园和康馨家园。以"探究南瓜生长奥秘"为主题的科技南瓜节活动正是将学校建设为"生态田园""儿童乐园"、让学生"创意做事"并在学习过程中引起内在快乐、带来满足感的课程实践。

一、课程目标

叶圣陶在《假如我当老师》一文中指出："又如菜蔬的种植，我要教他们当心着意的，根的入土要多少深，两棵之间的距离要多少宽，灌溉该怎么调节，害虫该怎样防御，这些都得由知识化为实践；直到他们随时随地种植植物总是当心着意的，才认为又一种好习惯养成了。这种好习惯，不仅对于某事物本身是好习惯，更可以推到其他事物方面去。对于开关门窗那样细微的事，尚且不愿意扰动人家的心思，还肯作奸犯科，干那扰动社会安宁的事吗？对于种植菜蔬那样切近的事，既因工夫到家，收到成效，对于其他切近生活的事，抽象的如自然原理的认识，具体的如社会现象的剖析，还肯节省工夫，贪图省事，让那马虎过去吗？"

阳春三月，笔者在校园的栅栏下、围墙边、墙角，点种了一百多粒南瓜籽，看着一棵棵幼苗破土而出，笔者眼前出现了校园成为南瓜园的景象，心想：今年（2020年）的科技节何不做成南瓜节，让学习发生在真实的场景中。随后，同学们也在自己的"自留地"种下了南瓜。随着白露节气的到来，学校的南瓜喜获丰收。为充分利用学校特色资源，增长学生的科学知识，发展科学探究能力，激发研究植物的浓厚兴趣，感受科学与生活的密切关系，提高动手实践、自主创新能力，发展其科学素养，学校决定开展以"探究南瓜生长奥秘"为主题的科技南瓜节活动。

一是让孩子们亲近自然，了解自然的奥妙，培养对大自然的热爱之情。"探索南瓜"科学实践活动就是要让孩子们回到自然中去，重新亲近大地，带领他们在大自然里做游戏，去体验人与人、人与自然以及自然本身原来应有的和谐与平衡，去感受大自然的奥妙与完美，从而学会欣赏自然、尊重生命以及开发想象力。

二是培养学生科学探究的能力。了解南瓜的基础知识，包括生长习性、营养价值、种类、栽培方法等，知道在中国的栽培历史、民间习俗和传说；掌握南瓜种植养护的方法，通过观察、测量、记录、分析等方法，了解南瓜生长的过程，激发研究植物的浓厚兴趣；培养探究精神，能够在活动中发现问题，并运用多种方法尝试解决问题，培养勇于创新的品质和严谨的科学态度及科学探究能力。

三是增强学生社会责任感。感受食物来之不易，能够珍惜粮食，体会自然、植物与人类生活的密切关系，树立劳动最光荣的意识；提高动手实践、创新、与人交往的能力，增强节约粮食的社会责任感；养成积极的生活态度，能够不怕吃苦、有耐心、有毅力。

二、课程内容

基于得天独厚的地理优势，学校组织开设了以"探究南瓜生长奥秘"为主题的科技南瓜节活动，以南瓜为线索统筹了课程设计，整合基础课程、拓展课程和创新发展课程中的相关内容，形成了围绕南瓜开展的文化·科技·生活跨领域课程群。

文化： 了解南瓜文化，从人文的角度认识南瓜、分析南瓜，用自己喜欢的方式（如绘画、音乐、摄影等艺术形式）进行个性化表达。

科学： 了解身边的科学现象，发现生活中的科学问题，探秘科学中的奥秘，在勇于实践、大胆创新的过程中，积淀科学素养，提升认识世界、改造世界的能力。

生活： 运用所学知识解决生活中的问题，发现生活的价值和规律、了解科学源于生活、应用于生活，能够品味生活中的艺术，享受生活劳动的乐趣，热爱生活，创造生活。

在基础课程，整合不同学科中和南瓜课程相关的内容，生成学科融合课程，拓宽学科课程的广度，比如科学课的植物种植、美术课的写生绘画、数学课的计算、语文课的观察日记、交流表达等；在拓展课程中开设南瓜相关课程，加深对南瓜文化的认识与学习，比如制作南瓜粥、南瓜饼等美食的食育课程，以南瓜为主角进行创作的南瓜漫画课程等；以农场为基地，开设南瓜基地课程，让学生在真实情境中发挥自己的优势和特长，内化认知，综合运用所学知识创造性解决实际问题。

三、课程实施

以现实生活中的南瓜为课程资源，让学生走进大自然，以学生自主学习和直接体验为主要学习方式去观察、体验、记录、实践，注重对知识技能的综合运用，共同为建设生态校园、儿童乐园奉献自己的力量和智慧。综合实践活动课程和学科课程渗透在现实操作中往往容易形式化，重活动轻学习，学校制作了认知、探究、实践、展示、评价一体的"探索南瓜生长奥秘"课程活动手册，以保证综合实践活动的实效性。

多学科融合。 重发挥语文、数学、英语、科学、美术、音乐、道德与法治等学科优势，深入挖掘"探索南瓜生长奥秘"科学实践活动中的课程资源，将课程融于完整的体系中，加强学科之间的渗透与融合，注重各学科知识的综合运用。

国家课程是学校课程中的基础课程，为学生提供了必要的知识与技能，也是南瓜课程中的基础课程。学校组织教师梳理了南瓜课程的课程内容，各教研组梳理教材，寻找本学科教材中与南瓜课程有关的技能和知识，并思考如何把本学科与南瓜课程进行有机结合，如可以是在学科课程中渗透南瓜课程，也可以是以南瓜课程为中心多学科融合实施。

学科融合旨在打破学科边界，以"南瓜课程"为牵引，推动学科之间的相互渗透和交叉，形成体系化的知识与技能结构。我们梳理了小学阶段的学科内容，与南瓜课程进行了有机的结合，形成各年级特色主题课程，架联各个学科知识与技能，体现了课程的综合性。根据学科综合性学习内容，结合实际情况，找好教育教学的切合点，确定每个年级的主题，根据主题确定教学内容，梳理涉及的学科进行统一架构，以实现课程综合育人。

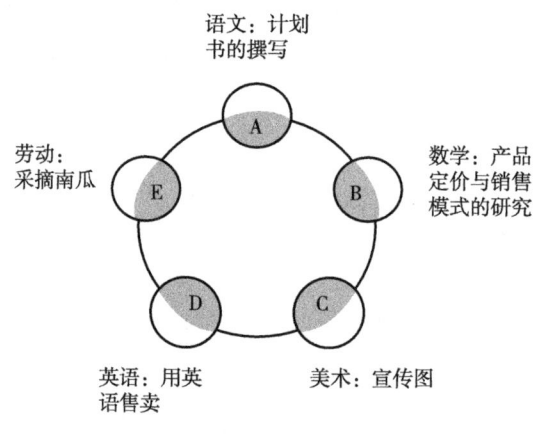

图 3-7 南瓜主题学科融合示意

南瓜售卖主题学科融合：售卖是一项实际生活中的活动，整个活动过程包括摘选南瓜、前期实地调查、制定售卖计划、实地售卖和成果整理分享等，这是一项综合能力的体现，需要学生灵活运用各学科知识与技能。因此，围绕南瓜售卖主题目标，各学科把学科内容与南瓜课程相结合，根据南瓜售卖活动的进程实施，让学生的学科知识与技能应用于实际活动中。

单学科渗透。南瓜课程是以真实情境开发的课程，能够激发学生学习的兴趣，南瓜在学科课堂中成为真实、有效的生活实例，为学科课程提供了具体可操作的实践内容。南瓜课程渗透到单学科中，既丰富了学科课程的内容，又为南瓜课程丰富和拓展了基础知识。以三年级下册《科学》第四单元《植物的秘密》为例，该单元围绕植物进行学习，了解根、茎、叶的基本结构。教师把南瓜植物的这部分内容与本单元相结合，在讲解完课本内容后，引导学生回忆南瓜的根、茎、叶是什么样子的，具有什么样的功能，并带领学生走进农场，观察和记录南瓜的根、茎、叶。针对学生在观察中发现的问题，思考解决办法。比如，有同学在观察南瓜的过程中发现光线充足、阴凉处的南瓜在叶的大小、颜色、结果率方面都有很大的不同；有的小南瓜果实出现慢慢变黄、最后腐烂的现象。课余时间，同学们常常会聚在一起对发现的问题进行讨论、交流，探究其中的原因。

图 3-8　分享劳动成果　　　　图 3-9　观察南瓜生长

认识南瓜包括观察南瓜的生长过程、各部分结构等，这部分内容可以与语文、数学、科学等学科进行融合教学，比如观察南瓜的生长过程与语文三年级学写观察日记相结合，南瓜各部分数据测量可以与数学课相结合，作为数学实践活动，认识南瓜的各部分结构可以与科学课《植物的基本结构》相结合。南瓜课程与学科课程相结合，是把知识应用于生活，丰富学生的生活实践经验，促进学生核心素养发展。

项目式学习。 PBL 项目式学习（project-based learning），是一种通过让学生开展一段时期的调研、探究，用创新的方法或方案解决一个复杂的问题、困难或挑战，从而在真实的经历和体验中习得新知识、获得新技能的教学方法。南瓜课程源于真实生活，具有思维启发性，通过学科统整，对南瓜课程中的实践内容进行整合、拓展、延伸，形成具有可操作性的项目式学习。

项目式学习以南瓜为主线，与节气、剪纸、美术、种植等内容相结合，贯穿家、校、社多场所活动。南瓜项目式学习一般作为校内课堂学习的延伸，内化知识的同时，引导学生发现生活中的问题，提高学生思考与解决问题的能力。学生根据项目式学习任务，确定活动专题，自主设计活动方案，自主规划活动过程，进行小组合作探究，自主进行过程评价，自主拓展延伸，从而完成综合实践能力的自我建构。

学习单策略：南瓜课程把现实生活问题升华成主题，包括种植、采摘、售卖、烹饪，每一个步骤都是生活中真实存在的，学生在学习的过程中可以通过小组合作的形式，设计学习单，自主进行。根据学段特点，可以分为步骤式的小组合作和全过程的小组合作，低年级学生生活经验和知识储备不够完善，可以在教师的帮助下结成2~3人小组，设计某一活动阶段的学习单，比如设计种植方案、观察方案、采访方案等；高年级学生具有较为丰富的生活经验和学科知识，可以从南瓜种植、养护、采摘、制作过程整体考虑设计，鼓励学生独立完成，在制作过程中发挥自己的创新精神。

家校联合策略：基于南瓜课程的特点和学校的育人目标，学校邀请了家长加入南瓜课程中，利用家庭力量和学校力量联合的方式，为南瓜课程创设更加真实的生活情境，提高学生的综合素养和生活能力。食育南瓜部分分成了课堂设计和家庭实践两部分，在教师的指导下，学生在学习南瓜饼制作方法的基础上，设计自己的南瓜食谱，并通过文字和图片的方式进行展示。回到家中，在爸爸妈妈的帮助下，实践自己的南瓜食谱，包括采买食材、烹饪南瓜饼、品尝南瓜饼等。学校课程和家庭课程的联合，既提高了学生解决问题的能力，又增进了亲子关系，对学生成长发育起到了很大的促进作用。

表 3-9 "探索南瓜生长奥秘"科学实践活动

实践活动	研究内容	研究目的	准备工作	活动步骤
认识南瓜	了解南瓜的结构特点、生长规律等相关知识	1.通过观察、测量、记录、讨论交流、网上查找等方式，了解南瓜的结构特点、生长过程、用途及功效等 2.通过活动，培养观察、记录、收集、整理信息、分析资料的能力 3.通过对南瓜的观察、测量、记录、分析、总结，学习科学的研究方法，激发继续研究植物的兴趣	1.实地考察：笔记本、笔、卷尺 2.网上查找：笔、笔记本、电脑	1.走进校园种植南瓜的不同区域，进行观察、测量、记录 2.小组内交流汇报 3.对自己搜集的资料进行再次整理、完善，形成成果
研究南瓜	以丰富多样的方式对南瓜展开深入的研究	1.在观察、搜集、分析南瓜信息资料并进行归纳总结的基础上，运用自己的智慧，发挥自己的想象力、创造力，以研究报告、随笔、诗歌、连环画、金点子、科技小制作等形式呈现与南瓜有关的作品 2.在观察、研究南瓜的过程中，科学探究力、创新能力不断提高 3.在收集南瓜的资料、准备南瓜作品的过程中，对南瓜的认识更深刻，进一步激发学生探究南瓜的热情	通过实地观察、向家长咨询、网上查找的方式，收集南瓜的有关资料并进行分析、消化 工具准备：笔、记录本、电脑等	1.利用课间、午休时间，走近南瓜，进行实地考察和研究，获取所需数据和资料 2.利用在家的时间，向家长、网上查询与南瓜有关的资料进行整理、消化 3.利用课余时间，不断研究、创新，积极准备南瓜作品
摘卖南瓜	摘、卖南瓜	1.学生在合作摘南瓜、卖南瓜的过程中，动手实验、创新、合作做事能力不断增强 2.在准备卖南瓜的活动、售卖南瓜的过程中，锻炼学生的组织、与人沟通、语言表达等能力	南瓜、剪刀、桌子、电子秤、塑料袋、宣传海报等	1.在老师的引导下到南瓜地摘南瓜 2.在老师、家长的帮助下，准备卖南瓜的宣传海报、工具、商讨卖瓜方案 3.开展"满架秋风南瓜香"的摘、卖南瓜的科学实践活动

续表

实践活动	研究内容	研究目的	准备工作	活动步骤
食育南瓜	设计南瓜食谱，制作南瓜食品	1. 在尝试设计南瓜食谱的过程中，学习南瓜的科学知识、了解南瓜食品的制作方法，既动脑又使创新能力不断提高。 2. 在制作南瓜食品的过程中，增强不怕吃苦、有耐心有毅力的品质，从中体会到食物的来之不易和劳动带来的快乐	A4纸、笔、电脑、南瓜、制作南瓜食品的工具等	1. 根据食谱，搜集制作南瓜食品的材料、工具。 2. 动手制作南瓜食品。 3. 以视频、照片的形式在班级群分享自己制作南瓜食品的过程、美食

四、课程融合与创新

校内南瓜种植基地是学校一道亮丽的、生机盎然的风景线。孩子们有着与生俱来的好奇心和探究欲望，喜欢亲近大自然，喜欢和植物交朋友，对探索植物生长奥秘更是兴趣盎然。"探究南瓜生长奥秘"综合实践活动课程，增加了同学们对南瓜的认识，使他们体验了收集资料、分析、比较、动手实践、归纳总结等科学探究过程，体会到科技创新的重要性，感受科技的魅力，点燃了科学的梦想，激发了科学探究的热情。"探究南瓜生长奥秘"综合实践活动课程的开展，不仅让学生学到了课本上学不到的科学知识，还让他们体验到科学探究的辛苦和快乐，更让他们在动手实践中收获了辛勤劳动最光荣的体验。

成功的教学所需要的不是强制灌输，而是激发学生的兴趣。首先，南瓜课程是一门跨学科的实践课程，实现了科学、语文、劳技、数学、美术、心理等多个学科的融合，学生可根据自己的兴趣和特长，展开丰富的想象力、创造力，以绘画、泥塑、小制作、研究报告、随笔、观察、测量、记录等不同方式对南瓜展开学习、研究，从而激发学生创新的活力，发展学生潜移默化中综合运用所学知识解决生活实际问题的能力，学生的创造力、想象力也得以开发,语言表达能力亦得到锻炼。其次,课程内容是真实生活中的真实问题,贴近学生生活,能够激发学生的参与兴趣,在南瓜开出黄色花瓣结出胖乎乎果实的过程中,学生会有一种收获的自豪感;在摘卖南瓜、食育南瓜的过程中,学生通过自主设计、自主实施,会有主人翁意识;遇到困难得到小组成员帮助时,增加了学生对班级的归属感。各种感情叠加在一起,激发了学生学习的积极性和主动性。最后,同学们不仅表现出了浓厚的学习热情,强烈的集体荣誉感,而且学会了互助合作,提升了吃苦耐劳的品质,大大提高了学生团结协作的能力。

综合实践活动是由国家设置、地方指导和学校根据实际开发与实施的课程。如何有效地开发主题课程资源,如何让综合实践活动课程有效地实施,让学生通过南瓜主题的学习获得综合素养提升,教师发挥着关键性的作用。在南瓜课程开发与实施过程中,基于南瓜主题,教师跳出学科课程的具体学科思维,站在学校整体育人的角度,思考南瓜教育资源与自身学科的关联性,挖掘课程资源,形成了一节一节的学科融合课程,通过说—评—研课过程,把所有的融合课程精益求精,并通过整体课程考虑,构建课程体系,设计课程活动方案,教师实践了整个课程开发过程,对课程开发有了更深入的认识,课程开发意识和专业能力得到极大的提升。

贴近学生生活的南瓜课程,带动家长一起参与到学生的课程学习中,无形间形成了家校合作研究课程的合力。家长协助孩子对南瓜信息资料的查找与咨询,配合孩子开展活动;义卖南瓜环节,家长进校园参与活动,参与义卖,与学生互动;在制作南瓜食品的过程中,家长在食材、工具、制作方法等方面积极给予指导。在这些活动中,学生的动手实践能力、合作能力、表达能力、计算能力等各种素养有很大提高,直接的参与和认识提高了家长对学校的认可度。

学校最大化发挥南瓜课程的教育资源。在开展了形式多样、多学科渗透的南瓜实践活动的基础上,学校将"卖南瓜"作为心理课的载体,所有听课老师全程参与买南瓜、砍价并参与活动评价,学生卷入度非常高。这样的团队合作课，一改传统借助心理游戏来设计的思路，给人以耳目一新的感受。丰台区教研员卢元娟老师在听课后高度评价道，特别受感动，特别受触动！耳目一新！可以说用"惊喜"来形容，惊喜于"合作卖瓜快乐多"这节课紧密地联系着孩子的日常生活，区别于传统的心理活动课；惊喜于孩子在课堂中的卷入度极高，给孩子们带来了真正的快乐，创新了心理健康教育课程设计思路。

学校借助南瓜资源，从综合实践活动课程、学科课程、学校校园环境课程等多个维度推动学校特色发展，形成具有学校特色的系列化、综合化南瓜课程体系。南瓜文化与学校的校园"动"文化相契合，南瓜从种子、发芽、幼苗、开花、结果直到制作成南瓜食品，让学校的农场资源真实地"动"起来了，都在为学生的发展助力。

追"问题"之蝶 攀"素养"高山[*]

学生最理想的学习状态是像追蝶的少年，不知不觉就爬到了高山。真正的学习是自主学习，南瓜主题活动顺应了学生"好奇、好探究、好秩序（好讲理）、好分享"的天性，引导孩子们在分享式学习中享受着追蝶少年的快乐。

问题从哪里来：根据问题串提炼核心问题

我在墙角边、在栅栏旁、在开心农庄种植了一百多棵南瓜，9月份开学学校呈现出一片硕果飘香的生态田园景象。为了让学习发生在真实的场景中，学校以南瓜为主题开展了科学实践活动。

学起于思，思源于疑。问题是分享式学习的基础和关键，提出一个问题比解决一个问题更重要，因此学校将科学活动与学校楼道文化相呼应，在楼道围绕"怎么提出新问题？""科学家是如何提出问题的？"制作了专栏，引导学生学习如何提问，又在楼道的"问题墙"抛出"南瓜为什么要掐尖？""为什么细长的茎能承受住大大的瓜？""雌花和雄花有什么区别？""为什么有的南瓜才长一点点大就死了？""是长在栅栏上的南瓜多还

---

[*] 本文由司学娟、高涵撰写。

是长在地里的南瓜多？"等问题，围绕这些问题串梳理出核心问题"南瓜高产的秘密是什么？"鼓励学生跟帖并提出自己感兴趣的问题。

问题到哪里去：在分享互动中生长核心素养

在南瓜主题活动中，学生们带着"南瓜高产的秘密是什么？"的疑问，在真实的情境中通过观察、调查、研究，探索着南瓜生长的奥秘。2020年9月14日学校启动科技节以后，南瓜成了学校师生、学生之间交流最多的话题："司校长，我发现雄花的颜色比雌花的颜色艳。""高老师，我认为有的南瓜刚长出没多久就腐烂了是因为营养不够。""不对，我问了绿化阿姨，阿姨说是因为花多，蜜蜂少，没有及时授粉，所以南瓜刚长出没多久就死了。"……在观察南瓜的过程中，低年级学生会问："南瓜的茎上为什么有尖尖的刺儿呢？"还没等老师开口解答，学生便迫不及待地说："肯定是为了保护自己的呗！我刚才就被它扎到了，有了这刺儿别人就不敢摘它了，小动物也不敢吃它！"中高年级学生围绕《探索南瓜生长的奥秘学习手册》中的任务"提高南瓜产量金点子征集"，将自己的研究成果在班中进行分享。有的同学建议在南瓜结果着地后，割青草垫在南瓜下面，并保证下一场雨水，换一茬草垫，避免青草因雨淋湿腐烂变质，确保南瓜的通风、隔热、防湿。有的同学建议种南瓜的时候可以选择排水性好的地方和透气性佳的土壤。学生在分享、质疑、互动的过程中，既培养了观察力和探索精神，还提升了发现问题、解决问题的能力。

"儿童急走追黄蝶，飞入菜花无处寻。"学生在南瓜主题课程追"问题"之蝶的过程中，最大限度地释放了学习活力，将自己对南瓜的理解、认识和情感毫无保留、不加拘束地展现在同伴面前，激发和带动其他同学全身心参与到真正的学习中来，有效促进了他们的交往，培养了他们的社会参与的意识和能力，学生的核心素养在问题解决和分享互动的过程中潜滋暗长。

第五节　在游戏中强健身心

"大写"的人首先是一个健康的人。学校体育是实现立德树人根本任务、提升学生综合素质的基础性工程，对培养学生爱国主义、集体主义、社会主义精神和奋发向上、顽强拼搏的意志品质具有独特价值。习近平总书记在全国教育大会上强调，要树立健康第一的教育理念，要全面加强和改进学校美育，要在学生中弘扬劳动精神。开齐开足体育课，帮助学生在体育锻炼中享受乐趣、增强体质、健全人格、锤炼意志，既是从学校体育的角度对"怎样培养人"的回答，也是对学校体育工作提出的新目标要求。十二中附小借助校本资源，系统构建具有学校特色的体育游戏课程体系，激发学生体育锻炼兴趣，促进学生身心健康发展。

一、课程目标

如果没有健康的体魄，为祖国和人民服务就是一句空话。体育游戏校本课程，以"三级五维"课程理念为指导，重在发展学生的速度、耐力、灵敏、力量、柔韧五大素质，在体育游戏中培养学生小组合作的兴趣与能力，使学生在身体发育黄金期得到充分锻炼，从而成长为身心健康的"大写"的人。

一是激发学生体育锻炼的兴趣。通过丰富体育锻炼的形式，培养学生的体育兴趣爱好和体育锻炼的习惯，提高学生强身健体的主动性和积极性，促进学生步入"引起兴趣—激发兴趣—形成习惯"的良性轨道。满足学生兴趣需要，根据五大素质不同的游戏类别科学分组归类，将身体素质较好的学生与身体素质较弱的学生进行融合交叉，让每一个小组都能够保持动态平衡，让小组成员之间实现交叉互补。

二是培养学生体育运动技能。体育核心素养主要由运动能力、健康行为和体育品德三个维度构成，它集中反映了体育与健康学科的独特品质和关键能力。体育游戏校本课程是以学生体育活动的形式而存在的，在游戏校本课程发展较为成熟的基础上，将体育游戏渗透到学生日常体育锻炼中，形成常态化运动模式，帮助学生掌握1～2项运动技能，引导学生树立正确健康观。

三是促进学生德智体美劳全面发展。注重活动的趣味性和综合性，通过体育游戏活动的开展，让学生在满足快乐的同时增长知识和经验，渗透勇敢顽强、机智果断的品质，促进学生德智体美劳全面发展。开展丰富多样的小组、全员参与的游戏活动等，创造机会为学生提供展示的舞台，让学生在活动中锻炼成长。将体育游戏变得有思考、有思维、有讨论、有合作与分享，提高学生遵守社会规范的意识、与他人交往的能力以及适应未来社会发展的能力。

二、课程内容

《义务教育体育与健康课程标准（2022年版）》明确，义务教育阶段体育与健康课程内容主要包括基本运动技能、体能、健康教育、专项运动技能和跨学科主题学习。十二中附小立足体育与健康新课标，结合学生兴趣和学校教育资源，将课、操、节中实践应用过的游戏，归类总结成个人游戏、小组游戏、团队游戏、亲子游戏等一系列的游戏内容，编写了体育游戏校本课程游戏集，构建了具有学校特色的体育游戏校本课程体系。

聚焦力量素质、灵敏素质、速度素质、耐力素质、柔韧素质，研究设计小"车"竞速、"猜丁壳"、接力跳绳跑、旋风跑、循环跑、编草绳等体育游戏项目，把体育教学变成学生想学、乐学的自觉行动，学生更充分地体验到参加体育运动的乐趣，自主锻炼的能力得到提高，学生的创造力得以充分发挥。

丰富课程内容，形成结构化的自编操体系。好的体育应"形神兼备"。"形"指健康体魄；"神"则是精气神，学生有梦想、有灵魂、有定力，有活力。学校将自编操与育人目标融合，与中华民族的传统文化和美德进行整合，形成结构化的自编操体系。自编操与和雅教育融合，创新出《文明礼貌操》2套；自编操与劳动教育融合，创新出《劳动操》2套；自编操与传统文化融合，创新出《武术操》《飞绳操》；自编操与体育精神融合，创新出《搏击操》；自编操与身体五大素质融合，创新出《耐力素质操》《灵敏素质操》等；自编操与现代文化融合，创编出《热身动感操》《街舞操》。

表 3-10　体育游戏校本课程

课程内容	活动内容与目标
力量素质	游戏名称：小"车"竞速 方法：两人一组，一人坐在小车上（小体操垫），拉车的人用双手拉住车在开始线上站好，当听到开始的口令后，迅速向前跑出，绕过标志桶返回，最快的组获胜 规则：坐在小车上的人脚不能触地 器材：小垫子　标志桶
灵敏素质	游戏名称：接力跳绳跑 方法：将学生分成人数相等的若干组，高、低年级混合各组成一路纵队站立；游戏时，各组的第一个学生用单双脚依次交替跳绳的动作快速向前，到达折返线后原路跳回，然后将跳绳交给下一个学生，继续游戏；以此类推，各组后面的学生依次进行练习，看哪一组最先完成任务 要求：全员参与
速度素质	游戏名称：旋风跑 方法：绿、红、黄（分别代表不同的年级）三队同时比赛，4人一组同时抓住接力棒起跑，绕每个标志杆一圈后，直线跑回给本队下一位同学，依次进行；最快的为冠军班计100分，亚军班计80分，季军班计60分 规则：手握住接力木棒不能松开，不许抢跑 器材：木棒　标志杆

续表

课程内容	活动内容与目标
耐力素质	游戏名称：循环跑 方法：高年级学生带领低年级学生一路纵队或若干路纵队，围绕跑道匀速有氧跑动，后面学生往前面跑，到了排头，做排头，接着最后一个开始启动，（可以指定启动者到了某位置，下一个可以启动，提高转化节奏）可以进行若干圈循环 要求：全员参与，注意安全
柔韧素质	游戏名称：编草绳 方法：每个年级分成绿、红、黄队，一个班一个队，排成四路纵队，听到开始的口令后，第一人迅速向前跑出，绕过标志杆后横叉，然后第一名同学跑过中线第二名队员开始跑出绕过标志杆，与前面的同学脚丫接脚丫横叉，后面的同学依次完成横叉接龙，当最后一人横叉接龙后，裁判员丈量绳子的长度，最长的为冠军班计 100 分，亚军班计 80 分，季军班计 60 分 规则：脚和脚之间不能断开，双手放于体前，上体保持正直 器材：标志杆

三、课程实施

体育游戏课程坚持"健康第一"的指导思想，在"我们一起，欢欢喜喜"的价值观引领下，以尊重学生的主体地位，尊重学生需求为出发点，开展丰富的体育游戏活动，让学生达到"真喜欢、真锻炼、真出汗"目的，激发学生参与体育锻炼的兴趣，提高学生身体素质；引导学生自觉养成健身的体育意识，培养坚毅的意志品质。

完善机构做好规划，让体育活动有序有效。科技和体育是学校长期坚持的发展特色，在体育教育的组织管理上，学校机构健全，领导重视，构建了校长领导—教师发展中心组织—教研组落实的三级管理网络，形成了由学校分管领导和教师发展中心总负责，体育组具体实施的工作架构。学校成立了以笔者为组长，副校长赵亚萍和梁佳煜为副组长，体育教师和年级组长为组员的体育工作领导小组。定期研究体育工作，把体育工作纳入学校工作计划，认真组织落实，定期组织检查、考核。建立校园意外伤害事故的应急管理机制，制定和实施体育安全管理工作方案，明确责任人，落实责任制。每天大小课间活动时间，如果没有特别紧急的事，笔者都会走到孩子们中间，和他们一起参加体育锻炼。体育游戏校本课程，做到了有组织、有领导、有计划、有要求、有措施。

加大投入完善设施，全面保障体育游戏课程实施。 学校体育运动场地面积 4821.3 平方米，田径场、足球场、篮球场、科动游戏场、体育馆、国球馆、舞蹈教室等基础设施完善，全面满足不同天气情况下学生体育课及课外锻炼的基本需求；严格落实每天"两操一课"，保证学生每天超出一小时的锻炼时间；配备卫生保健人员 1 名，心理教师 1 名；体育课专时专用，杜绝被挤占的现象。学校先进完善的基础设施，为学生体育锻炼和身心发展提供了超一流的外部条件，为体育游戏校本课程的开设提供了有力保障。

借助体育游戏校本课程，让学校体育有了独特趣味。 体育老师是体育游戏校本课程实施的主力军，要做好计划并积极参与到活动中来，同时学校每年对教师的落实情况进行总结表彰。体育游戏以趣味性与竞技性的有机结合，提高了学生体育锻炼的兴趣和参与度，学生在乐中学、学中乐，发挥出寓教于乐的功能。第一，坚持每天的课间操和体育游戏锻炼，体育游戏做到常换常新。坚持娱乐性、趣味性、竞技性，持续开发更具魅力的体育游戏，让学生们玩起来更有劲；不断推陈出新，创编新游戏，以满足学生个性化需求。第二，采用游戏教学法，激发学生体育锻炼兴趣。"兴趣是最好的老师"，从事任何活动都需要尊重兴趣，否则活动的效率就难以提高；忽视培养学生对体育的兴趣，锻炼身体的习惯就不会养成，更难以养成终生锻炼的习惯。教师要转变观念，提高自身创新意识。研究学生的心理需求，才能超越常规，更大胆地、独特地运用有创造性的教学模式。第三，加强赏识教育，给学生以自由发挥的广阔空间。让每位学生都有机会去实践、去参与，真正体现出学生的主体作用。在教学中少批评多表扬、多鼓励、多肯定，营造一种宽松和谐的学习氛围。第四，为学生创造展现自己的机会，表达自己的独立个性。结合学校体育分享式课程，动手实践、自主探究与合作交流是学生学习体育的重要方式。要让学生表达自己的见解,让每一位学生在点滴中取得进步,享受到参与运动和自我学习所带来的快乐。让学生在运动中获得成功和喜悦,在成功和喜悦中不断提高对体育的兴趣,养成"终身体育"的思想理念。第五,保持教态亲和度,把控体育活跃度。在游戏中教师需要保持足够的亲和力,随时调动学生的积极性,善用正面的鼓励,发扬学生的长处、弥补不足,促进学生身心全面发展;及时帮助有需要的学生,给予关心和鼓励,增强孩子们的自信心;注重掌握火候,让兴趣与体力处于一个水平上,控制好运动量,调节好运动负荷,保护好兴趣度。

加强体育文化建设,彰显学校体育特色。 面向全体学生,开展形式多样的群众性体育活动,培养学生积极向上、勇敢顽强的进取精神。每学期开展以班级为单位的体育竞赛,如班级足球联赛、班级跳绳比赛;积极组织开展全员参与的体育竞赛活动,如冬季全员长跑节、春季全员运动会;每年举行一次体育文化节,融竞技性、智力性、趣味性和娱乐性为一体,举办全员趣味运动会、长跑节、亲子运动会等特色体育活动。加强日常体育活动的管理,让更多的学生参与到学校、年级、班级等分层组织的体育活动中,充分体验运动的乐趣和成功的喜悦。

四、课程融合与创新

在学校课程建设理念的引领下,体育组以学生兴趣为出发点,正确把握新课程改革方向,真正把体育教育做得有意思、有意义,提升学生体育锻炼参与度,有效发展学生体育核心素养,促进学生体质健康稳步提升。

实现特色化的私人大课间。 以"有秩序、有兴趣、有负荷、有精神"为目标,丰富课间操的形式和内容。体育组提前制定大课间活动方案,以动感的热身操开始,用五大素质游戏来练身体,每天有重点、有针对性地练习;录制游戏、热身操、五大素质组合等视频,形成体育游戏资料库;按照每人一周带操的规律,围绕框架自主选择内容,提前准备场地器材,保证课间操质量；结合学校诚信育人特点，巧用"诚信箱"，学生可在"诚信箱"里自取自放体育器材，既培养了学生诚信守规矩的意识，又培养了学生自主安排体育活动的能力。

有效开发校本化融合活动。全员趣味运动会已发展成为学校体育活动的特色品牌。结合学校"跟着太阳走一年"特色课程，开展混龄组合长走比赛。学生们混龄组合，让学长带领弟弟妹妹完成指定学习任务和规划合理线路，在实践中既锻炼了体能也提升了合作能力。结合春季和秋季运动会，设计全员参与的团队项目，提高学生的参与度，既锻炼了学生体能，又达到了完善人格品质的效果。如以"红星照耀我奋进"为主题，开展红色体育项目比赛；并肩作战游戏，学生手脚相接围成一个圈，一起完成仰卧起坐，整齐划一，在规定时间内比赛谁做得个数最多；编草绳，要求各班全员下叉，横叉相接，人数相同的情况下比赛哪个队伍最长；传递鸡毛信，在基本的奔跑速度中增加了小组同伴之间的配合考验。

围绕区级、校级课题设计体育课程。紧抓学校分享式课程研究，找到体育分享式教学的契合点，让分享在小组化、游戏化中发挥作用，充分调动了学生主动参与的意识，养成自主锻炼的习惯。晋老师和尹老师在全国分享式教育课题研讨会上，圆满地完成了两节精彩的展示课。其中，尹航老师以"分享推变革，聚'力'提素养"为题，在丰台区重点课题示范结题展示大会进行了精彩的案例分享。《体育游戏校本课程》为学校争得丰台区第二届基础教育课程建设先进单位称号，并在课程建设优秀成果评选中荣获三等奖；紧跟丰台区体育学科地方课程改革，积极参与丰台区小学体育教研员张彤老师的课程研究。以身体五大素质为内容，结合创新好玩的教法，成功地运用在课堂实践中；积极参与课题研究，成为中国教育学会教育科研专项课题"中小学课外活动模式创新与应用研究——运动与健康"课题的实验校。

提高体育游戏校本课程质量与成效。学校把建设一支数量足、素质高、能力强、团结向上、热心于体育、艺术的专业师资队伍作为体育教育的中心环节来抓。体育组全体教师积极参加丰台区地方课程改革培训和各级各类教师业务培训,每两星期进行一次体育教育教学研究活动,探讨体育教学的问题,提出教学的新思路,交流教育心得体会,提高体育教学反思的能力。同时,注重加强教育教学理论学习、专业知识学习,积极参加教师在职培训、各级各类教研活动及教学研讨活动,有效提升体育专业素养;注重钻研业务,探索新教材、新教法,在实践中不断总结经验,发表多篇高质量体育教学论文。

集团辐射有梯度的体育人才贯通培养。北京十二中附小联合总校拥有优质的体育资源,大力扶持附小体育工作,促进师生学有所长。训练队完成双向对接,在更多高水平专项教练的指导下,附小的学生走进十二中本部、科丰校区的足球队、田径队、武术队、排球队、健美操队、冰壶队等体育专项训练队参加集训,学生专项技术技能逐渐提高;积极参加足球、武术、篮球、排球、街舞等社团活动,踊跃参加各级各类体育比赛。在集团的辐射带领下,形成体育人才发展梯队,体育人才贯通培养模式得到有效探索。

北京十二中附小两支街舞啦啦操队双双夺冠 *

2021年6月12日,由北京市体育局、北京市体育总会主办,北京市健美操体育舞蹈协会承办的"2021第十三届北京市体育大会健美操比赛"在燕山体育馆活力开赛,全场共有来自全市的72支参赛队同场竞技。学校低年级炫动街舞啦啦队二队和高年级炫动街舞啦啦队一队参加了这次比赛,分获小学乙组徒手健身操舞自选动作、小学甲组徒手健身操舞自选动作冠军!

图3-10 获奖证书

* 本文由晋维娜撰写。

赛前，在体育组晋维娜老师带队指导下，参赛的30名运动员利用早午晚休息时间积极训练，精准掌握每一个动作的方向、角度和位置，磨合每一次队形的变化，琢磨每一拍动作的表情。"宝剑锋从磨砺出，梅花香自苦寒来。"每一个成绩的取得都离不开教练和孩子们背后付出的无数汗水和不懈努力。

队员们自信的步伐、明媚的笑脸、饱满的精神、飒爽的身姿给评委留下了深刻的印象，他们用自己的热情与汗水释放着青春的活力，绽放着附小少年的风采。在比赛中，他们凭借整齐划一的动作和活力四射的表演征服了评委和观众，分别荣获小学乙组徒手健身操舞自选动作和小学甲组徒手健身操舞自选动作冠军的好成绩！带队的晋维娜老师获得优秀教练员称号。

本次比赛，展现了附小学子激情洋溢的精神面貌和昂扬向上的进取精神，体现了学校体育艺术教育的优异成绩，对进一步丰富校园生活，提高学生身体素质，提升学生体育与艺术素养都将起到积极的推动作用。

团结凝聚力量　激情绽放活力 *

莺啼燕语迎春来，喜迎节日笑颜开。在这春光明媚的日子里，在学生们的欢呼呐喊中，北京十二附小工会以"团结凝聚力量　激情绽放活力"为主题举办了一场别开生面的活动——拔河比赛，来庆祝第112个国际劳动妇女节。

得知老师们要进行拔河比赛，孩子们兴奋得快要跳起来了，他们提前到达了操场，摩拳擦掌，准备为自己喜欢的老师们加油鼓劲儿！加油声、欢呼声，声声入耳；口号声、哨子声，声声激情。

比赛中，老师们热情地邀请了高年级学生为自己的队伍增添力量，果然孩子们不负众望，让整场比赛士气大振，现场气氛格外热烈！司校长也在比赛中拼尽了全力，孩子们都激动地为校长加油助威！

在阵阵掌声和欢呼声中，拔河比赛结束了，相信这场热烈而激动人心的

---

* 本文由黄佳欢撰写。

比赛一定会深深印刻在老师和孩子们的记忆中,让我们记住这笑声,记住这笑脸,记住这美好的时刻!

秀出活力,滑出风采*

2022北京冬奥会的余温还未散去,北京十二中附属实验小学操场上的运动热情接踵而来。春天正是运动的好时节,伴着和煦的春光,3月24日,附小轮滑午间秀场活动拉开序幕。

同学们早早地坐到观众席等候,秀场还未开始,大家先秀起了自己手中的加油手牌和邀请函。

图3-11 为同学加油

在同学们的欢呼声中,轮滑小将们鱼贯而出。主持人肖锦纹先和大家分享了轮滑知识,同学们又展示了花样轮滑的基本动作,包括转弯、绕桩和倒滑等,特邀嘉宾孟令皓还表演了玛丽绕桩和双轮转等动作。高超的技术和炫酷的动作,让现场的同学们惊叹连连,不住叫好。

---

* 本文由张浚扬、张宇飞撰写。

图 3-12 精彩瞬间

最让人兴奋的要数轮滑比赛了,二三年级热爱轮滑的同学们组成了冠军队和轮滑之星队,比赛规则是每个队员按指定动作滑,以接力的形式进行,全体队员先滑过终点为胜利。随着小裁判的一声令下,场上立刻沸腾起来,运动员如离弦的箭一般飞奔而出;赛场下的老师和同学们挥动着手中的加油牌,为运动员呐喊助威。

图 3-13 轮滑之星

活动在欢笑声中结束了,依依不舍的不仅有运动员,还有观众。孟令皓和张浚扬凭借实力收获了一大批小粉丝,成了名副其实的"轮滑之星"。其实,每位同学都是一颗闪亮的星星,只要忠于自己的热爱,总有一天会发出耀眼的光芒。

第四章

校园文化环境与"大写"的人

最好的教育是感染和熏陶,就像卢梭在其名著《爱弥儿》中所说的:"什么是最好的教育?最好的教育就是无所作为的教育:学生看不到教育的发生,却实实在在地影响着他们的心灵,帮助他们发挥了潜能,这才是天底下最好的教育。"学校创设文化隐性课程,以教室为中心,突出价值引领,注重学习方法的指导,增强学校文化与师生的互动对话,创设楼道、功能教室和室外绿化等文化隐性课程,使学习者在"创感"的学习空间中浸润式地学习,引发了学校课程重构和学生学习方式的深度变革。

第一节　会说话的墙壁

"沾衣欲湿杏花雨，吹面不寒杨柳风。"熏陶比说教更接近教育的本质。作为学生成长的"第三位教师"，学校空间具有独特的育人功能。十二中附小积极探索文化环境育人的新维度，打造凸显精神价值和教育内涵的墙壁文化，让每一面墙壁会说话、能发声、能传情，全校师生时刻都能在校园每个角落有意或无意地感知到文化的感召力，并在行动中自觉做学校文化的践行者。会说话的墙壁充分发挥了环境的隐性教育功能，展现了学校"环境育人"的教育理念，彰显出更浓郁的文化特色。

一、整体规划设计，提升楼道文化的教育性

学校空间是具有历史积淀和文化艺术气息的场所，应在精神上给师生带来认同感和归属感。美国学者埃克赛斯（Jacquelynne S. Eccles）等人研究发现，社会环境中的个体与社会环境特征间拟合情况会影响"心理健康、动机和行为"。当个体所处的社会环境不能与他们的心理需要拟合时，个体就不会表现得非常出色或有很强的动机。可见，学校空间对学生身心健康成长具有重要作用。刘厚萍将学校空间定义为学校建筑空间、信息空间和社会空间的融合和耦合。根据学生在学校的主要活动和任务，建筑空间可以分成学习空间、公共空间和生活空间，这些类型的空间在培养学生方面发挥着不同的作用。由于信息空间形态和功能变化较大，可以按过去、现在、未来进行切分，而社会空间是学校人与人之间互动形成的抽象场域。实践证明，好的学校空

间能调动一切情境资源，激发师生教与学的潜力，提升育人效果；可创设更好的空间环境和营造更好的氛围，帮助学生个性化学习；能引导学生学会共处，有效协作，实现合作学习，在合作学习中提升交往合作的意识和能力。

为给学生构建适应个人终身发展和社会发展需要的必备品格和关键能力，基于"和雅做人""本真求知""创意做事""康馨生活""责任担当"五大核心素养，学校整体规划一至五层教学区的楼道文化，五个楼道的主题文化体现了核心素养的逻辑关系，学生从"和雅做人"开启学习的旅程，积淀了"本真求知""创意做事""康馨生活"的能力和动力，才会立浩然之气于天地间，成为"大写"的人。例如，一层围绕"和雅做人"，设计了礼貌帆、沟通帆、尊重帆、和平帆、友爱帆等，这些主题皆以描述性的、指向行为的语言给予学生具体指导。"尊重帆"的内容有：记住并念出一个人的名字；尊重别人的决定，可以提建议，不能强迫；尊重别人的身体，不随便去摸、拍或推；不干扰别人的工作和生活等。围绕"求真、崇善、唯美"的教育理念，设计"真真""善善""美美"三个卡通形象，校园里到处都是他们的身影，学生在校园行走中、休憩时，可以实现随时随地的学习、讨论和交流。以楼道文化为代表的学校空间既体现了学校文化特色，又充分发挥着育人的独特价值。

二、形成文化场域，熏陶民族情怀

文化是民族精神的智慧结晶，是民族创造的重要源泉。在中华优秀传统文化中，个人梦想与民族梦想一脉相承。习近平总书记在十九大报告中指出，青年一代有理想、有本领、有担当，国家就有前途，民族就有希望。中国梦是历史的、现实的，也是未来的；是我们这一代的，更是青年一代的。中华民族伟大复兴的中国梦终将在一代代青年的接力奋斗中变为现实。学校坚持以文化人、以文育人，让中华优秀传统文化的基因萌生于学生内心深处，自觉肩负起实现中华民族伟大复兴的历史责任。

德国教育学家爱德华·斯普朗格曾提出"教育是文化的过程"，他的理论不仅突出强调了"向文而化"是为教育的意义，并且详细阐释了受教育者通过客观存在的文化价值进行内化，进而转变为主体精神的"化文成人"的过程。赵辛辰认为，文化是德育的不竭资源，"文化"润"德"就是将文化作为德育的一种方法、手段和途径，充分利用文化中的德育资源，用文化来浸润德育、引领德育，发挥文化认同、引领及传承的作用，使德育走进人的心灵、精神乃至人的生命，从而达成"文化润德""以文化人"的根本目的。① 张祥兰认为，学校文化的选择过程是不断厘清育人文化价值定位，形成文化育人规范体系，凝练学校育人核心价值观的过程。学校是校长、教师和学生学习与生活的文化场域，是"学生健康成长的生命场"。生命场域里的复杂关系主体以某种特定结构形成合力，激发出育人场能，使学校文化场域形成一种育人气场，充满活力，服务于学生生命成长。②

学校教室、楼道是师生互动的重要场域空间，注入正面的文化力量以发挥育人功能，对小学生健康成长至关重要。随着非正式学习在学生成长中的重要性日益突出，学校越来越关注文化场域的建设，将学习空间的设计与培养"大写"的人的育人目标、核心素养本位的新课程改革深度融合，为学生在"创感"的学习空间中浸润式地学习优秀传统文化、熏陶民族情怀创造文化环境。

学校建设了成语楼道、喜庆文化教室和手作楼道文化长廊等文化场域。如：学校将一层大厅的正面墙壁设计为"八气"（正气、志气、底气、勇气、和气、雅气、灵气、大气）主题墙，以"八气诗歌""八气成语""八气格言""八气谚语""八气故事""八气书画""八气歌曲"为内容设计了"八气修身"长廊；在每层教学区的楼道天花板，制作了"天花板成语风铃"，每层楼道有两百多个成语，微风吹拂，成语轻轻飘拂，好似叮咛细语诉说着每个成语故事，使学生在抬头的不经意间就能学到几个成语；喜庆文化教室和手

---

① 赵辛辰. "文化"润"德"思考与实践［J］. 中国教育学刊, 2011（9）：87-89.
② 张祥兰. 班级文化场域建构：价值选择与关系调适［J］. 中国教育学刊, 2016（8）：51-54.

作楼道文化长廊都是学生作品的展示区，不仅展示了参加选修课程同学的作品，而且立体化的场域文化潜移默化地让传统文化的艺术魅力感染着每一个学生，唤醒学生的民族自豪感，起到了润物无声的教育效果。

三、楼道文化与科学实践活动联动，将科学探究推向深处

楼道文化与学校的主题活动、学科教学、价值观教育、习惯养成教育联动，拓展了学生的学习空间，升华了学生的价值体验。在学校门厅开辟区域功能明显的"创意物化"区，具体分为项目发布区、作品区、知识区、心路历程区四个板块。任务发布区，是项目任务发布的地方；作品区，展示学生的设计方案、实物作品；知识区，布置与本次项目化学习有关的学科知识、故事等；心路历程区，呈现的是学生在完成项目任务过程中的所思所想、所作所为，为学生开展项目式学习和学习成果展示创造物理环境，充分激发学生学习的主动性、积极性和创造性。

学校注重学习空间建设，将学校墙壁建成愿景的世界、知识的世界、展示的世界和方法的世界，满足泛在学习、跨学科学习、探究式学习、碎片化学习、非正式学习的需要。随处可见的三个卡通形象"真真""善善""美美"、"Try"主题墙、气象服务站、问题墙、科技素养树、创意墙、海洋与气象特色书柜、开心农庄、竹节园、兰苑、山楂林等，让学习无处不在。学校门厅、科学实验室、教室走廊成为科技节作品、社团活动成果、参赛作品展示的窗口，搭建了学生互相学习、互相交流的平台。

学习最好的状态是做一个追蝴蝶的少年，被蝴蝶吸引着上了高山。例如，围绕南瓜课程，学校在楼道的"问题墙"抛出问题"南瓜为什么要掐尖？""有的南瓜为什么刚结果就死了？""雌花和雄花有什么区别？"鼓励学生跟帖并提出自己感兴趣的问题。围绕"怎么提出新问题？""科学家是如何提出问题的？"等主题，我们又在楼道做了一个专栏。多学科联动、科学活动

与学校楼道文化相呼应,孩子们被吸引着上了高山。

台湾作家林清玄说:"好的教育不是教孩子争第一,而是唤醒其内心的种子。"那么,如何唤醒孩子内心"向善向上"的种子呢?学校在楼道创设了丰富的个性展示空间,像王子炫的《好玩的数学》、张靖宇的《坦克世界》、闫瀚文的《创客空间》、曲坤元的《文博世界》、赵泊然的《观察与分析》等,校长办公室的门上和墙壁上的字画都是孩子们的作品,以引导孩子们在校园里找到存在感和价值感,将特长发展积淀的优秀品质迁移到其他方面,促进全面发展。

图 4-1 让每一面墙壁都说话

让上学成为孩子们的期待 *

"少年们来了,灵芝生满园内,一切只是新鲜,一切只是明媚,一切只是希望,一切只是努力,灵芝不断地在园内苗放,少年们不断地在园内努力。"闻一多先生在长诗《园内》中深情的憧憬,给我们描绘了一个满含生机与活力,充盈希冀的学校样态。这样的学校,是孩子们牵牵念念的地方,是放学后都不愿离开的地方。

为了让学校成为孩子们的乐园,使孩子们即使离开也心向往之,我们一直朝着"让上学成为孩子们的期待"这个方向努力并为之实践。将其作为价

---

* 本文发表于《湖北教育(政务宣传)》2017 年第 9 期。

值追求，认真做好规划、计划和策划工作。

2016—2017学年下学期，学校的车辆模型教室和航海模型教室正式投入使用，车模课程和航模课程深受孩子们的喜爱。但看着四壁空空的教室，我总感觉缺少点活力，就如同黑暗的星空缺少繁星点缀，缺少文化的教室也缺少了一些魅力。于是，我请校园文化公司设计了一些体现汽车、轮船特点的元素和一些展柜。北京十二中附小联合总校李有毅校长看后，认为太简单，提出"以博物馆思维建两个教室"的建议。李校长的这一建议让我脑洞大开，我向文化公司提出了将轮船船体作为背景，方便孩子们了解船的结构和功能，兼具展示、收纳功能；将"穿越汽车发展的时光隧道"作为主题，呈现汽车的历史、现状，引导孩子们畅想汽车的未来；两间教室都安装宣传发布台，播放一些与汽车和轮船知识相关的视频；两间教室也设计了与孩子们互动的区域，引导孩子们探究汽车的核心技术，展示自己的收获。车模和航海模型教室是围绕"学生"和"学习"建构的，它成了课堂的延伸，课程的载体，学习的场域，探究的空间，为孩子们的学习与成长，创造了另一种可能。

在一次学生座谈会上，当我问孩子们最喜欢学校的什么地方时，孩子们异口同声地说："科动体育场，但老师不让去！"确实，孩子们能去科动体育场的次数很有限，因为课间10分钟孩子们要喝水、去洗手间，准备下节课的学习用品，时间很有限。班主任担心孩子们远离教室会影响下节课上课，担心孩子们的安全，都要求孩子们课间不能离开教学楼。放学后，统一排队离开学校。这引发了我的思考：身处校园，小学生的坐立行走、吃喝拉撒都处于全面的监管之中，儿童好动的天性与主静的校园管理取向形成全面交锋，学校有太多的禁令，孩子们在校园没有闲逛的时间和自由。这样的校园生活怎么能守护儿童玩耍的天性和权利？如何能激发和调动学生"精骛八极，神游万仞"的想象力？

怎样才能有利于儿童创新精神和独立人格的形成？我们需要顺着儿童心灵的走向，满足他们玩的需求、自由探索的需求、自主学习的需求。在新学期，我们开放校园，允许学生放学后在家长带领下在操场锻炼、使用科动体育设施玩耍，在开心农庄种地，在科教模型教室做模型，在图书馆看书，在车模航模教室探索，在舞蹈大厅排演舞蹈，在国球教室打球。当然，对学生和家长的要求要到位，安全保障要做在前面。

每位学生都有他心目中的"百草园"，学校不应该仅仅打造成"三味书屋"，我们需从学生的角度出发，把学校建设成学生既能学习又能体验快乐童年的地方，让"上学"成为学生的期待，就如同诗里所说："于是月儿窥进了东园，宇宙被清光浸满，宇宙晶凉的海水一般。宇宙变了清光之海——银波进入了窗棂，银波泛滥了庭院，银波弥漫了大自然，宇宙沉沦在海底。"我希望，我们的学校也能成为这样一个希望所在。

贯通培养课程化　科学促进幼小衔接 *

北京十二中附小幼小贯通培养课程已经实施了六年了，坚持课程化实施科学幼小衔接的贯通培养计划。2021年6月7日早上，十二中附小迎来了一群可爱的小客人，他们是来自北京十二中附小实验幼儿园大班的小朋友们。司学娟校长、赵亚萍副校长以及附小的师生们热情地接待了这群活泼可爱的小客人。

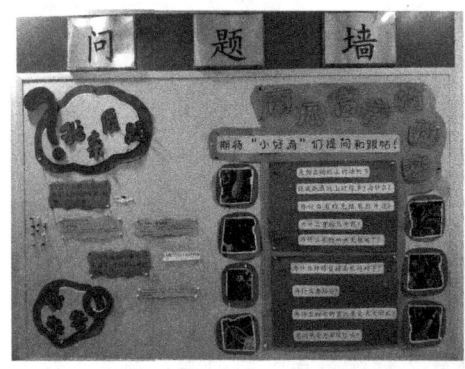

图 4-2　让每一面墙壁都说话

---

* 本文由陈玉姣撰写。

校园文化课程的感染：小朋友们一进入教学楼，就被楼道中墙壁上附小学生的作品惊叹着，睁大眼睛看得可认真了。幼儿园的老师和小朋友们都深深地被学校以"动"为魂，以积极创设"时时有课程，处处有文化，让学习发生在足迹所至的地方"为主的校园文化课程所感染着。

小朋友们在附小陈老师的带领下参观了门厅星光大道等个性展示空间、航模车模文化教室、科教模型教室、智慧图书馆等处，进一步感受了小学生活和氛围。

分享式教学学科课程的互动体验：孩子们悄悄走进一年级教室听课，感受附小分享式教学的趣味性、互动性。老师们结合当堂学科教学内容设计活动，让幼儿园小朋友共同参与学习。比如数学课的《探索规律》，数学教师用"我是小小设计师"的数学活动引导学生和小朋友们一起设计有规律的小手链、小书签送给幼儿园小朋友；美术课上，美术老师组织学生带着幼儿园小弟弟、小妹妹一起完成"美丽的太阳花"。课程体验在孩子们互送礼物，互相祝福中结束了，幼儿园的小朋友带着对成为小学生的向往，依依不舍地结束了当天的体验。

此次活动，使幼儿园的小朋友对小学的学习、生活环境有了全面、具体的了解，为他们顺利过渡为一名小学生打下了坚实的基础，也有力地促进了学校幼小科学衔接贯通培养课程的不断生长。

亲子齐上阵，泼墨挥毫扮靓楼道 *

"我的作品在三楼！""快来看我爸爸的字，我爸爸经常练字。""我的字是妈妈教的，我妈妈最喜欢楷书。"学生们特别兴奋，急切招呼着小伙伴来楼道寻找作品。

---

* 本文由张远征撰写。

图 4-3　学生书法作品

原来,学校的楼道换上了新年"盛装"。为传承优秀传统文化,迎接 2022 新春佳节的到来,丰富校园文化环境,10 月,学校面向全校学生和家长发出书法作品征集令,得到大家的热烈响应,还涌现了一批"亲子团"。"张老师,为了激励孩子练字,我每天陪他练习。爷爷也会写书法,我们全家计划出梅、兰、竹、菊四幅古诗作品。""老师,我和孩子都喜欢书法,我俩想报名参加,借机会多练字,能不能展示没有关系。""张老师,我妈妈选古诗,我负责写字。我写了好多遍,这首诗都可以背熟了。""落款是爸爸扶着我写的,我还不会写行书呢。"

家长、学生各展其才,作品涉及隶书、楷书、行书多种书体,书法风格或端正劲挺,或流畅道媚,或古拙肃穆。那舞动的线条,方、圆、长、短、曲、直千变万化,吸引了一批又一批同学、老师的驻足和赞赏,无不感叹中华书法艺术的博大魅力。"要知松高洁,待到雪化时""会当凌绝顶,一览众山小""长风几万里,吹度玉门关""夫学须静也,才须学也,非学无以广才,非志无以成学""智能之士,不学不成,不问不知""慎独厚德"……一首首诗,一段段词,一幅幅作品,让师生徜徉在诗词的海洋里!

新年新气象,让我们用更富足的知识,更茁壮的体魄迎接 2022!希望在本次活动的带动下,校园里能涌现越来越多的小小书法爱好者,积极参与校园的装扮,让校园翰墨飘香。

第二节　有温度的教室

教室是教师教学、学生学习、师生交流的场所，是知识的世界、展示的世界，更是方法的世界。教室文化是一个班级的成员在校园环境中基于相互交往而创造和形成的具有班级特色的精神文化氛围，以及承载这些精神文化氛围的活动形式和物质形态。谢翌、徐锦莉认为，从教室环境的人文意义上看，它更像一个"布道者"，是一种意义的具象表达；教室环境作为温度、光线、气氛等资源条件的主要提供者，对学生个体的生活体验产生影响。[①] 独具特色的教室文化，传承着一种思想，表达着一种精神，体现着一种风格，使师生凝聚出一种力量，形成优秀班级文化，潜移默化地影响着每位学生。

一、激励学生探究的专业教室

帮助学生找到适合自己的学习方法，始终是教育的重要目标。雷夫·艾斯奎斯（Rafe Esquith）曾提出："教室内讲台、课桌椅外的空白处流动着什么，决定着一间教室能给孩子们带来些什么。"[②] 朱永新教授曾谈道："从社会学角度来看，每一间教室，都是一所小学校、一个小社会。每一间教室的品质极大地决定了学校的品质。"[③] 学校将教室环境作为一种重要的课程资源，积极构建基

[①] 谢翌，徐锦莉. 教室环境：一种被忽视的课程——课程开发视野中的教室环境布置 [J]. 教育理论与实践，2008，28（11）：41-44.

[②] 斯艾斯奎. 第56号教室的奇迹：让孩子变成爱学习的天使 [M]. 北京：中国城市出版社，2009.

[③] 朱永新. 缔造完美教室——第12届全国新教育实验研讨会主报告 [J]. 教育研究与评论，2012（4）：9-30.

于学习方法的教室文化，为培养造就"大写"的人提供学习方法上的指导。

基于学习方法的教室文化，强调师生互相交往、活动所积累的规则、规律、情感等"动态"文化。学校积极打造鼓励创新的教室文化，引导学生掌握科学的学习方法，提醒学生要积极探究，敢于质疑，敢于提问，不怕失败。为此，学校为每个教室设计了方法指导板块，例如，小组合作学习及分享交流中的基本句式，为学生小组合作和分享交流提供可操作性工具。

【组内学习版块】

组长：简要明确学习任务和每个人的分工，组织交流。

音量控制员：保证音量组内同伴听到即可，超过2级音量需要提示组员。

组员：配合组长共同完成交流任务，有报告单时，再固定一人填写报告单。无报告单时，还可以安排一人负责板书或实投展示。

原则：每个人都要有自己的任务，可以根据个人能力自主认领任务，必要时组长协调。

组内承担的任务可以在一个月内是固定的，便于熟悉和磨合。

【展示版块】

开场白：下面由我们小组来汇报（某专题内容）。

互动补充：（在听众有举手现象出现时）谁愿意来为我们小组补充或纠正？（对方给出补充后）谢谢你的补充／谢谢你的纠正！

总结提升或互动发问：这就是我们组的学习成果，谁愿意对我们做出评价？针对我们组的汇报，谁还有什么问题需要问？

尾声：我们组汇报完毕，谢谢大家！

【全班交流版块】

补充：我为（某某）补充；我同意（某某）的观点，但是我还有一点补充内容……

反对：（首先举起右拳表示意见不同，获得批准再发言）我反对（某某）的意见，因为如果……就……，所以我认为应该是……

总结：我同意刚才（不同的同学）他们的发言，我为大家来总结……

【评价版块】

肯定优点：我认为，（某某）的发言／朗读／计算方法很好，因为他说出了／读出了／做到了……

给出建议：我还有一个建议……我认为如果你能再……就更好了！

表达态度：我今后要向你学习；我可以课下帮助你一起做好／你的进步真大，我想夸夸你，还有谁愿意夸夸他？（做手势夸奖）

【表达困惑版块】

小组求助：

叙述过程：我们组在……达成了共识，在……产生了争议。

求得帮助：谁愿意来帮助我们解决问题？

随机沟通：根据自己的观点随机交流。

表达感谢：谢谢（某某／大家）帮助我们解决了问题。

个人发言求助：我还有点没想好，我想请个同学继续帮我回答。

【课堂小结版块】

知识层面：这节课，我学会了……

能力层面：这节课，我可以通过（某方法）学习了。

情感态度层面：通过这节课的学习，我认识到了（某道理）；这节课，（某某同学或他的发言）让我受到了启发；这节课我最想表扬（某某同学），因为……

质疑方面：通过这节课的学习，我对（某某知识）产生了好奇；我特别想知道（某某问题）怎么回事儿；我想继续研究一下。

二、打造有温度的教室

教室不仅是学生学习的场所，还是学生生活的场所。作为一种重要的课程存在，我们充分彰显教室在育人上的潜在力量，打造有温度的教室，让学生拥有安全感、安定感和秩序感，感受到家的温馨与和谐。

《班主任》杂志曾经刊登过这样一个故事：新学期开学伊始，一个小男孩哭闹着黏住妈妈，妈妈眼看着上班就要迟到了，心急如焚地将求助的目光投向了在校门口值周的教导主任。教导主任与他讲道理，小男孩依然哭；哄他，小男孩无动于衷，继续哭闹；吓唬他，小男孩依然执着地哭。这个时候，小男孩的班主任来了，蹲到男孩身边，将男孩轻轻揽入怀里，什么也没有说。奇迹出现了，小男孩竟然渐渐停止了哭闹，并主动站起来要求回教室。从这个小故事可以看出，教导主任的十八般武艺之所以不起作用，是因为没有读懂小男孩的心理需求，而班主任"将男孩轻轻揽入怀里"，让小男孩感受到了温暖、安全和爱，于是奇迹便发生了。因此，创设温馨和谐的集体氛围，教师一方面要真诚地爱学生，并且将爱传递出去，让学生感受到爱；另一方面，教师要让学生懂得爱是对等的，要使学生对爱有一颗敏感的心，主动去关爱别人。

一个整洁、舒适，具有美感，充满关爱、乐趣和文化气息的教室，会使学生受到积极的影响、暗示和感染。例如，在教室设定一些功能区域：个人风采展示区、新闻发布台、经典阅读区、问题区、玩具区、生物区、失物招领区等等。张晨在研究中分享了美国波特兰小学教室文化育人的案例，美国波特兰小学教室内展示着每一位同学各式各样的作品，花花绿绿、大小不一的学生作品排列在教室的两侧，温馨地装点着整个教室。学生个人作品主要分为孩子们的美术、手工、摄影和科技作品。无论是照片、图画还是手工作品，并不采取整齐划一的方式排列，而是稍显随意地排列，展示出来的个人作品不一定是十分优秀、夺人眼球的作品，却是各式各样的，有色彩缤纷的图画、精巧的手工，也有色彩单调但抽象的图画、稍显粗糙的手工，并且每个作品都会用彩色的小便签纸写上学生的姓名。由此可见，全班所有同学的作品，不论好坏都可以展出、都值得被展出，这无疑是对每一位同学的肯定、尊重与鼓励。①

我们在教室设立"生活角"，摆一些学生日常所需的纸杯、卫生纸、小毛巾、洗手液、护手霜、加湿器等物品；针对学生好丢或忘带学习用品的现象，在教室里设立"互助角"，放一些学生捐的本子、胶条、胶棒、稿纸等。

---

① 张晨. 小学教室文化育人功能研究［D］. 岳阳：湖南理工学院，2020.

教师的用心会传递给学生这样的信息：老师关心我们！只有在这样的环境中，孩子们才能感到安定和快乐。又如，班级开展"每周一节"活动：捡树叶节、跳绳节、装扮小丑节、阅读节、做家务节、单腿行走节等，让孩子们用自己的方式感受生活、理解生活。

建立和维护一个有温度的集体，除了关心、关爱还需要规则。哈佛大学校长霍里厄克（Edward Holyoke）曾说："哈佛大学的理念是让校规看守哈佛大学，这比用其他东西看守更加安全有效。"① 因此，学校着力引导学生认识规则的重要性，懂得遵守规则的必要性，提高每个人遵守规则的自觉性，以规则来看守教室这个温馨家园。恪守规则重要，让学生乐于接受规则更重要。惩罚学生，往往只是点出违纪学生要接受什么惩罚，其余一概没有。但在雷夫的课堂上，当学生出现不当行为时，他先指明原因，让当事者明白错在哪儿，也能让其他同学引以为戒，再说惩罚（执行规则），然后说出学生可以做和不可以做的事，让当事者明白接下来要干什么，最后还指明惩罚的期限，学生自然而然接受这样的惩戒。

如果一间教室的"温度"过高过低，学生就会感觉不舒适；如果"温度"长期没有变化，班级生活对学生就缺乏吸引力。因此，教师有必要对"温度"进行调节，使"温度"在适宜的范围内波动。

三、发展具备课程特色的室外文化

美国教育家杜威提出"教育即生长"，言简意赅地道出了教育的本义，就是要使每个人的天性和与生俱来的能力得到健康生长，而不是把外面的东西例如知识灌输进一个容器。生长不应该简单定义为儿童的身体长大，更应该是儿童心智的成熟和思想的发展，能够把自己脑海中的知识、思想和社会实践、经验结合在一起，这才是真正的成长。

学校秉承"教育即是生长""时时有课程，处处有文化，让学习发生在足

---

① 用校规守护哈佛［EB/OL］. https://news.sina.com.cn/o/2004-12-01/08514398573s.shtml.

迹所至的地方""学校是汇聚美好事物的地方"的校园文化建设理念，建设绿色校园和多维学习空间，让校园成为价值的世界、展示的世界、方法的世界，让校园充满生长的气息，启发学生用一种有机的相互联系的视角看待人与自然环境的关系，帮助学生建立与大自然的真实的、亲密的联系，培育学生尊重生态共同体及其生态同胞的情怀；为学生提供生命的意义与希望，培养学生厚重的责任感和深邃的归属感，建立"天人合一"思想，树立尊重自然、顺应自然、敬畏自然的可持续发展理念。

学校升级改造开心农庄和智慧农庄，更新花草树木的品种，丰富植物的种类，使校园花木葱茏，瓜果飘香，韵味丰富，赏心悦目，让学生通过观察植物的生长而耳目一新，诗意和哲思氤氲而至，生发出科学探究的热情；加强劳动教育，将校园建设成为学生的劳动教育基地、科学实践基地，培养学生劳动兴趣，磨炼学生意志品质，激发学生的创造力，促进学生身心健康和全面发展，更好地培养学生社会责任感、创新精神和实践能力。

学校呈现出植物园和文化公园的样态，处处有景致，处处有故事，形式优美而内涵丰富，温馨美丽而富有意蕴，使学校文化在与学生对话中生长美好。例如，校园葡萄架附近有一棵大树，是从升旗台附近移栽过来的，在移栽的过程中，被施工人员不小心折去一根粗大的分支，树形受损变得难看，我们借此希望学生面对生活中来自外界的各种无意的伤害，学会放眼全局，放下仇恨，懂得原谅和宽容。即便受到不公正待遇，也不做报复他人、伤害他人的事情。

表 4-1 北京十二中附小校园文化体系

地点	主题	内容	功能
门厅内外	愿景文化	"我们一起 欢欢喜喜"主题墙	以愿景凝聚人 以文化教育人
		顾明远题字：做真的追求者、善的传播者、美的创造者	
		"求真、崇善、唯美"船帆	
		"八气"文化墙	

续表

地点	主题	内容	功能
楼道	和雅做人（一层）	容止格言、尊重帆、和平帆、礼貌帆、友爱帆、沟通帆	价值教育
	本真求知（二层）	学习金字塔、问题墙、跟着"真真""善善""美美"去旅行、科学素养树	引导学生进行深度学习
	创意做事（三层）	学会玩、展示台	激励学生创新
	康馨生活（四层）	阳光树古诗中的康馨生活	引导学生拥有过康馨生活的能力
	责任担当（五层）	做"大写"的人、诗和远方、山高人为峰	具有家国情怀，对自己和社会负责
	阅读与积累	阅读树（每层都有，进行图书推荐）、书柜、成语风铃、阅读方法（人民日报推荐）、语言文字规范化建设展板（每层都有）	让阅读和积累发生在足迹所至的地方
	展示性评价	星光大道（一、二层）个性展示空间	让学生在学校里找到存在感、价值感
	和平教育	和平长廊（三层）预防校园欺凌小贴士（楼梯间）	对学生进行价值引领和方法指导
	榜样教育	国家科技进步奖获奖者灯箱、点赞台	引导学生心有榜样、学有榜样
班级教室	分享式学习	小组合作学习及分享交流中的基本句式、音量（一、二年级）	建设分享式教学文化，指导学生学会合作、分享和交流
		我会合作、我会分享、我会交流、学习性评价量表（三至五年级）	
	行为规范教育	北京市中小学行为守则（每个教室）	落实行为规范教育
		和雅班级（每个教室）	落实每周行为规范评价，每周添加笔画，进行累积性评价

续表

地点	主题	内容	功能
专业教室	研究性学习	航海模型教室	发展学生价值体认、责任担当、问题解决、创意物化等方面的意识和能力
		车辆模型教室	
		劳技工厂	
		科教模型	
		图书馆	
室外	传统文化与劳动教育	开心农庄	落实"跟着太阳走一年",开辟劳动基地
	研究性学习	竺可桢气象站	气象中队和竺可桢班开展研究性学习,开设气象服务平台
	和平教育	原谅树、竹节园、兰馨苑、爱心山楂林、牛顿苹果园	让树木为学校文化代言

乐乐班的"乐招"*

"乐乐班级"通过多种载体和形式,开展了一系列有意思有意义的活动,将班级文化引向课堂、引向社会、引向自然、引向生活,培育学生发现快乐、感受快乐、表达快乐、创造深层次快乐的能力。

一、"乐守规"——满足学生秩序的需求

新学校,新环境;新班级,新学生;新起点,新挑战。开学伊始,为了更顺利地开展教育教学工作,经过一个月的观察和了解,我、学生、家长三方一起商讨,结合班级的实际情况,确定了一(三)班《班级公约》。《班级公约》紧紧围绕"乐"文化建设进行制定,符合学生年龄特点,简单易行,为学生守规矩提供保障。

首先,遵守规矩,静心学习,争做学习小主人。学习是孩子的首要任

---

* 本文由史秀利撰写。

务，这一点必须从孩子入学第一天就要养成习惯。在"入室即静，入座即读"的约定下，你会看到，清晨踏入教室的小书虫们，一个个漫游在浩瀚的书海中。教龄尚浅的我清楚地记得那是我接班后的第一次外出学习，没有我，小乐乐们会不会疯起来呀，我内心忐忑不安。这时接到了司校长的一条短信，我的心都提到了嗓子眼，不会出什么事吧。打开短信："史老师今天不在，孩子们的表现非常好，学习踏实认真，规规矩矩，比您在还要出色。"

其次，亲力亲为，教小乐乐们学走路，轻声慢步你能行。有人可能要说了，孩子走路还用管。为师心切的我要说的是不管真不行。在"轻声慢步靠右行"的约定下，多数孩子会按照约定执行，但总有一些孩子走不好，甚至不知道什么是轻声慢步靠右行。在走楼梯时，学生的脚步声往往很响，解决的办法很简单，我专门花时间亲自带着孩子们上下楼，很快他们就感受到什么叫慢步轻声了。接下来我还告诉孩子们右侧靠墙的两块砖就是右面，走在上面就是靠右行，在楼道里走上两圈，效果真的很好，这样他们认识到这就叫靠右行了，到后来就连老师和校长也有被学生纠正走错路的情景。

二、"乐交友"——满足学生爱与归属的需求

低年级的孩子还不懂得什么是朋友，更不知道怎样交朋友。会交朋友，交好朋友，对孩子的成长影响举足轻重。我以崇教重德的心态告诉孩子们简单的道理："你想别人怎样对待你，你就要怎样对待别人。"对待同学要从自己做起，你一定会交上好朋友。

首先，从我做起，把你的微笑带给身边的人。我和孩子们约定，不论家有多么不开心，来到学校也要尽量微笑起来。实在不开心就把烦心事写到心情树上，这样烦恼就没了。他们用自己的微笑传递着爱和友情，这样的氛围使孩子们身心愉悦，拥有了阳光的心态。

其次，推己及人，双方懂礼貌，朋友少不了。孩子们要从小懂礼貌，而在学校生活中应该注意的礼节有许多。低年级最重要的是敢于说对不起和没关系。孩子总是爱告状，这是符合他们的生理特点的。一点点小事都要告上一状，一旦处理不好，后患无穷。面对告状，要找到当事人，理清原因，鼓

励孩子勇于承认错误、善于宽容别人，做个大气的小乐乐，一来二去孩子就会尝试用这条妙招解决一些小事，朋友多了，告状自然少了。

三、"乐奉献"——满足学生自主的需求

走进教室，你定会感觉到眼前一亮：整齐摆放的桌椅，干干净净的门窗，琳琅满目却摆放整齐的书籍，生机勃勃的绿植……这都是小乐乐们的杰作。

培养志愿服务意识，就是奉献精神在学校的具体体现。低年级的学生热爱劳动，愿意为班级服务。根据孩子的特点，我们开展了"乐乐乐当家"的主题活动。活动中我尝试让学生自主认领服务岗位，为此我根据班级实际和学生年龄特点设置了"安全小助手，花草小园丁，节电小能手"等劳动岗位，让学生自主认领，将班级管理中的点滴小事交给学生，明确服务的职责和内容，让学生明明白白做事，清清楚楚管理。每两周进行优秀小当家评选颁奖，孩子们手捧奖状，脸上露出灿烂的笑容。他们在岗位上体验着服务他人，快乐自己，不但约束了自己的行为，而且增强了主人翁意识，培养了奉献精神，也将我这个班主任从一些琐碎的事情中解脱了出来。

四、"乐展示"——满足学生成就的需求

首先，让教室的墙壁说话，让小乐乐"乐参与"。作为师者的我带领全班学生一起，用集体的智慧在教室原本单调空白的墙壁上成功设计出了"我行我秀""浪花一朵朵""我们的约定"等栏目，学生们用自己的画笔、剪刀、胶棒参与设计，看着他们争着把自己的作品展示给同学们，我发自内心地高兴，虽然那些作品很幼稚，甚至有些都拿不出手，但这些活动充分调动了孩子们的动手能力，张扬了孩子们的个性。

其次，发挥角落的作用，让小乐乐"乐表达"。充分利用教室的每一个角落，和孩子们一起精心布置，让每个角落都充满魔力。在墙角设置了"小小成功储蓄箱"，让孩子们把自己的成功，无论大小，只要是比以前有突破的行为或成绩，都可以写成简短的一两句话投入箱内。每周打开一次，因孩子识字量少，开始由我负责宣读。"今天，我把午饭全部吃掉了，一点儿没浪费。——健安""我默写英语字母一个没错，得了一百分！我还要继续得

满分——雅润"……此时的孩子们沉浸在自己的点滴进步中，享受着进步带来的快乐，在学生感受自己的成长历程的同时，培养了他们积极向上的品质。在班集体中，形成了一种暗地里较劲——"我要比你的'储蓄'多"的班级氛围。角落的魔力被释放出来，孩子们都愿意把自己的点滴进步和大家分享，更希望把自己的快乐与大家一起分享，敞开心扉，畅所欲言。在班级图书角中，有一道亮丽的"风景"，那就是我们的"班级作文宝典"，孩子手中出色的小文章全被收入其中，他们常常会为自己的作品被"发表"而高兴得手舞足蹈呢。

最后，搭建展示的平台，让小乐乐"露一手"。针对学生的特长，利用晨午检时间进行展示。有针对性地选择有特长但缺乏自信的学生，让他们在同学面前展示一下自己的才能，从而树立自信。小茸是个个性鲜明不太会和同学交流的孩子，在班中朋友少，不太自信。小茸学钢琴已经三个月了，终于能弹一首完整的曲子了，我牵着他的小手走到门厅的钢琴前，摸着他的头，说："开始吧，就在这里弹琴迎接同学们的到来。"自此，小茸变了。他更加信任我，喜欢和我、和小伙伴聊天了，也更加关心班级了。

自主、自信、自由是乐乐班快乐的原动力。我以师者之心抓住每一个教育契机对孩子进行教育，并且针对孩子的年龄特点开展切实有效的活动。利用活动凝聚班级精神，挖掘乐乐班的育人资源。我肩师者之责，从没把活动当成负担，因为每次活动都是一次锻炼孩子的好机会，每次活动都是体现班级精神的平台。学校的亲子运动会、小秀场、数学节、拼音节、体育节等活动正是培养学生"乐守规、乐交友、乐奉献、乐展示"的好机会。实践证明，通过这些活动我班不但取得了好成绩，更促进了乐乐班班级建设的巩固与深化。

乐乐班的孩子们，继续着我们的快乐生活，相信"乐"文化建设理念也会一直伴随着这个可爱的集体茁壮健康成长。不久的将来，我们也一定会看到，幸福的花儿遍地开放！

第三节 营造"动"中生长的文化氛围

校园文化是一所学校潜在的教育资源,对于儿童的道德成长具有诱导、激励、启迪、濡染等功能。"让学校的每一面墙壁都开口说话。"[1] 相信每一位教育工作者都会对苏联知名教育家苏霍姆林斯基这句名言耳熟能详,但墙壁说谁的话?与谁说话?怎么说话?带着对这三个问题的追问,学校以"动"为魂,积极创设"时时有课程,处处有文化,让学习发生在足迹所至的地方"的校园文化,充分发挥其独特的教育价值。

一、灵动:生长价值观

儿童心理专家孙雪瑞在她《完整的成长》一书中写道:"自己创造自己意味着不把创造自己的权利交给别人,意味着不被他人强制性地闯入你的内在而塑造你,意味着不成为任何人的复制品。"[2] 让学生成为他自己,这是人成长的核心,也是教育的核心。

学校文化精神情境,如校貌、校风、校纪、班风、学风以及师生关系、同学关系等,都蕴含着创新教育的因素,对学生的创新素养产生着潜移默化的影响。"求真、崇善、唯美"的教育理念,体现了十二中人不断追求卓越的精神诉求以及立德树人的价值追求。但小学生和高中生在认知上存在较大的差异,如何将北京十二中的核心价值观播撒在儿童心田?学校设计了三个

---

[1] 苏霍姆林斯基. 苏霍姆林斯基选集[M]. 北京:教育科学出版社,2001.
[2] 孙瑞雪. 完整的成长[M]. 北京:中国妇女出版社,2015.

卡通形象"真真""善善""美美"。在校园的门厅、楼梯间到处是他们的身影:"跟着美美学戏剧""跟着真真去航海""跟着善善探究生命世界"等等。让"真真""善善""美美"进入学生的预习单、合作学习单、作业单,例如:真真会求知,善善会合作,美美会创造,等等。相信在不久的将来,"真真""善善""美美"会由"他们"变成"我们"。

二、激动:生长志向

学校是北京市科技教育示范校,如何进一步彰显科技教育特色?我们在三个楼梯间制作了"国家科技进步奖""改变生活的科技""科普图书"主题软膜灯箱,让孩子们自主搜集相关科学家的故事和他们的成就,每周推出一位获得国家科技进步奖科学家的故事发布在学校"诵与弦"公众号;以任务驱动带领学生了解中外改变生活的科学技术,阅读科普读物,每节科学课和学校每周的"金话筒"时间都给出五分钟进行分享,评出"科普小作家""科普宣讲员"。孩子们被科学家的故事激励,因科技创新而激动,坚信改变世界的方法多种多样,改变世界的力量有大有小,自己也可以成为改变的力量!

三、飘动:生长知识

"南屏晚钟,随风飘送,它好像是敲呀敲在我心坎中。"每每走在校园的成语风铃、气象风铃、和平风铃下,常常想起《南屏晚钟》这首歌曲。学校在一层和二层教学区的天花板上悬挂了七百多条成语,孩子们一抬头就能学到一两条成语。气象中队和竺可桢班也在门厅和教室悬挂了风雨雷电等承载气象知识的气象风铃。结合和平教育,围绕"尊重""关爱""沟通"等关键词编辑格言,像"争吵是两个人玩的游戏,没有一方赢过。""能控制好自己情绪的人,比能拿下一座城池的将军更伟大。"这些格言,随风飘送,飘啊飘啊飘进了孩子们的心坎中。

四、牵动：生长自主性

楼道文化承载着孩子们的希望。每年开学典礼孩子们许下自己的愿望，将愿望写在千纸鹤上放进许愿瓶里，然后各班代表将许愿瓶放进门厅帆船的船舱，让心愿随帆船扬帆起航，乘风破浪。上半年在"六一"，下半年在元旦，孩子们再打开心愿瓶，对照学期初许下的心愿，实现心愿的孩子会得到一份惊喜。学校为气象中队设置了一块气象服务专版，每天气象中队的队员都在此进行天气预报，进行穿衣提示。这些举措进一步坚实着孩子们向上、向善的愿望。

五、推动：生长智慧

教育的本质是唤醒。"大写"的人一定是有智慧的，所谓智慧就是洞悉事物之间内在联系的能力。我们用一整面墙壁设计了"Try"主题墙，内容有"Try！Try again！Try once more！Try differently！Try again tomorrow！Try and ask for help！Try find someone who has done it！Try to fix the problem！Keep trying until you succeed！"鼓励孩子们去追梦和尝试。学校给不同的树木配上了名牌，并引导学生进行想象和探究，例如："西府海棠"为何名为"西府"？海棠的名字由来是什么？发挥你的想象力，创编一个童话故事吧……为什么月季可以"一年常占四时春"？围绕这些话题，校报开辟专栏，推动着学生去想象、探索、发现。

六、互动：生长情感

教育的全部意蕴都包含在师生关系、生生关系中。我们注重给学生创设表情达意的平台，在校长办公室外设计了"秘密花园"主题墙，孩子们可以随时向校长和老师表达自己的愿望和建议。"我想当国家主席""我想有三位好朋友""校长，我想见你"等都是来自孩子们最本真的表达。我们在门厅设计了一个树洞先生信箱，孩子们想与心理老师倾诉心里的烦恼，可以写在纸条上放进树洞先生。教师节前，老师指导孩子们给老师画像，表达对老师的祝福。学校将老师们最满意的画像张贴在楼道，师生感受到的是"我们一起，欢欢喜喜"，是生命的欢愉和积极向上的力量。

七、行动：生长美德

教育即生长。学校有一棵梧桐树是从升旗台附近移栽过来的，在移栽的过程中，被施工人员不小心折去一根粗大的分枝，树形受损变得难看，但她面对来自外界的伤害，阳光地向上生长。学校将此树命名为"原谅树"，并且做上名牌让树木与学生对话："面对生活中各种有意无意的伤害，你会做出怎样的选择？"引导孩子们自己去思考解决的办法，沟通、妥协、宽容、奋进等都是从孩子们心中生长出的应答。

八、流动：生长价值感

教育的本质是发展学生的潜能，让每个学生成为他自己。学校在一、二层楼道开辟了"星光大道"，孩子们根据自己的美德、兴趣、才艺等自主申报，自主命名。"孝行之星""自律之星""垃圾分类之星""朗诵之星"等让校园里星光灿烂。我们让星光大道变动不居，定期更新，让更多的孩子闪亮。在楼道给学生创设个性展示的空间：子炫——好玩的数学、小雨的坦克世界、元元的文物博览等等。彰显个性的空间让每一位学生在校园里都能找到存在感和价值感，彰显了"附小孩子个个棒，只是棒得不一样"的价值追求。

杜威曾明确指出："教育即是生长，除它自身之外，并没有别的目的，我们如要度量学校教育的价值，要看它能否创造继续不断的生长欲望，能否供给方法，使这种欲望得以生长。"① 学校将继续建设激励学生求真、崇善、唯美的多维学习空间，让校园在"动"中生长美好！

北京十二中附小开展"我在北京过国庆"主题活动 *

为贯彻落实中共中央办公厅、国务院办公厅印发的《关于进一步减轻义务教育阶段学生作业负担和校外培训负担的意见》文件要求，切实减轻作业负担、提高作业质量、培养学生综合素养，让学生过一个快乐、有意义的假期，北京十二中附小二年级以"我在北京过国庆"，响应教委"非必要不出京"的号召，结合"建党100周年""中华人民共和国成立72周年"的时代背景，设计了符合二年级学生特点和认知的综合性学科活动，囊括了语文、数学、英语、道德与法制、美术、音乐、科学等多个学科。假期过后，同学们收获满满，都在展示自己的成果大礼包，一起先睹为快吧！

图4-4 童心向党唱红歌

一、大礼包第一波：童心向党唱红歌

活动目标：加强学生的爱国主义情怀，增强学生的集体主义观念，丰富学生的校园生活。

---

① 杜威. 民主主义与教育[M]. 北京：人民教育出版社，2001.
* 本文由李腾卓、贾占海撰写。

假期返校以后，同学们不仅互相唱了自己喜欢的歌曲，而且各班级还齐唱了充满童趣的《我爱北京天安门》《国旗国旗真美丽》《义勇军进行曲》。

通过此次学唱爱国歌曲活动，增强了学生的爱国主义热情，弘扬了社会主义核心价值观，使学生懂得我们的幸福生活来之不易，从而更加刻苦学习，奋发图强。各班齐唱环节发扬班级团结协作的精神，增进了同学间的友谊。同时，活动也提高了学生的艺术修养，为学生的健康成长营造出良好的育人环境。

二、大礼包第二波：强健体魄，强国有我

活动目的：督促学生强健体魄，形成优良的体育锻炼习惯，提高学生的体质健康水平。

快看，同学们都开心地交流了自己假期的锻炼内容，篮球、乒乓球、跳绳、游泳、轮滑、跳舞、瑜伽等锻炼内容样样俱全，丰富多彩的活动，赋予了孩子们假期更多的意义。

三、大礼包第三波：讲讲祖国家乡新变化

活动目的：引导同学们更好地体会祖国的变迁，在实践中体验、感受到家乡、生活的变化与成就。

同学们通过寻找身边的老物件，寻找家乡的变化，采访、倾听周围老人讲述老物件背后的故事以及家乡的变迁史，了解到我们的祖国正变得越来越强大，教会我们更加珍惜现在的幸福生活。正像同学们所说的那样：以前，买任何东西都要限购，买肉要肉票，买布要布票……现在超市里的东西琳琅满目，可以随便购买；以前，只有过年的时候才有大鱼大肉吃，现在想吃什么，想什么时候吃，我们自己随意；以前，小孩子手里的玩具是泥巴、石子、树叶……现在我们的玩具好多是高科技产品；以前，教室里上课漏风漏雨，只有一支粉笔、一块黑板，现在窗明几净，班班通、翼课网等现代化的教学设施、手段一应俱全；以前，人们努力工作只为能吃饱肚子，现在人们在工作之余还可以出去旅游，可以追求更高的生活品质……

从身边的老物件当中，孩子们了解了父辈们过去的生活，体会到了祖国的变迁，感受到了祖国带给我们的美好生活。孩子们也由衷地对祖国妈妈表达了赞美和祝福，"祝祖国繁荣昌盛，万古长青。""祝祖国越来越美。""我热爱我伟大的祖国妈妈，愿祖国越来越强大。""愿我的祖国永远繁荣昌盛，永远和平，蒸蒸日上。"

四、礼物第四波：祖国在我画卷里

活动目的：锻炼学生的观察能力，提高学生的绘画表现能力，发展学生个性。

由于疫情，孩子们更多的是留在北京过国庆节，也给孩子们带来了深入了解北京的机会，孩子们有的参观了天安门，有的参观了博物馆，有的爬长城，有的逛公园，有的去郊外踏青……一片喜庆的情景，孩子们也把自己见到的美景用画笔记录了下来。

切切故乡情，拳拳爱国心。丰富的国庆假期实践作业，充实了北京十二中附小学子们的假期生活。他们走进秋天，拥抱自然，祝福祖国，真正做到了多学科融合，多视角感受，既培养了学生们的爱国情怀，又提升了他们的创新与实践能力，让同学们度过了一个愉快而又充实的"十一"假期。

一次活动，一次成长！孩子们，载着梦想的风帆，怀着火热的爱国心，乘风破浪，扬帆远航吧！

第四节　富有教育意义的文化活动

班级活动是教师围绕教育目标和学校中心工作开展的系列活动，是中小学校园生活中常见的教育形式。虽然这些活动极具教育意义，但不少活动却打动不了学生。如何让活动既能教育学生，又让他们喜欢？为此，学校展开积极探索，力图将小学班级活动开展得既有意义又有趣味。

一、主题选择：将教育意图转化为学生的成长需求

真正的学习是让学习者能体会到学习自身的意义和价值。适切的教育主题是设计班级主题活动的开端，其实质就是确定班级活动的教育目标，即活动的意义。主题的选择固然应该与学校整体安排协调一致，应该考虑到落实上级安排的德育活动，但并不是盲目地服从、机械地部署、被动地执行。在没有具体的课程标准可供参考的情况下，班主任要以高度的责任感与敏锐的洞察力，将目光向下，关注学生的真实生活及个性发展需要。

在校园生活中，每天都会发生各种事件，其中有些是突发的，有些是具有普遍性的。对此，班主任要理清头绪，抓住当前学生中普遍存在的或具有普遍意义的问题设计活动主题。当然，班主任还可以针对班级内某个时期存在的问题提炼班级活动主题，抓住时机及时解决问题。例如，老师根据学生课间追跑打闹的现象，开展"玩具总动员"活动。首先，在班级博客中发出"玩具总动员"的倡议，并动员家长制作玩具总动员"开幕海报"；其次，家长和学生一起开展"我教大家玩玩具"活动，为玩具设计"家"玩具箱；最

后，定期组织"玩具大擂台"活动，评选出各项玩具的"擂主"并颁发奖状。"玩具总动员"活动不仅使学生课间追跑打闹的现象减少了，而且在玩具制作和游戏中，学生学会了沟通、包容、合作，从中体会到成就感。家长也由关注自己孩子扩展到关注班级群体，增强了班集体的凝聚力。

二、内容设计：以系统建构促主题内涵拓展

教育目标必须通过多次教育过程的循环更替才能实现，但教师往往缺乏对班级活动整体思考的意识和系统设计的能力，仅仅在较浅显层面进行思想教育。班主任在开展班级活动时要看到学生更高层次的发展需要，并从学生的真实生活中提炼出意境更高的教育主题内容，层层深入，逐步加深学生的体悟，深化其认识，更新其行为。活动推进的过程是不断追求更高水平的内化、产生积极主题效应的过程。例如，刘老师从"纸飞机留下纸屑"这一寻常事情中发现不寻常的教育价值，并以此开展系列活动：将纸飞机作为主人公创编童话故事，学生以"纸飞机的快乐之旅""纸飞机的忧愁""纸飞机的抗议"等为题展开创作；在分享纸飞机的故事后，引导学生思考"纸飞机的故事带给我们怎样的警示"。学生由此讨论总结出玩飞机的规则：听到音乐按时进教室，不迟到；爱玩飞机的学生中，每天出一人值班，提醒同学按时进教室；节约用纸不浪费，用废纸叠飞机；等等。班级还组织"纸飞机现场创意大赛"，并评选出造型最新颖奖（创意奖）、玩纸飞机奖（文明奖）等，以此引导学生玩出创新的意识、玩出文明的举止、玩出科技的含量。

三、形式策划：以是否便于学生主动参与为价值判断

对于教育活动来说，如果趣味索然，那么"有意义"就无从谈起，因为主体性是教育的灵魂。教育是对人的精神世界施加影响的独特过程，这一过程的完成有赖于受教育者作为主体的自我认识、自我选择、自我认同和自我

发展。仅仅着眼于"有意义"的班级活动，往往与学生的认知起点、发展需要相对割裂，把充满生命气息的德育简化为知识性的传授或行为的管束。而以"有意思"为导向的班级活动，则回归班级生活本身，让学生在与各种关系的亲身实践与感悟中进行积极的自我建构。因此，在活动内容与形式策划上，教师要以"是否便于学生主动参与"为价值判断，让学生在经历、体验、感受和领悟等直接经验中发展道德素质。例如，谢老师将自然引入教育，以"关注社会、保护大自然"为主题开展小课题研究；将生活引入教育，带领学生走进食堂，随后在学生有所体悟的基础上召开"午餐——同学，你怎么看"的班会活动，提升学生"尊重劳动者""尊重劳动成果"的思想情感；将社会引入教育，开展"请进来走出去"活动，带学生参观汽车制造厂；等等。在这些教育活动中，学生不是面对外在世界的冷漠看客，而是更为广阔的人类生活世界的积极参与者，这既丰富了学生精神生命的内涵，也拓展了学生的生活空间。

杜威认为，现代教育的许多失败，是由于把学校当成一个传授某些知识、学习某些课程或者形成某些习惯的地方。在学校中，儿童所学的这些东西并没有成为自身生活经验的一部分，因而不具有真正的教育意义。在他看来，"生活和经验是教育的灵魂，离开生活和经验就没有生长，也就没有教育"，"学校必须呈现现在的生活——即对儿童说来是真实而生气勃勃的生活"。在《我的教育信条》中，杜威明确表达出他的学校观："教育既然是一种社会过程，学校便是社会生活的一种形式。"[①] 事实上，无论是家庭、工厂，还是社区、公园，它们都是社会生活的一种形式，那么学校的独特性何在？在《芝加哥实验的理论》一文中，杜威对学校的内涵做了更进一步的阐释，他说："只有当学校本身成为一个小规模合作化的社会时，教育才能为儿童将来的生活做准备。除非个人在和别人自由而经常地经验交往中生活在一起，并在共同的经验分享中得到幸福和成长，否则个人和社会的一体化是不可能的。"[②]

---

① 杜威. 我的教育信条[M]. 北京：中国传媒大学出版社，2017.
② 凯瑟琳. 杜威学校[M]. 北京：教育科学出版社，2007.

石中英教授在《教育哲学导论》中论述道："生存的教育给予了人们以生存的意识和能力，却没有给予人们生存的理由和依据；给予了人们对于自己和人类文明一种盲目的乐观，却没有给予人们一颗清醒的头脑。其结果是，在现代教育的作用下，现代人拥有了比以往任何时候都更强大的生存能力，但是却越来越对生存的必要性发生怀疑。这种怀疑使得现代人的生活充满了无聊、空虚、寂寞和无意义感，从根本上威胁到人生的幸福与人类文明的进步。"

活动的高度即人性的高度。"有意思"的活动体现在以儿童立场适应学生，"有意义"的活动体现在以发展眼光促进学生发展。将"有意义"的活动开展得"有意思"，强调尊重和发展学生的主体意识和主动精神，引领学生在掌握道德知识、发展道德能力、养成道德习惯、提升道德境界的过程中，享受有高度、有温度的学习生活。

将儿童放在学校正中央 *

对小学教育而言，"有意思"比"有意义"更重要，"有意义"是从"有意思"中衍生出来的。对此，学校将"把活动开展得有意思、有意义"作为价值追求，聚焦核心素养，对活动进行整体思考、系列设计的同时，也注重教育的时机，在特定的时候"闻机起舞"。

2016年4月初，学校入驻新校区后对校园进行绿化。周日晚上，绿化公司打电话给当时负责相关事宜的我，让我叮嘱保安在晚上12点以后开门放车进学校。我想：植树是多么有意义的一件事，何不让教师、家长和孩子们共同参加呢？大家积极响应，很快就起草了一份活动方案。

第二天，学校组织学生和家长一起在校园里种植了柿子树、梨树、山楂树、苹果树、海棠树等五十多棵果树，孩子们为小树挖坑、植苗、培土、浇水，忙得不亦乐乎。我们还特意在升旗台的两侧分别种上了山楂树、苹果树，寓意着"爱和创造"。还让孩子们亲手制作名牌，写上自己的名字，将名牌挂在树上。

* 本文发表于《湖北教育（政务宣传）》2017年第11期。

组织学生、家长和教师参加植树，一方面是因为本届学生是学校首届学生，他们亲手种植的树木将陪伴他们成长，给他们留下美好童年记忆，二是让孩子们懂得只有付出才会有收获，让他们珍惜眼前的一切，才会使学生、教师乃至家长树立主人翁意识，自觉爱护校园的一草一木。

游戏是儿童的工作。办学生喜欢的学校，应该从儿童的年龄与心理出发，充分关注"游戏"在儿童成长中的作用，使儿童"想玩""会玩"，并且有"玩的地方"和"玩的时间"，做到"玩而有伴"。

收获的季节，学校的开心农庄蔬果飘香，看着可人的庄稼，我们决定挖掘它的教育价值。经过两天准备，我们以"开心农庄结硕果，善善义卖展善行"为主题，组织学生放学后在操场进行义卖。义卖的蔬果有冬瓜、黄瓜、南瓜、葫芦、茄子、苏子叶、萝卜叶等。我们将学生分为六组，每组一个摊位，设有记账员、组长、叫卖等岗位。孩子们分工协作，家长积极支持，现场洋溢着欢乐的气氛。有的组卖得太快，为到最后没东西可卖而着急；有的组为顾客不多犯愁；有的组为最后账对不上而挠头。卖菜的过程其实就是孩子们学习的过程，他们在这个过程中学习合作，学习生活经验，并且提高自己的生活自理能力。到第二次义卖时，我们将定价改为指导价，允许孩子们随行就市浮动价格，孩子们参与的积极性更高，真实的学习也随之发生。

学校开展垃圾分类减量竞赛活动，活动的第三个环节是设计LOGO，但单纯让学生绘制缺乏挑战性，经过科教模型教室时，我萌发了创意——让选手利用拼插组件和超轻黏土设计作品。学生郑喻心和妈妈一起用超轻黏土制作了一个立体地球，地球被四个不同颜色的小人手拉手围起来，郑喻心解释说："四种不同颜色的小人代表了四种不同的垃圾，小人代表保护地球人人有责，希望从我们做起，进行垃圾分类和减量，保护地球。"欧梦阳用科教模型组件搭建了一个地球，地球上面设计了一个绿草形状的钥匙，寓意是让垃圾分类成为一把钥匙、开启绿色地球之旅。多么有创意的孩子们！不少教师和家长都感叹道："通过今天的活动，让我重新认识了自己的孩子。"将儿童放在学校正中央，教育之"机"就会不断涌现！

珍爱地球，共建美好家园*

当前，气候变暖、大气污染、水体污染、固体污染等严重威胁着人类生存环境，爱护地球家园，保护生态环境是每一个人义不容辞的责任。2022年4月22日是第53个"世界地球日"，在地球日宣传活动周，北京十二中附小"智慧种植小农夫"团队都做了什么呢？一起来看看吧！

学校开心农庄占地300平方米，为体现二十四节气和让每个班认领一块土地的初衷，农庄设计成24个不同形状的"花坛"，但植物种在24个"花坛"里，土地空间利用率约为三分之一。如何提高开心农庄空间的利用率？为此，"智慧种植小农夫"团队开始了研究、探索之旅。

一、多次走进开心农庄，进行实地考察

为对学校开心农庄进行更深入、真实、全面的了解，我们"智慧种植小农夫"的5位成员多次走进开心农庄进行认真的观察、测量，以获取最为真实的信息和数据。

图4-5 同学们在劳动

二、多种方式搜集资料，探寻提高农庄使用空间的方法

一是网络查阅资料。搜集有关空间设计、植物种植等方面的信息资料，

---

* 本文由周连香、姜振敏撰写。

为"提高开心农庄使用空间"的设计做好知识储备，同时还可以拓宽自己的科学视野，提高科学探究能力。

二是问卷调查。为了解同学们对开心农庄、农庄种植的植物、空间利用情况的看法，我们以调查问卷的形式向学校四至六年级的学生发放100张调查问卷。

三是走访调查。为对开心农庄空间利用情况做出正确的分析、总结，我们还利用课间休息的时间走访学校老师、种植经验丰富的阿姨，从他们那里获取更多有关开心农庄使用空间方面的信息资料。

三、研讨并制定提高农庄使用空间的最佳解决方案

"智慧种植小农夫"把实地考察、网络搜集、走访调查等获取的信息资料汇总，在科学试验室进行分析、比较、归纳总结并制定出提高农庄使用空间的最佳解决方案书。

四、研究成果展示

"智慧种植小农夫"的"开心农庄使用空间的优化"项目性学习研究被北京第53个"世界地球日"主办方评为优秀作品。

图4-6　研究成果

5位小成员被授予"城市守护者"称号。该团队应邀参加地球日现场活动，并作为代表接受记者的采访，从容、大方的表现得到现场观众的高度赞扬。

第五章

开放评价与"大写"的人

　　教育评价是学校办学的指挥棒,事关教育改革发展的方向。2020年10月,中共中央、国务院印发了《深化新时代教育评价改革方案》,强调要"坚持科学有效,改进结果评价,强化过程评价,探索增值评价,健全综合评价,充分利用信息技术,提高教育评价的科学性、专业性、客观性"。《义务教育课程方案(2022年版)》要求着力推进教育评价观念更新、评价方式方法创新、考试评价质量提升。教育评价变革,关键是评价理念、评价过程、评价方法及结果应用要转向服务学生核心素养发展上来。十二中附小以新时代教育评价改革为契机,围绕"为什么评""评什么""怎么评""评得怎么样",建立健全促进学生德智体美劳全面而个性发展的综合素质评价系统,充分发挥评价的引导、诊断、改进与激励功能,以开放评价引领学生智力建构和社会性发展。

第一节 坚持师生发展导向

学校课程作为育人活动的核心载体，其终极价值在于满足学生个性化发展需要，培养面向未来、适应社会的"大写"的人。服务师生全面发展，是课程评价的出发点与落脚点。学校课程评价，核心在为学生提供丰富而适性的课程资源，促进学生全面而个性发展；关键在以评价推动核心素养本位的课程教学、师资队伍、学校文化、管理机制等育人体系建设，将德智体美劳融入教育教学和管理服务全过程，培养学生正确价值观、必备品格和关键能力。

一、政策依据

党的十八大以来，习近平总书记站在党和国家事业发展全局的高度，就深化教育评价改革做出一系列重要指示批示，为新时代基础教育改革发展指明了方向、提供了遵循。2021年3月6日，习近平总书记强调，"要围绕建设高质量教育体系，以教育评价改革为牵引，统筹推进育人方式、办学模式、管理体制、保障机制改革"。《中华人民共和国国民经济和社会发展第十四个五年规划和2035年远景目标纲要》明确提出，"深化新时代教育评价改革，建立健全教育评价制度和机制，发展素质教育，更加注重学生爱国情怀、创新精神和健康人格培养"。《中共中央国务院关于深化教育教学改革全面提高义务教育质量的意见》（中发〔2019〕26号）明确提出："着力培养认知能力，促进思维发展，激发创新意识。严格按照国家课程方案和课程标准实施教学，确保学生达到国家规定学业质量标准。充分发挥教师主导作用，引导教师深入理解学科特点、知识结构、思想方法，科学把握学生认知规律，上好每一堂课。突出学生主体地位，注重保护学生好奇心、想象力、求知欲，激发学习兴趣，提高学习能力。加强科学教育和实验教学，广泛开展多种形式的读书活动。"教育部等六部门印发的《义务教育质量评价指南》（教基〔2021〕3号），在课程教学评价上，突出了对"加强课程建设，特别是德育、体育、美育、劳动教育等课程建设，重视法治教育、安全教育和心理健康教育，有效开发和实施地方课程、校本课程"的评价考察。新时代教育评价改革的顶层设计，为学校开放评价体系构建提供了政策依据和方向引领。

二、评价原则

为学生核心素养发展提供丰富的课程资源，发掘学生潜能，促进学生全面而个性发展，是学校课程资源建设的根本目的，也是学校评价、筛选、整合课程资源坚持的基本原则。

一是坚持师生发展导向。课程建设坚持师生发展导向，把关注结果转向关注有效率的发展过程和个性化发展方式上。教育实践证明，学生基于个性化学习的成长与进步，是学生适应当代和未来社会加速变化的力量源泉；依据个人特点、重视专业风格的教师个性化发展道路，不仅是教师个体专业素养提升，更是教师队伍结构优化的有效途径。因此，学校课程建设坚持师生发展导向，就是要坚持服务学生核心素养发展，坚持服务教师个性化发展。

二是坚持课程建设的科学性。作为课程体系的重要组成部分，自评与他评相结合、诊断式评价与发展性评价相结合、过程性评价与结果性评价相结合，能够有效保证课程建设的正确方向；理论与实践相结合，立足学校实际开展基于科学理论支持的实证研究，针对课程建设过程中的关键性问题开展专家研讨，在明确问题、研究问题、解决问题的过程中确保课程建设方向，在持续改进中提高课程建设质量。

三是坚持课程建设的适用性。评价体系是保障课程建设和高质量实施的有力支撑，课程评价的目的在于判断课程的价值，尤其是判断对学生核心素养培养的价值和贡献。同时，通过评价了解校本课程目标的达成程度及其相对价值，掌握课程实施存在的问题，并对校本课程予以修正，从而实现课程内容的动态发展。评价贯穿课程开发与实施全过程，通过听常态课、检查教案、检查学生作业、学生发展质量测评、学生座谈会、家长满意度测评等方式开展教育教学过程性监控，并进行问题跟踪和反馈，为课程建设与改进提供依据。

三、表现性评价

无论是学科领域还是跨学科领域，表现性评价更好地指向了学生思维。同时，表现性评价还为教师教学改进提供有用的信息反馈。钟启泉教授提出，探索以"表现性评价"为代表的新型评价模式，是基于核心素养的课程发展直面的挑战。[①] 周文叶、陈铭洲认为，表现性评价是在尽量合乎真实的情境中，运用评分规则对学生完成复杂任务的过程表现或结果做出判断。[②]

斯坦福大学评价、学习与公平中心主任雷·佩切恩教授在接受华东师范大学课程与教学研究所周文叶副教授访谈时表示："如果你想要评价，如批判性思维、协同工作、沟通、学会学习等技能，你不得不使用某种形式的表现性评价。无论是真实的还是模拟的，学生必须做一些事情，进行某种动手的学习。"我不能想象用多项选择题和简答题来评价深度学习。因为你不仅需要收集学生的学习结果，也需要观察学生创造成果的过程。无论是候选人论文、科学实验还是文件，成果不可能有正确答案。表现性评价收集有关学生开发成果所经历的过程和实践的信息。如果是科学实验，你不仅仅要看实验的结果，还要看学生提出的研究问题、实验记录，看学生为了检验科学现象所使用的方法以及结果的局限性。[③]

---

① 钟启泉. 基于核心素养的课程发展：挑战与课题[J]. 全球教育展望, 2016（1）：3-25.
② 周文叶, 陈铭洲. 指向深度学习的表现性评价——访斯坦福大学评价、学习与公平中心主任 Ray Pecheone 教授[J]. 全球教育展望, 2017（7）：3-9.
③ 同②.

雷·佩切恩教授还强调，表现性评价产生的信息对教师而言是具有"教育性"的。表现性评价关注的不仅仅是最后的答案，同时更加关注学生寻找正确答案的步骤或过程，所以教师得到了关于学生能做什么的更好的反馈，这就是"教育性"。对学生而言，评分规则能帮助学生反思自己的表现，为学生提供有关如何提高学习的有效反馈，让学生学会为自己的学习负责，这就是"教育性"。所以教育性伴随着评价的过程，如打分、反馈和结果等，同时指向学生和教师。实施具有"教育性"的表现性评价，最关键的是评价与课程的统整，要将评价镶嵌在课程中。当评价镶嵌在课程中时，它对教师和学生才会更有意义。

学生表现性评价主要分为明确评价目标、设定表现性任务、确定评价工具、制定评价标准、实施表现性评价以及反思总结等步骤。其中，评价标准是表现性评价的尺度。一般来说，评价标准包括以下主要内容：①各行为表现的操作性定义或评价的不同维度；②计分量表（用来衡量表现行为）；③表现标准，阐述优秀、良好、普通等不同水平的表现行为。我们以表现性评价为理论指导，结合分享式教学课题研究成果，开发出学习单、思维导图和促思提示等有效思维工具，构建了倾听思维模型，使深度学习成为学校课程的关键组成部分，以开放的表现性评价有效引导着学生批判性思维、协同工作、有效沟通和发表自己的独特见解。

智慧闯关　做自信的中国娃*
——北京十二中附小二年级开展学科素养乐考活动

为贯彻落实国家"双减"政策，切实实现"减负提质"的要求，2022年1月6日，北京十二中附小二年级以"智慧闯关　做自信的中国娃"为主题开展了乐考活动，对二年级学生进行了期末综合评价。

---

* 本文由袁芷若撰写。

二年级的乐考活动在各科老师的多层次、多维度的设计下，从学科知识到实践应用，从语言表达到学科素养，让学生在丰富多彩的活动中收获知识和快乐。按照防疫要求，此次乐考以班为单位，学生戴好口罩并保持一定距离，使用的乐考道具进行过充分消毒，教师戴口罩在各班级进行活动。

二年级乐考活动以"做自信的中国娃"为大主题，将语文、数学、英语三个学科内容融入主题中，设计了有趣的活动。

语文学科以"文化代代传"为小主题，将识字写字、朗读、背诵课文、写话与表达、综合素养与活动相结合，设计了学好中国字、用好工具书、文化代代传这三个活动，学生通过三个活动的闯关，提升了自己的语文素养，又渗透了中华传统文化；数学学科用"我是小小快递员"这一情景，以口算能力、数学表达、直观理解这三个学科素养为核心，设计了认清方向、准时到达、寻找门牌号、快乐签收这四个活动，学生们在这四个有趣的活动中，利用精美的道具，运用学到的数学知识进行闯关，提高了自己的数学素养；英语学科利用"欢度庆典"这一情景，将课堂行为习惯、朗读课文、口头表达、综合素养与两个闯关活动相结合，在轻松愉快的氛围中，完成闯关活动。

二年级的乐考活动充满了欢乐的气息，孩子们也在这场趣味十足的活动中运用自己学到的知识，提升自己的综合素养。通过不断探究实践，此次乐考活动真正做到了"减负提质"，学生学习质量进一步提高，学校教育教学质量得到有效提升。

第二节　分享式教学与评价

关注学生核心素养发展，推进核心素养本位的教育教学变革，成为国际课程改革的共同发展趋势。核心素养被视为教学设计的关键 DNA，是个人发展与社会发展的关键，更是培育实现自我与促进社会健全发展的高素质国民与世界公民的重要基础。由笔者主持的区级重点课题"开展分享式教学促进学生核心素养提升的研究"示范结题，取得的《开展分享式教学促进学生核心素养提升研究报告》《让核心素养因分享而潜滋暗长案例集》等研究成果与课堂实践深层次互动，并以优质研究课的形式在区域或全国展示交流，为教师在学习中实践、在实践中创新提供可资借鉴的有益经验和模式，为学生创造了更综合、更多样、更有效的学习方式。

一、分享式教学理论基础

1946 年，美国学者爱德加·戴尔（Edgar Dale）率先提出"学习金字塔（Cone of Learning）"。美国缅因州的国家训练实验室提出了学习金字塔（Learning Pyramid）理论，该理论用数字形式形象显示：采用不同的学习方式，学习者在两周以后还能记住内容（平均学习保持率）的多少。从金字塔塔尖到塔基依次是：阅读能够记住学习内容的 10%；聆听能够记住学习内容的 20%；看图能够记住 30%；看影像，看展览，看演示，现场观摩能够记住 50%；参与讨论，发言能够记住 70%；做报告，给别人讲，亲身体验，动手做能够记住 90%。不难看出，学习效果在 30% 以下的几种传统方式，都是个人学习或被动学习；而学习效果在50%以上的，都是团队学习、主动学习和参与式学习。"学习金字塔"表明，阅读和听讲是最低效的学习方式，实践操作和教别人才是最高效的学习方式。

分享式教学的创始人任景业老师认为，好奇、好探究、好秩序（好讲理）、好分享是人的天性，人的思维基本单元是"问题—思考—分享"，在此基础上提出了分享式教学思想并在中小学校应用实践，形成了分享式学习架构和学习流程，为分享式教学研究与实践奠定了基础。

分享式学习架构：师生关系和学习资源是分享式学习的前提和保障，学习流程和学习工具是分享式学习的实施路径和行动指南，工具为流程服务，流程又是工具的运行轨道，二者既相互支撑，又彼此关联，既是具体可操作的抓手，又是一种文化和思想。

分享式学习流程：重建师生关系（教师让位、平等参与、师生相长）—建设学习资源（静态预备型学习资源、动态生成型学习资源、立体共建式学习资源）—开发学习工具（课堂行为工具、学科方法工具、学习思维工具）—学习流程（问题、思考、分享）。

随着新课程新教材新中高考的全面实施，教学理念由"以知识点为核心"转变为"以核心素养为导向"，高品质的学习应从根本上确立学生的主体地位，强调培育学生强烈的学习动机和浓厚的学习兴趣，强调学生创造性学习，即学习是对知识的整合和构建过程，重视学习者的主动性和探索性学习，形成以学生为中心的生动活泼的学习局面。这样的学习过程是自主学习所提倡的，而分享互动式课堂教学模式正是对提高学生自主学习能力的再思考。

根据课堂教学的特征，课题组将分享式教学界定为：从问题出发，让学生思考，并展示、交流、分享自己想法的一种教学方法。学生在与他人的交往过程中分享智慧，分享学习过程中的思考和经验，实现共同成长，享受认同与尊重的愉悦过程。分享，不仅仅是口头表达，还包括书面表达、肢体表达、绘画、演示操作等。不仅分享结果，更分享过程、感受、喜悦和困惑。

学校传承"求真、崇善、唯美"的教育理念，结合中国学生发展核心素养，将真善美的教育理念具象为"和雅做人、本真求知、创意做事、康馨生活、责任担当"五大核心素养，并对分享式学习中的核心素养进行表现性解读，将学生核心素养培养落实在分享式学习过程中（见表 5-1）。

表 5-1　核心素养在分享式学习中的表现

北京十二中附小学生核心素养	中国学生发展核心素养	核心素养在分享式学习中的表现性解读
和雅做人	人文底蕴	魅力：说话和气，使用礼貌用语；尊重他人意见，表达不同意见要有"理"和有"礼"；遵守规则；具有艺术表达和创意表现的兴趣和意识
本真求知	学会学习	动力：具有积极的学习态度和浓厚的学习兴趣，积极回答问题和提问；能养成良好的学习习惯，掌握适合自身的学习方法；善于反思，能自我调控学习进程、策略和方法；能自觉、有效地获取、评估、鉴别、使用信息
	科学精神	能力：能独立思考、独立判断；思维缜密，能多角度、辩证地分析问题，做出选择和决定；具有好奇心和想象力；不畏困难，有坚持不懈的探索精神；能大胆尝试，积极寻求有效的问题解决方法；尊重事实和证据，敢于发表不同意见和建议；做事严谨，逻辑清晰
创意做事	实践创新	创造力：具有好奇心和想象力；善于发现和提出问题，有解决问题的兴趣和热情；能大胆尝试，积极寻求有效的问题解决方法；能将创意和方案转化为有形物品或对已有物品进行改进与优化等
康馨生活	健康生活	活力：坚韧乐观自信，能调节和管理自己的情绪；合理管理自己的学习时间；学习用品摆放有序，用过的物品归位；自己制造的垃圾及时清理
责任担当	责任担当	给力：对自己和团队负责，积极承担任务

分享式教学以规则的建立以及尊重、平等、民主、自由课堂文化的形成为前提，是学生践行"和雅做人"核心素养的途径；分享式教学以"问题""思考""分享""互动"为基本单元，是促进学生"本真求知"的助推器；学生经过交流分享和思维碰撞，擦出火花，萌生灵感，深化对知识的理

解、掌握和应用,有利于学生"创意做事";分享式教学把课堂还给学生,顺应孩子的天性,学生学得快乐;学生把自己的想法分享给大家,才能体会到思考的价值,有助于自信心的形成,也是在享受"康馨生活";分享式学习促进学生主动学习,在合作中培养团队意识和互助精神,践行对自己和对团队的"责任担当"。

二、分享式学习支架

分享既是人的天性的体现,又是在交流和表达中对知识、技能、思想、方法等进行重组、建构、反思、提升的过程,分享式学习也是实现共同成长、享受认同与尊重的愉悦过程。分享式课堂教学,为学生营造了一个平等、尊重、和谐的课堂秩序,引导学生对未知的知识产生了好奇心,经历探究的过程并内化成自己的理解,解释分享给同伴。它倡导人格平等、尊重、理解、认可和欣赏,并视此为前提条件,以独立思考、合作探究、交流展示为主要形式,以分享他人智慧、启迪思维、共同发展、形成良好的认知结构为目标。

教师的"教"是基于学生当前发展水平搭建教学的"支架",帮助学生通过规则、同化、顺应、平衡来建构知识和经验。围绕分享互动式教学的四个思维单元"问题""思考""分享""互动"设计了系列学习支架,在学习支架的帮助下引导学生主动探索、发现和建构。

(一)问题:让问题成为推动学习的动力

问题是分享式学习的基础和关键,问题的价值大小决定着思考程度的深浅,也决定着分享质量的高低。提出一个问题比解决一个问题更重要。因此,把课堂还给学生的根本就是引导学生学会提问。为培养学生的提问能力,我们设计了分享式教学提问卡,见表5-2。

表 5-2　分享式教学提问卡

问题从哪里来		提问	问题到哪里去	选择（√）
看后提问	目标		1. 如果问题较多，可以分小组或集体进行梳理	
	课题		2. 认领问题，以问题组建攻关小组	
	情境		3. 可将没有解决完的问题作为作业	
做后提问	自学文本		4. 黑板上留一栏作为问题之家，有兴趣的同学解决后分享	
	做学习单		5. 存入问题银行，定期梳理	
说后提问	他人发言		……	
	自己讲解			

问题的产生也要因学科而异，例如，语文学科，可以根据以下几种类型来提问：

（1）根据课文内容来提问；

（2）根据文章思想感情来提问；

（3）根据作者的写作目的来提问；

（4）根据文中关键句子或字词来提问；

（5）根据文中的标点符号来提问；

（6）根据文中修辞手法来提问；

（7）根据文中写作手法来提问；

（8）其他……

无"问题"即无"学习"，但问题必须是学生真正的困惑，是奔向学习目标、激发学生探究而且接近学生最近发展区的问题。面对问题串，教师要用分层、分类、排序的方法梳理；用关注学习目标、大问题和高关注问题的策略聚焦问题，以老师的问题为导引，以学生的问题为起点，以学科问题为核心，以问题引领学生思维一步步向纵深发展。

（二）思考：让思维借助工具深刻和可视

思考是解决问题的过程，是学生认知自我建构的过程。当然，独立思考与学习，需要有一个"教—扶—放"的过程，分享式学习需要把教师教学的思路可视化地表达出来，让其他人看得懂，方便去沟通和讨论。学习单、思维导图和促思提示是帮助学生记忆、学习和思考的有效思维工具，能够引导学生构建清晰的知识结构体系，促进思维逻辑化、深刻化，从而帮助学生提高学习效率和质量。

教材是课堂教学的主要载体，而学习单是学生分享式学习的"拐杖"。学习单把学生的已有经验与教材整合起来，引导学生经历知识的形成过程，引导学生经历问题的解决过程。我们认为，好的学习单不是教材解读，也不是教案呈现，而是贴着学生思维路径的"路标"。结合"求真、崇善、唯美"教育思想，课题组设计、研制了附小分享式学习单模板，见表5-3。

表5-3　北京十二中附小分享式学习单模板

课　题	内　容
导　语	目标说明、活动安排
真真会思考	思考发现、反思改进
善善会合作	合作学习、同学互动
美美会分享	观点分享、表达交流
我们来评价	表现出色的地方： 还需努力的地方： 我的总体表现（优、良、需努力） 愉悦指数（高兴、一般、痛苦）

思维导图是教学活动的图形组织者。用于突出某课、某单元或者某课程中必学的知识、技能和思想。思维导图勾勒了学习内容中最重要信息和不同部分之间的联系，是课前的学习引导、课后的学习总结和生成性学习指南的视觉提示。常用的有海尔勒的八种思维导图。

图 5-1 通向读写能力的认知之桥

促思提示是教师用来促使学生思考讨论和对话的任何手段，包括视频、故事、报刊文章、图画、照片、问题、作品、物品、单词等。促思提示不在于其形式，而在于其作用，激发学生讨论、对话和思考；促思提示可以促使学生相互交流，帮助学生理解教学内容各部分之间的联系；向学生提供背景知识，激发学生的学习兴趣，有效的促思提示应具有鼓动性、复杂性、正面性、相关性和简要性。

（三）分享：让课堂因交流而生长

分享既是人的天性的体现，也是在交流和表达中对知识技能、思想方法、情感态度价值观等进行重组建构与反思提升的过程。分享环节直接关系学习的效果，集中体现分享式教学的理念。

课堂行为工具，是根据学生年龄特点及学习行为特征制定的课堂行为规则，如如何发言、如何讨论、如何倾听、如何分享等。这类工具需要和学生一起讨论形成，规则制定后需要有目标、有步骤地推进学生行为规范的养成。例如，积极倾听的规则有以下方面：

（1）把身体转向或者倾斜向说话者；

（2）和说话者保持眼神接触；

（3）点头，并且用语言表示鼓励；

（4）提出问题以便得到更多信息；

（5）在合适的时候快速记下简要的笔记；

（6）能重复别人的发言或做出回应；

（7）不能打断别人的发言；

（8）当别人还没有说完的时候不能举手；

（9）一人鼓掌众人鼓掌。

小组合作学习强调学生之间的交流与互动，交流互动的结果或是形成共识或是形成几类不同结论，这个过程需要个体对他人意见的倾听以及在此基础上的进一步筛选和加工。通过个体倾听思维模型的引导，学生不仅能够学会有序分析他人观点，也为他们形成团体决议打下基础。倾向思维模型如图5-2所示。

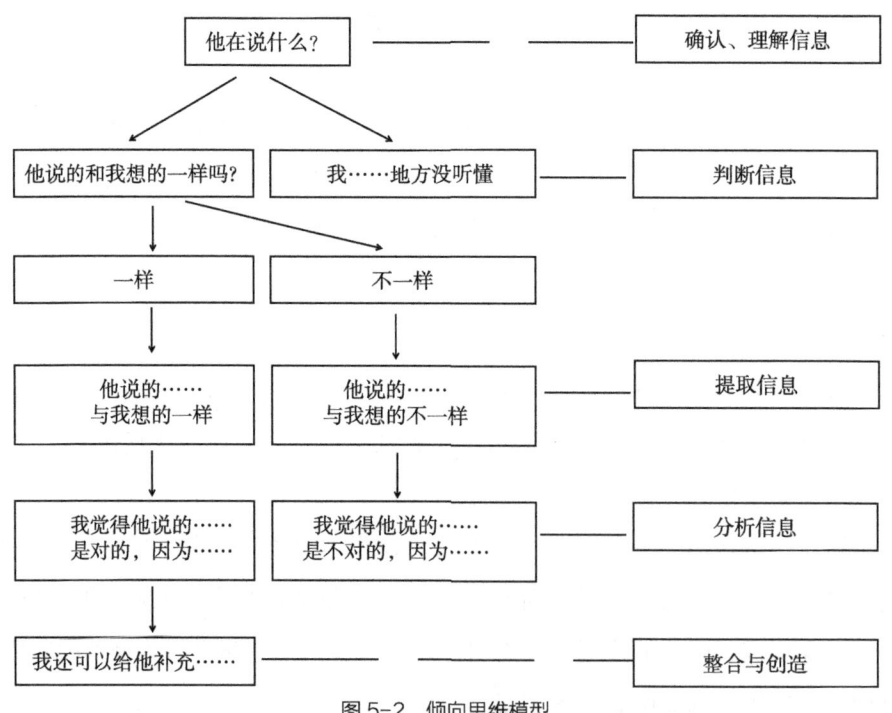

图5-2 倾向思维模型

(四)反馈:让课堂向深处漫溯

心理学研究发现,人的身体和心理是相互影响、相互作用的整体。一种情绪往往会引发相应的肢体语言。反过来,肢体语言的改变同样也会引起情绪的变化。比如:高兴的时候,我们会伴有相应的面部表情出现(嘴角上扬等)。具身认知理论认为,身体在认知过程中发挥着关键作用,强调了心智或认知对身体及其感觉运动系统的依赖性,认知是通过身体的体验及其活动方式而形成的。钟启泉教授认为,在对话中学习与发展是这样实现的:认知冲突的增值效应,向他者解释的增值效果,内化和外化的增值效果,角色分工的减负效应。

分享后如果没有互动反馈,分享只是发挥了展示功能,而不会衍生多方面、多种类、多性质的反应,就不会引发参与者更深入的思考和产生更多质疑。为了促进学生学会有效的互动反馈,课题组设计了如下学习支架:

翘拇指、垂拇指和摇拇指:翘拇指表示"我懂了和赞同",垂拇指表示"我不懂或不赞同",而将翘起的拇指横向地来回摇动表示"我拿不准"。

交流卡:倾听者从发言者的表达中提出自己不同的观点,为相同的问题寻找不同的解决方法,或者用不同的方式表达相同的事情(物),为此我们设计了交流卡,旨在让学生的求异思维得到发展。

表 5-4 交流卡

时间/学科	同学观点(做法)	我的观点(做法)	比较异同

承前启后:第一小组代表发言之后,其他小组代表在介绍本组合作学习成果之前,先对前面小组代表的发言,或评价,或补充,或提问,或质疑

……在此基础上，再介绍自己小组的合作成果。这样一来，小组与小组之间就有了互动、对话和交流。学习支架，像吹拂在学生最近发展区的一缕春风，吹皱了分享式教学的一池春水，使学校的课堂成为生长的课堂、生本的课堂、生活的课堂、生成的课堂。

三、分享式教学支架

在分享式教学研究与实践过程中，结合自己的学习、思考和实践，课题组开发出系列可复制、可迁移的教学支架，充分发挥分享式教学支架的支撑作用，教师教学水平提升到另一个新的高度。

（一）目标：使用行为动词

编制课堂教学目标时，首先要通过学情调查掌握学生已具备的学习水平，然后在此基础上采用可操作性行为动词，保证课堂教学活动既有一定的清晰度，又有较高的达成度。目标层级的可视化描述见图5-3。

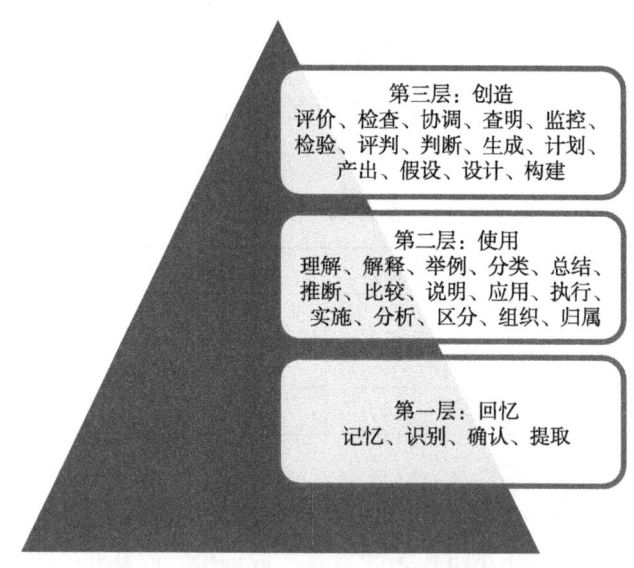

图5-3 回忆、使用与创造：目标层级的可视化描述

（二）教学过程：基于标准的策略

教师的专业理性和教育智慧体现在教育策略上，分享式教学操作策略鲜活而灵动，教师在学用策略中生长新的策略，保证了分享式教学的有效实施。分享式教学操作策略见表 5-5。

表 5-5　分享式教学操作策略

关注点	标准	策略
分享的组织	有次序	1. 依次分享 2. 有问题的先分享 3. 不同方法的先分享
分享的级别	有层级	组内分享、跨组分享、班级分享、校级分享
分享的阶段	有侧重	1. 初期以培养习惯、练胆为主，讲流程、养习惯，轻内容、重形式 2. 中期逐渐淡化套话，流程实现自动化，形式、内容兼顾 3. 后期优化、改造、创新流程，重内容轻形式
分享的要求	有梯度	1. 照资料、课本读答案 2. 背答案 3. 用自己的话说答案 4. 用艺术形式呈现答案（演） 5. 写、说答案 6. 说答案怎么得来的 7. 自己是怎么想的、思考过程中遇到的挫折、困惑（说思维过程）
分享的内容	有层次	1. 问题解决过程，即怎么解决的 2. 学生思考过程，即为什么会这么想 3. 问题解决过程中的教训、感悟、启发（意义建构） 4. 接受不同观点的质疑、批判、否定，进行答辩 5. 鼓励提出不同解决方法的学生上台分享 6. 分享从不同解决方法中得出的启示

续表

关注点	标准	策略
分享的形式	有创新	1. 摆擂台 2. 访客 3. 书面分享——漂流本 4. 发言棒
备注		1. 擂台赛：确定一组为"擂主"方，其他小组为"挑战"方。擂主方先向大家介绍观点，挑战方挑战，擂主方解释。双方在挑战与应战之中，完善观点，清晰思路 2. 访客：小组成员确定"接待者"与"访问者"两种角色，接待者负责向来访客人介绍本组的结果，并解释他们的提问，一般每组一名"接待者"；其余同学都为"访问者"，负责外出到其他组学习交流，每个"访问者"负责访问一个小组，有几个访问者便可了解几个组的观点，最后回本组介绍"访问"收获 3. 书面分享——漂流本：各组将本组的观点整理在记录本上。3~5个小组为一个交流单位，依次将各组的记录本向下传阅；传阅时，将他组的精彩观点记录下来，亦可在他组的记录本上批注自己的意见；当记录本漂流回本小组时，本组了解了许多其他组的观点，同时也会发现其他小组提出的意见，小组成员据此完善本组的观点 4. 发言棒：木棒传递到谁，谁就赢得发言机会

运用卡干合作学习方法，根据学生学习能力或学习态度进行科学分组，例如 ABBC、AABC、AC、BB；用简单的代号表示某种合作结构，如"4-2-1"表示小组共学，然后两两互学，最后一人在全班分享；"1-4-2"表示先独立学习，再在小组分享或解决问题，然后两人在全班分享或互相检查学习效果。"合作学习结构"模式保证学生在合作学习时都能公平、积极地参与，和谐互动。

（三）对话：促进深度互动

小组合作结束之后，进入小组分享交流环节，此时很容易陷入"报幕式交流"的误区：小组代表各讲各的，组与组之间缺乏互动，彼此割裂……解决该问题的关键是教师提出要求：第一小组代表发言之后，其他小组代表在介绍本组合作学习成果之前，先对前面小组代表的发言，或评价，或补充，或提问，或质疑……这样一来，小组与小组之间就有了互动、对话和交流。

作为课堂教学组织者、引导者的教师，在分享式教学中要多用假如、例如、比较、替代、可能、想象、类别、六何、还有……这样一些关键词。举例来说，学生要去博物馆，就可以和学生讨论请谁一起去？何时去？为何要去？带什么去？问题越是多元化，学生所受到的思考刺激越多。

"假如"：就是通过创设情境以"假如……"的方式和学生玩问答游戏；
"例如"：就是用学生们在生活中经常接触到的事物多举例；
"比较"：就是用学生们经常接触到的事物来比较异同；
"替代"：就是用学生们经常接触到的事物让学生多想些有什么是可以替代的；
"可能"：和学生共同分析"可能……会……"；
"想象"：让学生想象各种情况；
"类别"：把不同的东西组合在一起会如何；
"六何"：为何、何人、何时、何事、何处、如何；
"还有"：就是要问学生"还有……"来类推多种可能性。

（四）回应：给学生温暖和力量

教育的过程是教师和学生相互倾听与回应的过程，教师的倾听与回应是师生高质量互动的重要保证。倾听与回应是一门艺术也是一门技能，教师要学会使用倾听的七大要素（见表5-6），以此来表达对学生的回应感兴趣并向学生表示他们的回答非常重要。

表 5-6　回应七要素

● 眼神接触	直接看着发言者，并保持眼神接触
● 面部表情	使用多种适当的面部表情，如微笑或表现出好奇心、兴趣、惊喜或兴奋的表情
● 肢体语言	使用肢体语言，如手势，鼓励学生做出进一步的评价 用肢体语言表示对学生的想法持开放的态度
● 身体距离	调整你在教室中的位置，如更接近正在发言的学生（或较少参与的学生）
● 保持安静	当一个学生发言时，保持安静 不要打断学生 学生停止发言后，给予思考时间
● 口头肯定	使用简单的口头肯定。比如"嗯""请继续""是的""我同意你的观点"或"继续说"
● 小结	复述学生在讨论中提出的主要观点

（五）问题解决：有的放矢

课堂情境的不确定性和教学对象的复杂性决定了教师要经常面对生成的问题，及时进行问题分类，建立有针对性的基于问题解决的教师指导策略库（见表 5-7），有利于改进自己的教学行为，从而实现教学相长。

表 5-7　基于问题解决的教师指导策略

关键点	行为表现	教师指导方式
秩序混乱	只顾自己抢着发言或做自己的事情	停顿，带领梳理规则并成立
偏离主题	过度关注与主题目标无关的细枝末节	果断参与，带领快速通过
争执不下	对某一问题争论不休	抓住要点，帮助学生聚焦问题，或者给一个工具或策略
难点不能突破	遇到困惑解释不清	叫停，提醒学生慢慢梳理，引发学生思考

续表

关键点	行为表现	教师指导方式
平面交流	每个学生的回答处于同一平面水平，彼此不能带来新的思考	帮助学生建立观点（知识）间的联系，构建知识模块

1. 教师的指导要体现精准性，忌粗糙、随意，更忌频繁、琐碎
2. 教师在指导的过程中，要避免"标准答案"（标准——相对"好"的行为或思维，当学生中出现接近于"标准"的时候，教师要巧妙地引导大家进行比较、从而感受"标准是最好的"，切忌强加于学生）

四、基于核心素养的教—学—评一体化

评价是教师教学及学生学习的重要环节。教师自觉将评价视为教学的一部分，是把握教学过程的一种行为；学生将评价视为进一步学习的阶梯，是把握自身学习进程的一种行为。可以说，指向核心素养的评价是学习的一部分，每一次评价都搭建了学习的支架。同时，多次评价结果也构成了学习的轨迹，为学生学习自我反思以及教师课程设计改进、教学方法优化提供了方向和依据。

（一）评价与学习流程、核心素养一体化

学生核心素养的真正落地，要求系统推进核心素养本位的课程教学变革。核心素养作为一种复杂的学习结果，其测评具有内隐性和不易量化的特点，但可以通过个体在真实生活情境中的实际表现和行动做间接推断。指向学习流程、核心素养的评价，以学生为中心，将对学习者素养的评价内在整合于教师的教和学生的学习过程之中。在理论研究与教学实践的基础上，学校研制出基于学习流程的评价表和表现性学习单，为基于核心素养的教—学—评一体化提供了可操作性工具。基于学习流程的评价见表5-8、表现性学习单见表5-9。

表 5-8　基于学习流程的评价表

流程	评价要点	对应的核心素养	评价 自评	评价 同伴评	得分
问题	善于发现和提出问题，有解决问题的兴趣和热情	本真求知			
问题	当我的团队在谈论一个主题时，我可以恰当地问问题，来帮助自己更好地理解	本真求知			
思考	在和同伴谈论前，我会独立思考，花时间先来理解它	本真求知			
思考	我能通过观察、访问、阅读等方式，来获得我要学的信息，来帮助自己理解论题或者解决问题	本真求知			
思考	如果一个问题的解决方案是行不通的，我可以试另外一个	本真求知			
分享	我可以友好地、艺术地向同伴解释为什么我的结论或者解决方案是有道理的	和雅做人 创意做事			
分享	对自己和团队负责，积极承担任务	责任担当			
互动	老师或同伴发言时，我能够集中注意力进行倾听，并且能够了解他们发言的主要内容	和雅做人			
互动	自信地发表不同意见和建议	本真求知 康馨生活			
互动	说话和气，使用礼貌用语	和雅做人			

表 5-9　表现性学习单

课　题	
导语…… （目标说明、活动安排）	
课前活动： 　┌ 复习学习 　├ 联系新知 　└ 经验准备 我的问题：……	笔记与随想 自我评价：

续表

课堂活动
  ┌ 反馈引申
  │ 问题探究 问题1
  │   问题2
  │   问题3
  │   ……
  └ 合作交流 小组活动
         交流讨论
我的感受：……
	小组评价：
	自我评价：

课后活动：
  ┌ 回忆梳理
  │ 分层练习 基本、专项练习
  │   变式、比较练习
  │   综合、开放练习
  └ 拓展质疑 知识链接
         相关阅读
我的思考：……
	教师评价：

总结： 我的收获： 表现出色的地方： 还需努力的地方： 我的总体表现（优、良、需努力）： 愉悦指数（高兴、一般、痛苦）：	

（二）评价与学习目标、学习活动构成有机整体

指向核心素养的教学评一体化的教学设计与传统教学设计有着很大不同。在制定学习目标前，首先，要阐述学习目标确定的依据，包括课程标准、考纲要求、教材及学情分析，保证学习目标制定的准确性。其次，在学习目标制定之后，不是进行教学活动设计，而是设计评价任务，制定评价标准，保障教学目标与评价的一致性，然后开展落实评价目标的学习活动。也就是沿

着"要到哪里去?""怎么知道到哪里了?""怎么更好地到那里?"进行设计。表 5-10 展示了《春天在哪里》一课的学习表现性评价。

表 5-10 《春天在哪里》学习表现性评价

学习目标	教学活动	评价规则		
		13~20 分	5~12 分	0~4 分
用多种方式表达对春天的美的感受	1. 同学们,通过前一段的活动,请你用口头方式表达出对春天的感受	1. 流畅、有条理、有中心地用普通话讲出所见所闻 2. 生动地表达出对春天的感受	1. 流畅地用普通话讲出所见所闻 2. 表达出对春天的感受	1. 用普通话讲出所见所闻 2. 粗略地表达出对春天的感受
	2. 请你用小短文写出春天的美丽	1. 描述出春天的一些景色,并说出个人的感受 2. 短文完整,具有一定的吸引力 3. 运用阅读和生活中学到的词语写话,合理运用逗号、句号、问号、感叹号	1. 描述出春天的一些景色,并说出个人的感受 2. 短文较为完整 3. 运用阅读和生活中所学词语写话,运用逗号、句号,出现一些错误	1. 用极小篇幅描述出春天的景色,说出些许个人的感受 2. 短文不完整 3. 运用所学词语、逗号、句号,但出现很多错误

(三)评价监控核心素养的作用方向

评价与教学同是"寻求目标的教育活动之车"的两个轮子。核心素养就如同 GPS 不断监测着教学进程的方向,而评价也应聚焦学生在多大程度上发展了一种或几种核心素养。为此,课题组设计了系列评价工具。

评价很重要,但也要适度。"好雨知时节,当春乃发生",只有评价做到适时、适量,且科学有效时,才能更好地发挥其导向、激励、诊断和发展的积极功用,促进教与学的改进,从而更好地服务于学生个性化成长。

五、分享式教学研究成果

分享式教学研究与实践，是核心素养本位教育改革的呼唤，是学校传承北京十二中联合总校"求真、崇善、唯美"教育理念、变革教与学的方式、促进学校内涵发展的需要，是基于儿童立场、顺应儿童天性、让学生站在课堂的正中央、重建学习规则和重构学习流程的应然选择。2020年12月，"开展分享式教学促进学生核心素养提升的研究"示范结题，课题研究成果达到了生长素养、成长教师、点亮学校、呈现成果的预期目标。

分享式教学的生动实践，践行着全校师生"求真、崇善、唯美"的文化追求。分享式学习聚焦来自学生的"真问题"，体现的是"课堂之真"；合作学习体现的是"课堂之善"，即每一个学生在独立完成自己的学习任务之后，引导他们尽可能地与他人展开良好的互动，并力所能及地对班级里的其他同学进行帮助，在互助的学习中培养孩子的一颗善心；分享式课堂核心环节"分享表达"体现的是"课堂之美"。因为在让学生"分享表达"的课堂里，学生充分展现自己学习热情和生命活力的同时，也在创造着课堂上相互倾听、相互悦纳、相互激励和相互欣赏的和谐的人际关系，让知识的课堂提升至审美之境。

分享式教学操作模式迭代升级。分享式教学有自身独特的研究成果和实践操作模式。在深度学习、自主学习成为主要学习方式的今天，互动才会使课堂生成和生长。"好奇"对应问题，"好探究"对应思考，"好秩序（好讲理）"对应互动，而"好分享"的天性正好与分享契合。分享式教学依据人"好奇、好探究、好秩序（好讲理）、好分享"的四大天性建构四个教学单元："问题导学—思考探究—分享交流—互动反馈"，与北京十二中的"四问"课堂"设问—解问—追问—新问"高度契合。

核心素养是课堂教学的指引。围绕分享式教学的四个教学单元，设计课堂教学活动，促进师生、生生高质量互动，在适切的教学活动中培养和发展学生核心素养。如果说独立学习是"准备着"分享，那么，合作学习就是

"扩大着"分享,分享表达就是"提升着"分享,互动交流就是"深化着"分享,问题解决则是"反馈着"分享。

表 5-11 课堂教学活动特点与核心素养的对应关系

课堂教学活动特点	核心素养
合作性、展示性	和雅做人
挑战性、趣味性、主题性、现实性、生活性	本真求知
开放性、活动性、综合性、可操作性	创意做事
趣味性、生活性、激励性	康馨生活
任务性、复杂性	责任担当

分享式教学重视学生的分享表达,实现了发展学生核心素养的课程育人价值。第一,表达实现了输出与输入的有机转化。从学习的角度来说,表达不仅仅是输出,同时也是输入,是输出与输入不断进行有机转化的过程。输出的是学生理解了的学习内容,输入的是学生的语言能力和思维能力以及语言和思维能力提升过程中带给学生的一份从容和自信。第二,表达有效促进了学生思维的发展。台湾知名学者黄武雄教授认为,受语言刺激较少的儿童,其抽象能力容易延迟发展,说明语言在儿童成长过程中具有独特的、重要的作用。发展孩子的语言,就能较好地促进孩子抽象思维能力的发展,因为孩子在组织语言的过程中,其实就是在进行某种程度的抽象。第三,表达顺应了小学生的发展天性。小学生虽然不太善于表达,但是非常乐于表达。学校教育就是要在素质教育的主阵地课堂之上为学生的表达创造尽可能多的机会,满足学生表达的欲望,成就学生的表达能力,对于学生核心素养培养具有事半功倍之效。第四,表达促进了学生学习共同体的形成和"社会参与"等学生核心素养的培养。分享表达的根本价值在于,最大限度地释放每一个学生内心深处的表达欲。释放学生的表达欲,就是释放学生学习活力,就是要让学生对新知的理解、认识和情感毫无保留和不加拘束地展现在同伴面前,以此来激发和带动班级其他同学全身心参与到真正的学习中来,引领班级形成

学习共同体，培养孩子的社会参与意识和能力。

赋能学生　让学习真实发生 *
——北京十二中附小参加第四届全国分享式教育教学研讨会

2021年5月20日，学校司学娟校长、周连香主任以及四名教师参加了在郑州高新区实验小学举行的第四届全国分享式教育教学研讨会暨2021年学术年会。在为期三天的研讨会中，教师们收获颇多。

图 5-4　参加第四届全国分享式教育教学研讨会

司学娟校长在校长论坛中分享了学校实施分享式教学的方法和对未来教育教学方向的规划，以"开展分享式教学建立学校核心素养提升的研究"为题，分享了学校如何将分享式教学与学校提出的五大核心素养进行融合，向大家展示了学校和老师们在进行实践时研发的预习单、学习单、语言支架、评价量表等内容。司校长提出："分享学习的课堂中由于学生交流机会增多，相应的交往问题随之增加；制定与学习目标匹配的评价任务成为教—学—评一体化融通的难点，教师的评价素养制约着学习目标的达成度"，这将是学校下一步的研究方向。与会专家、校长对司校长的报告给予高度评价，认为有理论、有实践、研究的味道浓，研究目标、内容、过程和研究成果系统

---

* 本文由袁芷若撰写。

化，将分享式教学向前推进了一大步。

学校科学组组长姜振敏老师以"追问题之'蝶' 攀素养高山"为题，分享了学校开展的"南瓜节"系列主题活动。姜老师指出学生们在南瓜节活动中提出问题，不断思考，再通过探究得出答案，经历了真实的学习过程。学校"南瓜节"活动源于生活，让学习真实地发生，姜老师的发言获得在座专家及教师们的一致好评。学校优秀青年教师熊丹老师在本次研讨会中执教了一节数学课——认识负数。在课上，熊丹老师以测量天气温度为主线，让位于学生，引导学生们在小组探究中认识负数，充分调动了学生学习的独立性与自主性，为大家呈现了一节精彩的数学课。

"有点、差点、鼓点、起点"是司校长对学校分享式教学现阶段的评价。本次研讨会为大家提供了学习的机会，学校将推陈出新，在分享式教学的道路上继续前行。

分享互动式课堂建设绩效调查报告

为进一步了解学校分享互动式课堂建设成效，推动学校课堂建设朝着有利于学生核心素养发展的方向转变，2020—2021学年第二学期，学校对教师课堂教学进行了问卷调查，共获取教师有效问卷45份。

在分享互动式课堂建设过程中，71.43%的教师对学科思想方法与学科思维的关系有了更深刻认识；80.22%的教师对学科思想方法与学科核心素养的关系有了更深刻认识；72.53%的教师对学科思想方法与创新思维的关系有了更深刻认识；70.33%的教师对学科核心素养与学生发展核心素养的关系有了更深刻认识，如图5-5所示。数据表明，教师对学科思想方法与学科思维、学科核心素养、创新思维的关系，对学科核心素养与学生发展核心素养的关系有较好的认识。其中，正确认识学科思想方法与学科核心素养关系的教师人数最多，正确认识学科核心素养与学生发展核心素养关系的教师人数较少。学科核心素养与学生发展核心素养是相互包含和互动互促关系，学科核心素养是学生发展核心素养的直接贡献者，反过来，学生发展核心素养又在特定水平上统领和影响学科核心素养的发展方向。

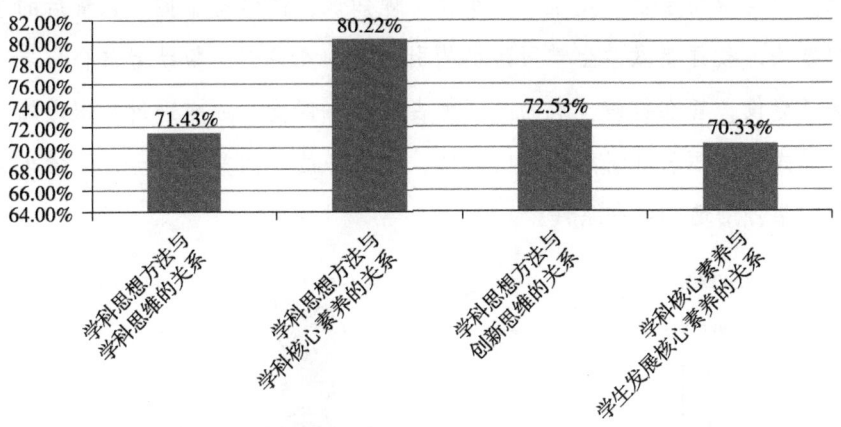

图 5-5　分享互动式课堂认识

课堂教学中，经常把教学目标向现实生活延伸的教师占 61.54%，表明大部分教师在教学中能够与现实生活紧密衔接，但有近 40% 的教师在教学中与现实生活衔接的频次需要加强，如图 5-6 所示。学科核心素养重在培养学生在复杂情境下的问题解决能力，使其能够适应飞速发展的信息时代和复杂多变的未来社会。学科核心素养本位的教学过程中，教师的教学活动应更加重视学科知识的意义连接及其向现实生活的延伸，为学生创造运用所学知识解决真实问题的机会。

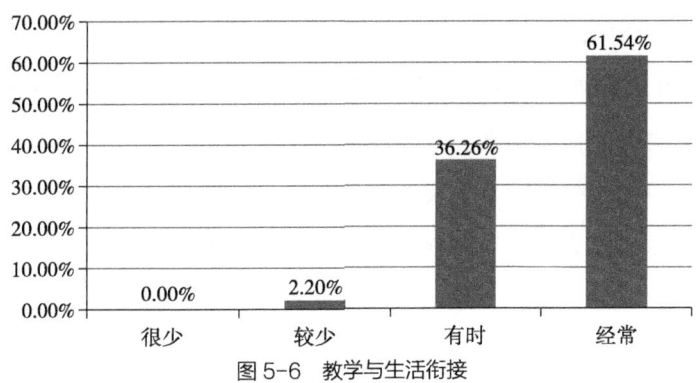

图 5-6　教学与生活衔接

课堂上，57.14%的教师讲解知识的时间控制在20分钟以内，20分钟以上的占28.02%，如图5-7所示。新课程背景下，教学的重心不再是教给学生知识，而是帮助学生去发现、组织和管理知识，使学生掌握知识背后的学科思想方法，教师要做学生学习活动的引导者、支持者、帮助者与合作者。创新课堂建设，旨在打破传统的"老师占据整个课堂、一味进行知识灌输"的教学模式，缩短教师讲解知识的时间，把更多的时间交给学生，为学生自主与合作学习创造机会和条件。

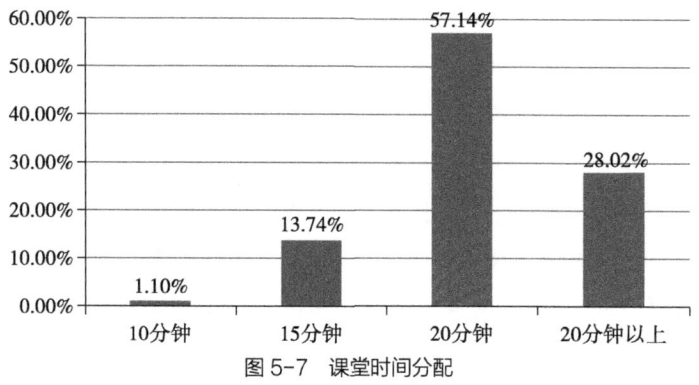

图5-7 课堂时间分配

课堂提问是激发和促进学生思维发展的有效手段。在课堂提问方面，8.79%的教师追求唯一答案或标准答案，以帮助学生掌握知识；67.03%的教师问"怎么办"的问题，帮助学生找到解决问题的方法；89.56%的教师问"为什么"的问题，帮助学生找到事物间的因果关系；77.47%的教师问启发学生提出问题的问题，帮助学生发现和捕捉问题，如图5-8所示。数据表明，60%以上的教师喜欢问"怎么办"的开放式问题，还有一小部分教师喜欢问指向标准答案的封闭式问题。开放式问题是指不用"是"或"否"来回答的问题，其目的在于探求事物发展背后的原因、从不同的角度思考问题、找出多种解决问题的方案，从而不断发展学生的思维水平。在创新课堂上，教师可以通过多问"为什么""怎么办""启发式"问题，引导学生打开思路、发展思维。

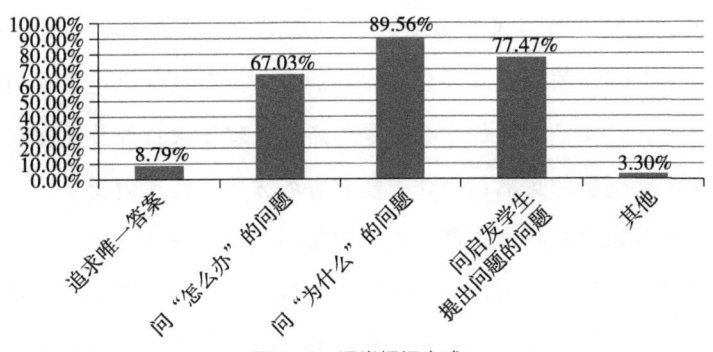

图 5-8 课堂提问方式

课堂上，84.07%的老师采用教师发起提问的方式提高互动的质量；68.13%的老师采用学生发起提问的方式提高互动的质量；79.67%的老师采用小组活动的方式提高互动的质量；26.92%的老师采用项目学习的方式提高互动的质量，如图 5-9 所示。数据表明，大部分教师仍习惯于采用教师发问或小组活动的方式提高互动的质量；而学生发起提问，特别是项目学习是弱项。创新课堂应综合运用教师发起提问、学生发起提问、小组活动以及项目学习等方式，促进创新思维在师生、学生之间的互动中真实地发生。

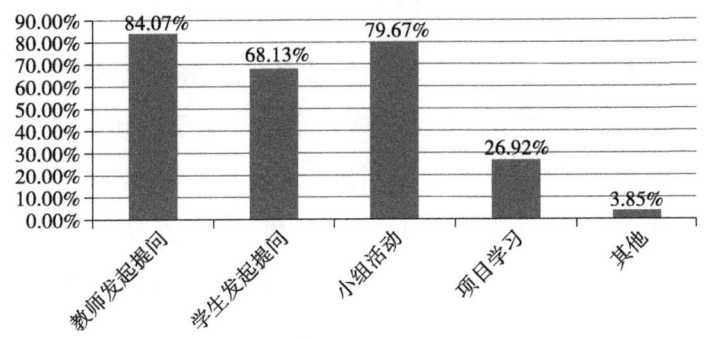

图 5-9 课堂互动质量

课堂上，88.46%的教师重视培养自信品质，69.78%的教师重视培养诚实品质，84.07%的教师重视培养开放品质，91.76%的教师重视培养合作品质，57.69%的教师重视培养勇敢品质，45.6%的教师重视培养坚毅品质，如图 5-10 所示。数据表明，合作、自信、开放是教师最为重视培养的品质，而诚实、勇敢、坚毅的品质需要进一步引起重视。创新与个人的自信、诚实、开放、合作、勇敢和坚毅等品质呈正相关。在完整的自我意识基础之上展现的自信是创新的内在动力；诚实是创新的本分，是创新的伦理要求；开放是在相互交流和相互吸收中扩大创新的边界；合作则能整合各方优势实现创新目标；创新绝非易事，需要勇敢面对挑战和难题；创新往往不是一次成功，也不是一次成功之后创新就会终止。因此，创新离不开坚定的信念和顽强的毅力。研究表明，坚毅水平高的学生能够获得更好的学业成绩和综合素质发展，能够在具有挑战性的任务中持续不断地努力，具有较高的抗压能力并保持心理健康。

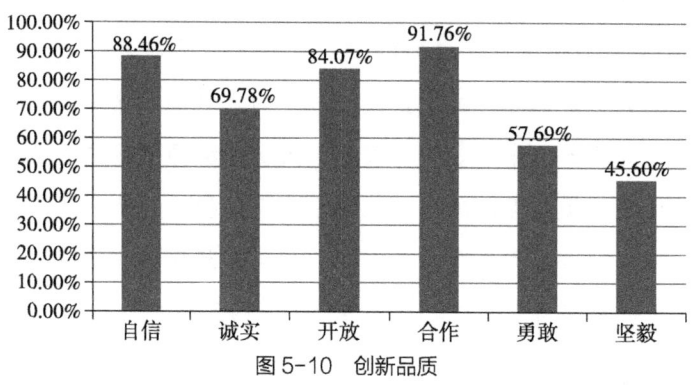

图 5-10　创新品质

课堂上，81.32%的教师通过学科思想方法的应用发展学生学科思维，73.08%的教师通过引导学生不断产生新"点子"而发展思维的流动性，91.21%的教师通过引导学生从不同角度思考问题而发展思维的灵活性，68.13%的教师通过引导学生反思而发展学生的元认知能力，如图5-11所示。流动性（解决问题的多种可能性）、灵活性（从不同角度思考问题）、原创性（独特性）和精致性（结果精选）是创新思维的主要特征。数据表明，教师在发展思维的灵活性方面表现最好，发展学生元认知能力方面有待提高。元认知能力是对自我思维过程进行觉察、评价和反省的能力。元认知能力发展是创新能力发展的关键途径，是创新思维培养的根本目标。在创新课堂教学实践中，教师需要引导学生学会反思自己的思考过程，不断改进思维方式，从而提高学生思维水平。

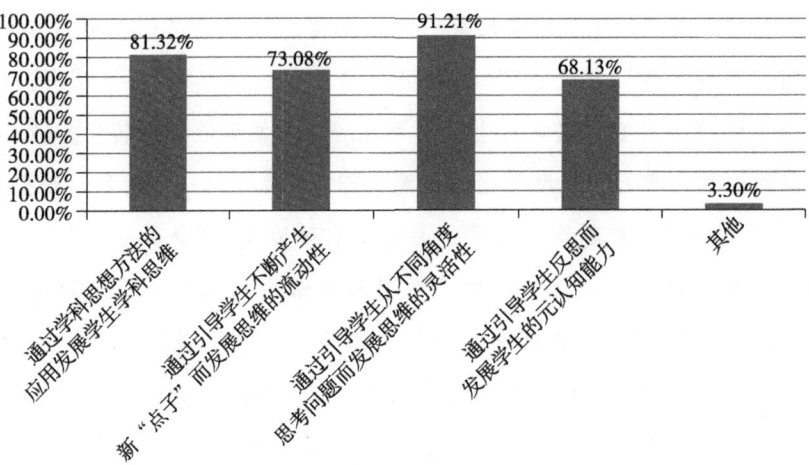

图 5-11 思维品质

在课堂学习评价方面，97.8% 的教师及时表扬学习成就和思考成果，以保护学生的成长性；68.13% 的教师及时夸赞有学习天赋的学生，以激励他们持续的努力；83.52% 的教师让学生口述学习成果，以发展学生的表达能力和思维能力；25.82% 的教师让学生书写学习日志，以发展学生反思与改进的能力，如图 5-12 所示。数据表明，绝大多数教师能够及时表扬学习成就和思考成果，以保护学生的成长性；仅有四分之一的教师让学生书写能否反思和改进思维方式的学习日志；另外，60% 以上的教师会夸赞学生的天赋，鼓励学生思维的成长性。

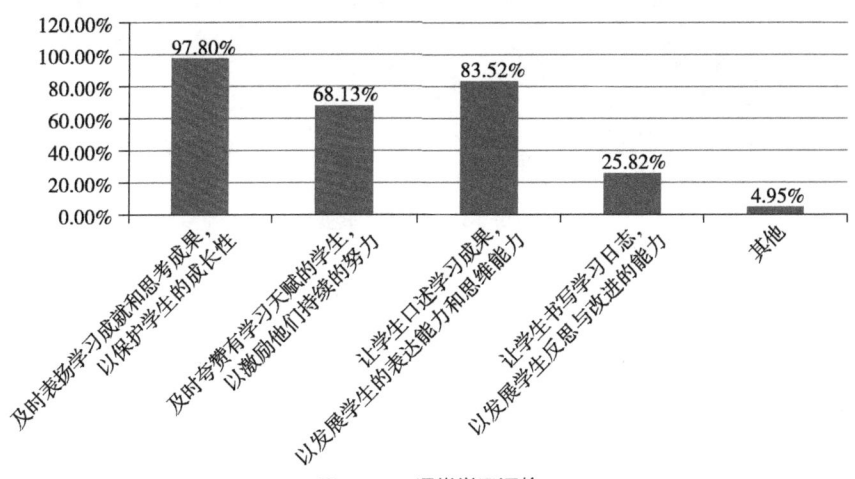

图 5-12 课堂学习评价

在分享互动式课堂建设中的突出变化方面,有83.52%的教师由"教师立场"向"学生立场"转变、"知识记忆"向"运用知识解决问题"的行为转变;68.13%的教师在课堂评价上由结果性评价向发展性评价转变;62.64%的教师推动个性化学习,帮助学生进行意义建构,如图5-13所示。数据表明,通过分享互动式课堂建设,教师行为转变有效发生,"教师立场"向"学生立场"转变以及"知识记忆"向"运用知识解决问题"的行为转变方面表现较好,发展性评价和推动学生个性化学习方面有待改进。美国学者爱德加·戴尔提出的"学习金字塔"理论认为,采取学生主动的学习方式,把人的学习视为一个整体,强调教学活动的整体性、情境性和实践性,教学会取得更好的效果。如采用"讨论"(基于问题的对话)的方式,两周后的巩固率可达50%;采用"亲自实践"的方式,巩固率可达75%;采用"学了之后,亲自演示给别人",巩固率可高达90%。

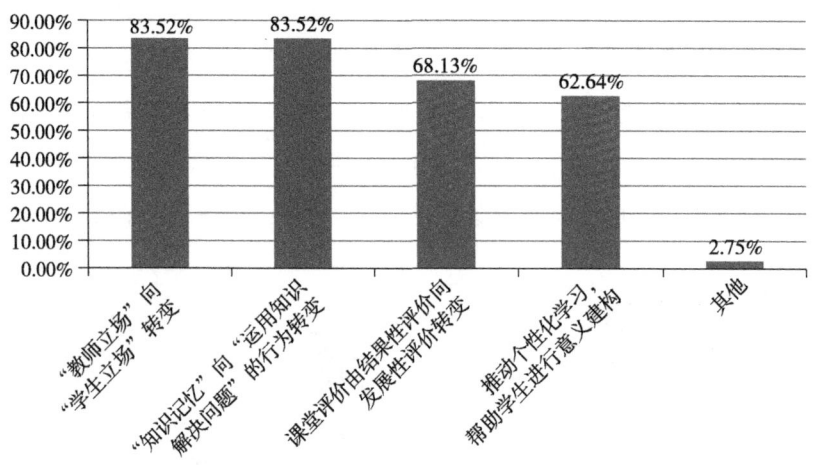

图5-13 教师行为转变

第三节　学生核心素养评价

为增强学生核心素养评价的可操作性，学校构建了"我是小小爬山虎"评价体系，研制了课堂教学评价工具，不断改进评价方式方法，注重学生在真实情境中的真实性表现，实施包含发展性评价、过程性评价以及结果性评价在内的综合评价，引领学生在自评、他评中不断反思，认识自我优势和不足，从而实现主动学习和快乐成长。

一、"我是小小爬山虎"评价

依据《中国学生发展核心素养》《深化新时代教育评价改革方案》《义务教育质量评价指南》等教育评价框架，学校自主研发了"我是小小爬山虎"评价体系，从"和雅做人、本真求知、创意做事、康馨生活、责任担当"五个维度跟踪记录学生成长过程，为学生核心素养测评提供可操作性工具，注重学生在真实情境的真实性表现，实施包含发展性评价、过程性评价以及结果性评价在内的综合评价，引导学生核心素养发展。

表 5-12 《我是小小爬山虎》之学校表现自评表（周）

日期：

维度	观测点	说　明	与老师一起评	努力的方向
和雅做人	1. 待人礼貌	主动问好，说话和气，使用礼貌用语，双手递接物品	画两片芽苗	下周学习的榜样
	2. 整洁卫生	衣着、书包、桌面、地面整齐洁净	下同	
	3. 轻声慢步	课间不追跑；上楼脚步轻、靠右行；排队快静齐		
	4. 音量适宜	正确使用 0~3 级音量		
	5. 文明阅读	安静，轻拿轻放，归还原位		
	6. 有序就餐	排队等候，食不语		
	累　计			
本真求知	7. 认真倾听	眼睛看着说话者，耐心等他把话说完，用头脑思考		下周发扬的优点
	8. 积极参与	积极发言，积极实践，不怕困难		
	9. 不懂就问	主动求助老师和同学		
	10. 作业专心	作业时不做其他事情，按时完成		
	累　计			
创意做事	11. 积极动脑	遇到问题不逃避，积极面对并动脑想办法解决		下周改正的缺点
	12. 新意作业	解题方法、表述与别人不一样，作业、作品有新意		
	累　计			
康馨生活	13. 合理饮食	不挑食、不偏食、不浪费，课间喝水		
	14. 认真做操	安静做课间操、眼操，动作到位		
	15. 友爱同学	发现并学习同学优点，帮助同学		
	16. 保护环境	爱护环境设施，不扔纸屑，不摘花果，主动承担打扫教室和楼道的工作		
	累　计			
责任担当	17. 自律意识	严于律己，自觉遵守学校各项规定		教师或同伴签字：
	18. 责任意识	乐于奉献，勇于承担责任		
	19. 热爱集体	积极参与班级、学校、社区活动		
	累　计			
合　计				

（注：给芽苗涂粉红色，优，涂 2 个；一般，涂 1 个；需努力，不涂）

在学校培养学生五大核心素养的同时，充分发挥家长、社区、社会的教育功能，打造学校、家庭、社会三位一体的全景评价模式。开发实施《我是小小爬山虎——家庭表现评价表》，例如"和雅做人"一级指标下又设立"礼貌待人""物品归位"等二级指标，并建立可操作的观测点，引导学校、家庭和社会为培养"大写"的人共同努力。

表 5-13 我是小小爬山虎——家庭表现评价表（周）

日期：

维度	观测点	说　明	与家长一起评	家长反馈
和雅做人	1. 待人礼貌	主动问好，使用礼貌用语，双手递接物品	画两片芽苗	家长留言
	2. 物品归位	用过的东西放回	下同	
	3. 清理垃圾	自己制造的垃圾及时清理并放到垃圾桶中		
	4. 听从教导	虚心接受长辈教育，说话和气		
本真求知	5. 每天阅读	每天课外阅读半小时以上		
	6. 积极动脑	学习上遇到问题不逃避、不放弃，积极动脑想办法解决，努力了还不能解决的难题主动求助父母		
	7. 作业专注	作业时不做其他事情，按时完成		
创意做事	8. 乐于尝试	有好奇心，喜欢动手		
	9. 新意作业	积极寻找并利用资源，独立思考，作业、作品有新意		
康馨生活	10. 合理饮食	不挑食、不偏食、不浪费		家长签字：
	11. 坚持锻炼	每天跳绳120下，从事自己喜欢的体育活动		
	12. 生活自理	自己整理书包、穿衣穿鞋、背书包		
责任担当	13. 自律意识	严于律己		
	14. 责任意识	乐于奉献，勇于承担责任		
	15. 志愿服务	积极参加社区活动，爱护环境，爱护家园		
	合　计			

（注：给芽苗涂粉红色，优，涂2个；一般，涂1个；需努力，不涂）

二、课堂学习评价工具

对于学生课堂学习的评价，采用教师评价、学生自评两种方法，对学生学科核心素养、学习方法与技巧、课堂表现及反思改进进行过程性评价，凸显对学生思维发展与养成、学生自主学习内在动机、学生创新能力发展等关键核心素养的引导与培养。此外，结合其他辅助性的评价措施，深入实施"我的家在中国"升旗、"卢沟笔记"、"跟着太阳走一年"、"八气"课程评价、黄梅戏课程评价，做到课程与评价紧密衔接、有机联结，为学生创造更多的发展可能与成长空间。

表 5-14 课堂学习评价指标体系

评价主体：任课教师　　　　　　　　　　　　　　　　评价对象：学生

序号	指标	权重	观测点
1	学科核心素养	35%	1. 知道自己是独特的，知道自己在学科学习中的优势与不足 2. 能够用自己的方法理解学科知识与方法 3. 懂得自己应具备的学科素养和学科核心素养，并保持较强的求知欲 4. 有效发展自己的学科素养、学科核心素养、学科思维方式 5. 能够用多种思维方法思考问题；能够运用已有学科知识与经验找到解决现实问题的多种可能性 6. 能够在跨学科学习中合理运用学科知识与方法；能够把学科思维方法迁移到其他学科学习中 7. 能够勇敢面对问题和挑战，承受失败，增进自我意识，促进思维发展水平 8. 能够在学科学习中，养成自信、诚实、开放、合作、创新、勇敢、专注、倾听等学习品质 9. 在学科学习过程中能较好地联系社会职业，能用学科知识解决职业领域的实际问题 10. 能够在教师引导下在法律、社会伦理和道德规范框架内进行学科学习和创新实践活动

续表

序号	指标	权重	观测点
2	学习方法与技巧	25%	1. 能够自主学习，能够与老师、同学平等、无障碍交流 2. 能够主动适应和学会采用项目学习、合作学习、混合学习、跨学科学习等新型学习方式进行学科学习 3. 能够倾听他人想法，能以开放的态度吸收新方法、新技能；能够学会利用他人的认知优势、与人合作 4. 能够把"理解问题和挑战 → 产生想法和创意 → 制定解决方案和达成共识"的思考方式运用于学科学习实践中 5. 能够运用多种思维方法思考学习中的问题，能够反思自己的学习过程和学习方式，不断改进学科学习 6. 能够在学科学习中熟练运用信息技术工具，有效利用信息资源
3	课堂表现	20%	1. 自主思考、主动发言，积极呈现思考结果 2. 能够清晰、明确地陈述问题思考过程，表现出解决问题的自信和勇敢 3. 在小组活动和任务中，能与同伴相互配合，能够贡献自己的创意，共同完成学习和工作任务 4. 能够与老师顺畅交流，能够认真倾听老师讲解和同学发言 5. 能够宽以待人、严于律己，宽容同学学习上的失败，学习同学学习上的长处 6. 富有好奇心、想象力、求知欲、冒险精神
4	学习日志	20%	1. 能够准确记录和描述自己的学习过程和思考方式 2. 能够认真反思自己的学习过程和思考方式，并能找到提高学科学习效率的途径 3. 学习日志包括：学习的内容是什么；学习中遇到了什么问题；产生问题的原因是什么；自己擅长和不擅长的是什么；自己的认知偏好在学习中发挥的作用是什么；改进学习的办法是什么；利用学科学习发展核心素养和思维水平的办法是什么

"我的家在中国"升旗课程评价。本课程评价以展示性评价为主，以过程性评价、总结性评价为辅。以"复兴之旅"为例，学生在上学期自发绘制手抄报、编写诗歌童谣表达对祖国的热爱；在学校公众号"诵与弦"上师生合

作完成一系列科学家故事的介绍,致敬"最闪亮的星";在"六一"儿童节时,各班选择唱红歌来赞颂祖国并进行评比;本学期配合"人物之旅",启动了学校的星光大道,引导学生从小榜样做起,争做大榜样。

"卢沟笔记"课程评价。"卢沟笔记"的课程评价分为教师评价、家长评价与自我评价三个方面,后两者优先进行,教师评价在之后的课堂中进行。

图 5-14 "卢沟笔记"评价剪影

（三）学生收获与自我评价

我的收获	自我评价

小知识:狮子不是土生土长在中国的,而是传说在东汉时期伊朗国王作为礼物送给中国的,这个凶猛的兽中之王刚来中国时发挥了一个护卫者的作用,在漫长的演变中逐渐人化,变得驯良和顽皮,成了吉祥的象征。

（四）家长评级与意见

图 5-15 "卢沟笔记"评价样本

"跟着太阳走一年"课程评价。本课程也以展示性评价为主,学生通过手抄报、绘画、宣讲、美术作品等方式展示学习成果。评价过程属于形成性评价,在一年内的某个节气发生之时,教师会对学生的理解与表现进行点评。

"八气"课程评价。"八气"课程讲授诗歌、格言、谚语、成语、歇后语、对联等内容,使用《弟子规》《三字经》《笠翁对韵》《千字文》《幼学琼林》《增广贤文》等传统蒙学教材。对于"八气"课程的评价遵循着一言一行的原则。评价过程有四个要点:立足关键课程,增强气度认同;赓续优秀传统,提升文化认同;开创亲密关系,传承红色基因;聚焦时政热点,立志奉献祖国。

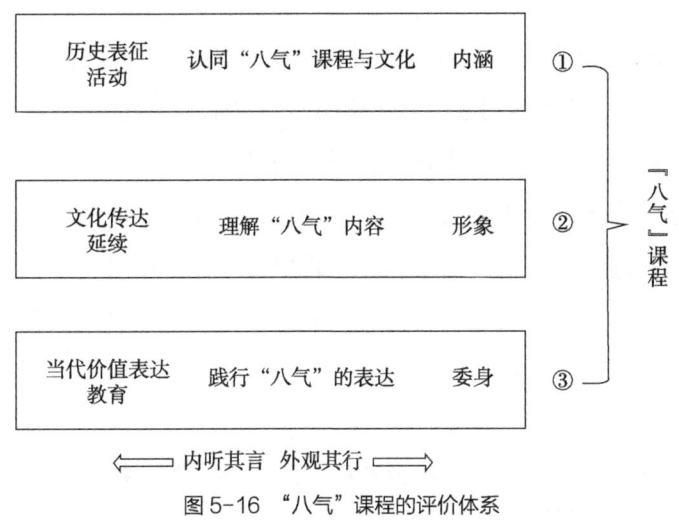

图 5-16 "八气"课程的评价体系

黄梅戏课程评价。为加强黄梅戏普及教育,学校面向全体学生开设黄梅戏校本课程,开设黄梅戏社团,全面提高学生艺术与审美素养。黄梅戏社团多次参加比赛和演出,成绩不俗。2019 年 5 月,学校黄梅戏社团初出茅庐,在北京市第二十二届艺术节比赛戏曲比赛中取得铜奖。2019 年 6 月,在集团的支持下,社团在北京十二中附小集团本部礼堂举办了"黄梅花开"的专场汇报演出。2019 年 12 月,黄梅戏社团受邀在北京市少年宫参加学生国粹艺术节展演季开幕式演出,作为开幕式中唯一一个由学生独立完成的表演,表现惊艳,获得了在场专业戏曲演员的称赞。2020 年初,社团受邀参加北京长乐黄梅戏剧团十周年庆典演出；2021年，四名学生在第十一届国戏杯学生戏曲大赛中分别获二、三等奖；集体节目《打猪草》获得国戏杯三等奖。丰台区艺术节比赛中原创黄梅戏校园剧《和雅社区》获二等奖，剧目《打猪草》获优秀奖。7月，社团学生携剧目《谁料皇榜中状元》和《打猪草》等登上北京电视台教育频道。12月，剧目《打猪草》参加中国教育电视台《一堂好戏》节目暨全国首届校园戏曲春晚节目录制。

三、课程开发评价工具

一门课程是否达到了开发或开设的目标，是否实现了课程本身的价值，是否还有改进的空间？基于此，学校制定了课程评价积分量表，从课程目标、内容安排、教学方式、学生表现、发展空间等维度，对计划开设课程进行综合评价，通过系统地收集有关信息，鼓励教师在自评的基础上，诊断和发现课程设置与实施中的不足，对学校课程设置给学生发展变化及构成变化的多种因素、满足学生个体发展需要的程度做出判断，达到"监控学生学业、诊断教师教学、指引学教方向"的目的。

表5-15 课程评价积分量表（教师自评和课程中心评用）

课程名称	评价项目	积分			总分	具体阐释
		完全符合（2分）	基本符合（1分）	不符合（0分）		
	课程目标					
	内容安排					
	教学方式					
	学生表现					
	发展空间					
	总分					

作为课程建设的根本目标，学生核心素养是学校课程评价关注的重要内容。动态的、发展的评价贯穿整个"乐乐"主题教育课程始终，例如从准备充分、行为和雅、经营有道、善善义举等不同维度对"善善义卖"主题课程进行过程性评价与结果性评价，保障了"善善义卖"主题课程的实施效果；通过预习单、合作学习单、延学单、思维导图等思维工具的研制，动态展现知识的形成过程，充分暴露学生的思维过程，珍视学生的旁逸斜出，将错误作为学生的学习资源，运用形成性评价调整教学，实现了深度学习真实的发生。

表5-16 北京十二中附小评价表

	评价内容	赋分	得分
准备充分	1. 海报设计新颖，有个性	20	
	2. 制定物品清单和记账单		
	3. 对物品进行评估定价		
行为和雅	1. 行为文明	40	
	2. 语言文明		
	3. 交易过程公平公正		
	4. 集合快静齐，准时到达指定地点，结束时准时回到班级队列		
	5. 在交易过程中和交易结束后摊位不留垃圾		
经营有道	1. 摊位布置有特色，吸引眼球	30	
	2. 推销有策略		
	3. 义卖结束对照记账单，汇总收入		
善善义举	将义卖所得的款项通过"善善"基金会资助贫困地区的学生	10	
	合　计	100	

减负增效，作业设计先行*

为完善我校教师的作业设计观念，提升教师的作业设计能力，2022年2月25日下午，北京十二中附小以"重构作业：减负增效视域下的作业设计"为主题开展了校本研修活动。此次研修特邀翠微小学周金萍副校长莅临我校指导，由赵亚萍副校长主持。

图 5-17　专家讲座

作业是课堂教学的延伸，更是提升教学质量的关键。周校长的专题讲座《核心素养视野下减负提质，作业设计的策略思考》为附小教师指明了作业设计的方向，提供了新思路。周校长用多个作业案例介绍了作业设计的思路和方法。好的作业设计应聚焦学科核心素养、匹配教学目标、渗透学习方法、与教学融为一体。学生学了吗？学会了吗？会学了吗？会用了吗？教师在进行作业设计时，要始终思考这四个问题，明确作业的设计意图。作业练习的目的是发挥其反馈和诊断作用，评价学生的学习表现和教师的教学效果。

活动的最后，司学娟校长对此次研修活动进行了总结："作业设计要与学科教学研究、学情研究、核心素养的培养结合起来，才能做到纲举目张。教师要用学术思维引领教学思维，在作业设计中进行深度思考和深度研究，用作业来引导学习进程，用作业来设计学习支架，用作业来承载学生思维发展。"

---

* 本文由熊丹撰写。

开心置换,带"我"回家*

"走过路过不要错过。""瞧一瞧,看一看。""心动不如行动。"瞧,体育馆里在举行什么活动呢?原来是北京十二中附属实验小学一年级的小豆包们在进行"开心置换,带'我'回家"的闲置物品交换活动!

小学一年级是行为习惯培养的重要时期,良好的行为习惯会让学生受益终身。为了能让学生从实践活动中感受到行为习惯的重要性,本着"体验、交流、合作、分享,争做文明小达人"的理念,一年级组学生和教师于2022年4月27日在体育馆开展跳蚤市场,学生们把家中的闲置文具、书本和玩具带到跳蚤市场与同学交换。

图 5-18　跳蚤市场

小组成员们在老师的帮助下,支起了自己的"摊位"。在活动举行前,他们还给自己的店铺制作了精美的海报。每个店铺的名称,每张海报的制作,都是学生们集思广益的成果,充满着童趣,让人忍不住想加入他们的活动,大饱眼福。

为了宣传店铺的物品,孩子们还制作了很多标语呢!瞧她们卖力吆喝的

---

* 本文由陈子娇撰写。

样子，还真有点像招揽生意的"老板"呢！"小顾客"们也没闲着，他们在叫卖声的吸引下，不停地穿行，一会儿在讨价还价，一会儿给朋友介绍自己买的宝贝，体育馆一下子就热闹起来，小朋友们脸上都洋溢着愉快的笑容。老师们在活动中仿佛回到了童年，也积极地参与到了活动之中。

在整个活动中，学生们井然有序，在和他人物品交换时，都能做到有序，能和同伴友好地沟通，使用文明用语。时间过得真快呀，一转眼，各个摊位的物品都交换得差不多了，这次活动也圆满结束了。

图 5-19 许下美好心愿

在活动中，孩子们都有了自己的收获。"老师，您瞧，我换到了这么多宝贝，我真喜欢它们呀。"一班的徐凡清开心地说。"我还从中收获了好朋友呢，老师您看这是我从一班和三班认识的好朋友。"二班的牛幕歌说。"通过这次活动，我学会了怎么和人交换自己喜欢的物品！"三班的何欣瑶说。"这个活动真有趣，我还想参加！"三班的刘沐葳说。孩子们脸上洋溢着笑容，看来他们对这次活动真是意犹未尽呢，真期待下一次的年级主题活动呀。

活动结束后，同学们还利用手边的评价单对自己和同伴的表现进行了评价。相信通过这次活动，同学们的规则意识加强了，沟通、交流的能力也提高了，同时也能从活动中养成节约资源的良好行为习惯。

第四节　创新评价的六要素

课程评价过程是确定课程与教学计划达到教育目标程度的过程。拉尔夫·泰勒（Ralph W. Tyler）指出，评价的过程，从本质上讲，就是判断课程和教学计划在多大程度上实现了教育目标的过程。美国教育家和心理学家斯克里文（M.Scriven）指出，人们在考虑一把斧头时，可以研究斧头的设计、所选用的材料、重量的比例、把手的形状和合适性。十二中附小借用记叙文的六要素——时间、地点、人物、起因、经过、结果，创新评价方法，为学生全面而有个性的发展谱写下和谐的篇章。

一、善借"时间"东风

"花开堪折直须折，莫待无花空折枝"，错过了时机，只能看其凋零萎谢落在尘埃。教育评价需要把握住最佳时间，早一步，晚一步，都可能产生截然不同的效果。作为教育者，笔者深谙评价的时间效用，遵循相关原则，善借时间"东风"，发挥评价对学生的指正、鼓励和点化作用，从而达到更佳的教育效果。

（一）日日评：暮省

借鉴先贤"吾日三省吾身"的做法，学校每天放学前有 10 分钟暮省时间，主要由值日班长点评一天的优点和不足。及时点评，既可以提醒、督促学生养成执行、遵守规则的习惯，又让学生分享了执行规则带来的成果，及时发现了自己的不足，从而加强了规则的执行力度。

（二）周周评：微班会

每周五放学前，利用 15 分钟微班会时间，对照学校自编的《我是小小爬山虎——北京十二中附属实验小学基于核心素养的评价手册》进行自评、同伴互评、老师评价。

（三）月月评：集会

大队辅导员利用升旗仪式全校集会的时间引领学生回头看，总结一个月的生长点。

（四）期末评：纸笔测试

重视绝对标准，对全体在校学生全面的综合素质和能力进行测评，保证学生基本素质的形成与获得。

（五）特派时间：满足心愿

从儿童的年龄与心理发展规律出发，充分关注"游戏"在儿童成长中的作用，学生有突出表现，学校或班级教师给学生"玩"的特派时间，例如雪天打雪仗。

二、巧用"地点"平台

怀特海强调，智慧不仅要求思想的宽度、深度和精确，而且有一个情感的维度。在他看来，如果智力中缺席对他者的慈悲情怀，那智慧是不可能获得的，文明也是不可取得的。情感被怀特海看作"人的成长和社会发展的核心"。学生教育不是从他们走进校园打开书本开始的，而是从学生内在产生一种愿望和动力时开始。为了让学生在校园里找到存在感和价值感，将特长发展积淀的优秀品质迁移到其他方面，促进全面发展，学校开辟了激励学生向上、向善的多维空间。

（一）个性展示的空间

在楼道给学生创设个性展示的空间：王子炫的"好玩的数学"、张靖雨的"坦克世界"、曲坤元的"文物博览"、闫瀚文的"创客空间"、赵泊然的"观察与分析"、罗皓冉的画展、张彤柯的"眼中的美"。布置楼道的画和校长办公室的画都是学生的作品，学校呈现出"大家不同，大家都好"的生态环境。

（二）点赞台

点赞台是针对低年级学生爱告状的特点开辟的，旨在引导学生以欣赏的眼光看别人。点赞台包括学生点赞和教师点赞。如何教会学生使用点赞台呢？如果用命令的语言告诉学生你得去给同伴点赞，这种方式很是不妥，老师们要先给学生示范："计子杨，你是个有礼貌的孩子，每次见到老师都能主动问好！""田沛伦，这学期你担任了升旗仪式的主持人，老师真为你高兴，加油！"学生们为同伴点赞的便签越来越多。学生从教师和同伴那里得到的是赞许或认可（如被认为是可爱的、聪明的、有发展前途的人）的暗示时，就会有意识地使自己的行为符合标准和期望，借以获得并保持赞许，并形成一种良性循环。

（三）清晨门厅钢琴演奏

学校在门厅摆放了一架钢琴，安排学生在早上上学时间弹奏自己喜欢并擅长的曲目迎接老师和同伴上学，每周轮换一次。弹奏钢琴的同学为自己的才艺而自豪，伴着钢琴声来学校的师生在美妙的乐曲声中开启充满期待的一天。

（四）午间秀场

学生利用中午休息时间在小阶梯教室展示自己的才艺，例如，当英语小讲堂的小讲师，表演舞蹈，讲自己喜欢的绘本故事，展示自己的歌喉。邀请券的制作和发放都是由孩子们自己来完成，他们将邀请券发给自己喜欢的老师和伙伴。展示的同学很光荣，被邀请的同学也很荣光。这是学习的过程，也是学习交往的过程。

三、发挥"人物"主体作用

重视多主体评价，促进评价者（教师、学生同伴、家长等）之间、评价者（教师、学生同伴、家长等）与被评价者（学生）之间的价值协调和评价结果认同，突出评价的发展性功能和激励性功能。

（一）开发《我是小小爬山虎——基于学生核心素养的评价手册》

在评价手册中，将"和雅做人""本真求知""创意做事""康馨生活""责任担当"细分为"待人礼貌""物品归位""清理垃圾""听从教导""每天阅读"等19个二级指标。评价主体多元化，评价过程多样化，自己、老师、同学、家长都是评价者，在教师评价、同学互评、家长评价中认识自身不足，发现和借鉴他人的长处和思维优势，从而实现以评价引领学生核心素养发展的目的。

（二）填写《学生综合素质报告册》

每学期期末，各班班主任根据学生自评、学生互评、家长评价和科任教师评价，如实填写《学生综合素质报告册》，对学生一学期的主要表现、检测成绩进行综合评价。其中，教师评语的填写要求教师认真地"倾听"学生，并将那些生成性的动人瞬间用文字等方式记录下来，增强学生评价的整体性、复杂性和发展性，从而提高学生评价的问题聚焦度和反思深度。

（三）和雅大使

学生违反规则，往往不是有意与规则作对，而是因为管不住自己而出现冒失行为，教师对其进行说教或惩罚，学生却不会有多少深刻认识，出现"屡教不改"的现象。解决此类问题，必须在说教和奖惩之间加上过程督促和提醒。和雅大使既是行为规范的监督者，也是和雅行为的示范者和提醒者，引导其他同学从"他律"慢慢过渡到"自律"的状态。

（四）编制分层试卷

尝试研制分层试卷（分为 A、B 卷），A 卷基于课标研制，B 卷则有一定程度的提升，留给学生选择的空间，让大部分学生达到基本要求，也让部分学优生有发挥的空间。

（五）古诗文小考官

设计阶梯状的古诗文诵读内容：一年级是古诗+《弟子规》、二年级是古诗+《三字经》、三年级是古诗+《笠翁对韵》、四年级是古诗+《幼学琼林》、五年级是古诗+《增广贤文》。每月开展一次古诗文通关活动，小考官由学生竞争上岗。

（六）"我从书中走来"故事评委

在阅读节开展讲故事比赛，评委由学生和老师共同担任。

（七）我最喜欢的环保作品投票

从 2017 年 9 月，学校启动了"帮垃圾找家，让垃圾有用"活动，鼓励变废为宝。孩子们以投黄豆的方式评选自己喜欢的环保作品。

（八）自画像和给老师画像

美术老师指导学生画自画像，张贴在楼道里，成为一道亮丽的风景，让孩子们找到存在感，感受到每个人是如此不同，每个人都是重要的。教师节前后，老师又指导孩子们给老师画像，表达对老师的祝福。学校将老师们最满意的画像制作成 PPT，在学校大门的 LED 屏幕上滚动播放，教师上班、学生上学时看着这些画像都"欢欢喜喜"。

四、审视"起因"不忘初心

评价是否契合"求真、崇善、唯美"和"八气修身"教育理念？是否契合"和雅做人、本真求知、创意做事、康馨生活、责任担当"五大核心素养？是否契合"大写"的人育人目标？是否将学生放在学校正中央？是否契合发展性评价理念？是否实现了评价本身的价值？是否还有改进的空间？审视与坚守教育评价初心，才能以高质量的开放评价推进学校教育教学质量螺旋式上升。

（一）学生座谈会

鞋舒服不舒服，只有穿鞋的人最清楚。学校教育就像鞋，学生就是穿鞋的人。学校教育是否适合学生，学生的感受最深最真。倾听本身就是一种学习参与。倾听他者的声音，是学习的出发点。佐藤学说，"现在一些学校里老师的声音还是很响，但好老师都是很安静的老师。没有一个地方像学校那般需要对话。校长、教师如果在那儿一本正经地独白，下面是没人听的。我们要把独白转成对话。但对话不意味着七嘴八舌、说来说去，而是相互倾听。"为了倾听学生的声音，学校围绕"最喜欢学校什么地方？""最喜欢哪门适性课程？""最喜欢哪个学科？""做了微社团社长感觉自己是否有什么变化？""在学校有好朋友吗？""在学校是否有受委屈的时候？""是否有过不想上学的念头？""老师布置的作业多长时间完成？""上了哪些课外班？"等问题进行学生座谈，把评价权、话语权还给学生。会场上学生畅所欲言，气氛热烈，"我有不同看法""我来补充""我们班的情况是这样"等，孩子们有礼有节地阐述客观现象，表达自己的情感、态度和价值观。"最喜欢科动体育""希望学校多建一些科动体育设施""课间老师不让离开教学楼，想到操场玩科动体育玩不了""微社团时间不够用""希望微社团一期不是五次，而是很长""史老师懂我们,总帮助我们""朱老师教的我都能学会,朱老师在别的班夸我"……都是孩子们最本真的表达。

(二)争做"真善美"少年

"真真""善善""美美"是学校根据"真善美"的办学理念设计出的三个卡通人物,"真真"代表智慧,"善善"代表美德,"美美"代表才艺。把三个卡通人物制作成印章,并设计专门积攒印章的《真善美少年评价手册》进行争章活动,一个学期中几次学业测试成绩优异的、各类闯关活动通关的,可取得相应的真真印章;乐于为班级服务、传播美德的可取得善善印章;有才艺的可取得美美印章,期末各班会进行争章的统计,五个同样的印章可以换相对应的奖状,有"真真"智多星、"善善"美德星、"美美"活力星的奖状,集齐三种奖状则可换取含金量最高的"真善美"少年奖状。孩子们听到了评选条件,平时都暗暗努力着,把自己的争章手册像宝贝一样时常拿在手里。同时,也为没有取得任何奖状的孩子制作了"潜力"少年的奖状。"真真""善善""美美"可爱又美好,校园内处处是他们的身影,楼内的墙壁、卫生间的门帘、小小的印章,三个可爱的卡通形象时刻提醒着孩子们要争做真善美"大写"的人。

五、重视"经过",着眼未来

发展性评价强调在学生发展过程中对学生发展的全过程不断关注,而不只是在学生发展过程的终结对学生发展的结果进行评价。它既重视学生的现在,也要考虑学生的过去,更着眼于学生的未来。因此,发展性评价重视形成性评价的作用,强调关注学生发展的过程和细节以引导学生成长为"大写"的人。

(一)"八气"故事和校园中的真善美

每周的升旗仪式,学校将"分享'八气'故事"作为固定板块,学生从分享书本上的"八气"故事到分享身边的"八气"故事；每周值周总结，总结的第一项就是"校园里的真善美"。"分享'八气'故事"和"校园中的真善美"旨在弘扬正气，凝聚正能量。

（二）和雅班级评价

"和雅"评比是各班一周情况的评定，包括"礼仪、卫生、体育锻炼、垃圾分类、课间、眼操"几个评比项目，由各班推荐的"和雅大使"每天检查评定，每周五笔者会带领"和雅大使"相约在大队部进行一周的工作总结，各班各项目一周内扣 1~4 分的可取得笑脸，扣 4~8 分的则取得平脸，扣 8 分以上的取得哭脸，科任教师可以给各班点赞，一个赞可以抵消扣除的一分，然后把各班的情况反馈到校园的"笑脸"墙上，取得全部笑脸的班级则可以在班级门口的"和雅班级"的笔画中填涂两笔，一个学期下来最先添加完"和雅班级"笔画的获得"和雅示范班"的称号，填完"和雅班级"笔画的获得"和雅班级"的称号，没填完的则没有称号。把普通的班级评比建构成一条评比链，培养学生和雅、文雅的举止行为，富有童趣的反馈形式深受学生的喜爱。每周一学生进校门时第一时间就会到"笑脸"墙前看本班上周的评比情况，如果看到本班取得的都是笑脸贴，他们可兴奋了，蹦蹦跳跳的就进了教学楼；有的学生看到自己班得了平脸贴或哭脸贴，可失望了，回班后还会主动告诉班主任老师咱们班哪项扣分了。"和雅大使"既是监督者也是传播者，笔者时常对他们说："你们是大家的榜样，是和雅行为的传播者，一定要以身作则。"有些平时顽皮的学生，成为"和雅大使"后都像变了一个人，变得懂事了，学会了严于律己。

（三）主题教育活动评价

主题教育活动的评价贯穿于整个活动的始终，评价是动态的、发展的。关注学生知识的激活与应用、能力的施展与提升、兴趣的激发与培育，是更为鲜活的有效评价方式。例如"善善义卖"主题活动的评价，就是从不同维度进行过程性评价与结果性评价。

（四）合作小组捆绑式评价

在分享式学习和主题综合实践活动中，充分发挥小组内成员之间的约束和激励作用，根据整个小组的表现情况来进行综合评价。例如对于表现较好的合作小组及时加一颗星。另外，积极发言、表现突出的学生，教师可以给个人加星还可以给小组加星，这样容易激发其他学生的进取心，提高学生的参与热情，培养学生的集体荣誉感。

（五）运用描述性评价语言

引导教师尽量少用"你真棒""不错"这样的评价语，多用指向过程、方向和感受的描述性语言评价学生，例如："批改你的作业老师感到幸福、快乐。""成千上万的人看到苹果落地都不以为然，而只有牛顿去问了为什么。你就是一个小牛顿！""自理从将东西归位做起。"不提倡教师夸学生"真聪明""真漂亮"，而是夸学生的努力和进步。

六、发挥"结果"增值效应

得出评价结果不是评价的目的，有效使用评价结果才是评价的真正目的。

（一）教学前测

教师使用问卷调查法、个别谈话法、预习分析法、活动观察法、课前交流法等方法进行教学前测，将教师的感性认识上升到理性的层面，把"为学而设计"落到实处，起到诊断性评价的目的。

（二）可视化思维工具

在怀特海看来，使人拥有活跃的思维是"教育的全部目的"。我们开发了预习单、合作学习单、研学单、思维导图等思维工具，展现知识的形成过程，充分暴露学生的思维过程，珍视学生的旁逸斜出，将错误当作学生的学习资源，运用形成性评价调整教学，使真实的学习和有深度学习活动发生。

（三）星光大道

学校在一层楼道开辟了"星光大道"，星光大道的入选标准没有明文规定，也不经任何组织评比，学生自主申报，只要做得好，并且有足够的证明，都有机会入选，而且自主命名。星光大道涌现出了阅读之星、钢琴之星、劳动之星、孝心之星、智能之星、互助之星等，可谓星光灿烂！星光大道使学校有着讲不完的进步故事、学不完的身边榜样。

春风师语：在实践中锤炼语言 *

"春风师语"，顾名思义，是指教师用语言去启智、用语言去激励、用语言去引悟、用语言去赞美、用语言去督促，使自己的语言成为情暖学生、萌发学生思维的春风。"春风师语"表现方式没有固定的范本和僵化的格式，以下是教师在实践中积累的语言智慧。

一、及时评价，提升信心

教师让学生推荐一位朗读水平好的同学来范读课文。一位学生大声地说："陈家豪。"老师笑着问他："为什么推荐陈家豪呢？"孩子回答："因为他读得好！"老师说："你为什么不推荐自己呢？"他说："我读得不好。"所有的学生和听课老师都笑了。老师说："你认为自己读得不好，是你太谦虚了吧？读得不好更需要锻炼是不是？陈家豪读得好，就让他做老师，来评价一下你读得是好还是不好，你看行吗？"那位同学很爽快地站了起来，结果读得很好，陈家豪和所有同学都给了他热烈的掌声。教师捕捉到了难得的教学资源，并

---

* 本文发表于《北京教育（普教）》2012年第1期。

及时做出评价,他的一句"你太谦虚了吧",大大提升了学生的自信,当然他也没有忽略另一个"读得好的",老师让那孩子做评委,也提升了对方的自信,真是各得其所。

二、德育渗透,文道结合

一位教师在教完"盯"的读音和结构后,让学生给"盯"换偏旁组词,一个学生说:"换成提手旁便是'打','打人'的'打'。"教师问:"是吗?是'打人'的'打'吗?"学生齐声回答:"是的。"教师说:"不够准确。我们应该说'不打人'的'打'。我们都是少先队员,怎么能打人呢?大家说对不对?"如果这位教师在学生回答了"打人"的"打"之后,说上一句"不错,请坐",本来也无可厚非,可他进行了一个细节处理,又加上了一个"不"字,既完成了对学生的字词教学,又对学生进行了思想品德教育,这无疑是对"文道结合"的教学语言的细节处理。

三、借题发挥,别有意味

一位语文教师在教《游园不值》这首诗时,忽然一位迟到的学生"砰"的一声推门而入,径直入座。这位教师就诗取材,"小叩柴扉久不开"是诗人去拜访朋友时的情景,为什么"小叩"而不"猛叩"呢?学生们议论了一番,答案是诗人知书达理、有教养、有礼貌。然后教师走到那位迟到的学生身边弯腰轻声问他:"你说大家说得对吗?你赞成小叩还是猛叩?"这位学生脸红了,其他学生也会意地笑了起来。在教学中,教师善于捕捉契机,善于在一般人熟视无睹的现象中挖掘事物间的联系,借助话题生发出去,以此起到传授知识、教育学生的目的。

四、避开锋芒,软言妙说

"好好做预备活动",体育教师几经警告无效,便在学生肩膀上轻轻拍了一下。于是,这个男生怒气冲冲地找到班主任老师:"你是班主任,得给我做主,叫体育老师给我道歉,他这是体罚学生。"了解情况后,班主任说:"是要道歉,而且还要好好道歉!"她语出惊人,男同学始料不及,睁大眼睛疑惑地望着她。班主任又说:"老师的错误是在众目睽睽之下犯的,所以他更应当着全体学生的面道歉，让大家都说说他。你看行吗？"男生此时一脸错愕，慌张地说："行，行……""道歉时，我想还要把你父母请来，这样，老师对自己犯下的错误认识才更为深刻，也让他心服口服。我想这样处理对你够公平了吧？""啊……"男生惊叫一声说，"算了，算了，老师拍得也不重，再说也是我先违反了纪律。"这个学生落荒而逃，望着男生的背影，班主任笑了，其他老师也笑了。这位老师面对告状申冤的叛逆学生先认同服软，避开锋芒，然后把他引入自己设下的"圈套"中，欲擒故纵，既达到说服教育目的，又给了学生面子和尊重。

回望"春风师语"活动，使课题研究走入了每个普通教师的案头与心头，引导教师更好地了解学生需求、回应学生需求、满足学生需求。通过活动，教师少了一点语言如雷贯耳、面目可憎，多了一点优美动听、和颜悦色；少了一点平淡无奇、平铺直叙，多了一点荡气回肠、幽默风趣；少一点语言慌张、啰唆烦琐，多了一点娓娓道来、价值引领……"春风师语"彰显的意义将激励我们"再出发"。

研无止境　以评促教*

随着德育一体化课题的开展，附小数学组扎扎实实地进行着课题研究。2021年6月16日，数学组围绕德育一体化课程评价量表的开发，开展了一场精彩的数学教研活动。此次活动，特邀数学教研员王金明老师对数学组教学工作进行指导。

教研活动由熊丹老师的《负数比较大小》一课拉开帷幕。熊老师将本节课和附小的气象中队完美融合，学生不仅丰富了对气象的了解，提高了社会参与度，还在实际情境中了解了负数的意义。为了解学生在课堂上的学习情况，发现教学中需要改进的问题，熊老师设计了学生自评表。

---

* 本文由熊丹撰写。

填写提示：根据自己本节课的学习情况填涂星星。

一级指标	二级指标		三级指标	星级
责任相当 实践创新	责任	1. 明确学习目标 2. 在数学活动中，高质量完成学习任务	①感受负数在生活中的广泛应用，寻找负数在生活中的应用	☆☆☆
			②能够解决活动中的实际问题，如根据温度排序，设计旅游路线	☆☆☆
	认同	1. 在与同伴合作学习的过程中，互帮互助，相互信任 2. 乐于接纳他人的意见或者建议	①能倾听同伴的想法，学习同伴的优点	☆☆☆
			②接纳他人的方法，并学习多种方法解决问题	☆☆☆
	开放	1. 主动发现或者提出数学问题，并勇于尝试、解决 2. 灵活地运用数学知识、技能、工具及方法有效地解决问题	①能提出自己想研究的问题，并想办法解决	☆☆☆
			②通过课堂中负数的应用，联想到生活中负数的应用价值	☆☆☆
	调适	1. 在各种学习环境和氛围中，保持良好的学习心态 2. 勇于面对自己的错误及不足并及时改正或者弥补	①接纳同伴对自己提出的意见并改正	☆☆☆
			②自己出现错误时，能积极应对并弥补，调整自己的情绪	☆☆☆
	应用	1. 能够清晰说明是如何解决问题的 2. 将学习成果运用到生活中	①能独立且清楚表达自己的思考过程	☆☆☆
			②利用所学知识完成课后作业，并解决生活中有关负数大小比较的问题	☆☆☆

第二节展示课《神奇的数线》由陈玉娇老师执教。陈老师提取了"温度计""电梯""海拔"情境中的数线，让学生学会在数线上找到与正数相对的负数，突出正数、负数可以表示相反意义的量。为了解学生在课堂上的学习情况，发现教学中需要改进的问题，陈老师分别设计了学生自评表。

《神奇的数线》学生自评表

年级：　　　　班级：　　　　姓名：

填写提示：在你认为本节课达到的标准后面画√。

一级指标	二级指标	三级指标	评价
实践创新	责任	1.明确学习目标 2.在数学活动中，高质量完成学习任务	A.会用数线上的点表示正负数；会在数线上表示行走的方向和距离；能正确记录跳绳成绩	
			B.掌握了以上两种	
			C.掌握了以上一种或0种	
	认同	1.在与同伴合作学习的过程中，互帮互助，相互信任 2.乐于接纳他人的意见或者建议	A.能倾听并接纳同伴的想法或建议，学习多种方法解决问题	
			B.能倾听并接纳同伴的想法或建议，学习了一种方法解决问题	
			C.不能倾听同伴的想法，未解决问题	
	开放	1.能够多角度看待问题，用不同的方法解决问题 2.灵活地运用数学知识、技能、工具及方法有效地解决问题	创作数线表示方向和距离时： A.能够想到如果向东为正，则向西为负；也能够想到如果向西为正，则向东为负，并能在数线上正确标注酒店和超市的位置	
			B.能够想到以上一种情况，并能在数线上正确标注酒店和超市的位置	
			C.能够想到以上一种情况，没能在数线上正确标注酒店和超市的位置	
	调适	1.能够对学习内容产生兴趣 2.能够勇于面对困难、自己的错误及不足，并及时改正或者弥补	A.学习兴趣提高，主动思考；勇于面对困难，能及时改正错误及不足	
			B.学习兴趣较高，积极思考；勇于面对困难，未及时改正错误及不足	
			C.学习兴趣不高，被动思考；害怕面对困难，未改正错误及不足	
	应用	1.能够清晰说明是如何解决问题的 2.将学习成果运用到生活中	A.能独立且清楚表达自己的思考过程	
			B.在同伴或老师的讲解下能清楚表达想法	
			C.在同伴或老师的讲解下不能清楚表达想法	

两节展示课后，赵新月老师就《生活中的负数》这一单元进行了单元设计说课。赵老师从教材对比分析入手，深入讲解了单元目标，重难点以及两节展示课的教学设计特色，全面展示了数学教研组前期对本单元的研究和思考。王金明老师对两节展示课以及单元备课说课进行了点评，并对三位年轻教师提出了宝贵的建议。老师们深受启发的同时也找到了努力的方向。随后，王老师对数学教研组单元备课工作进行了细致的指导，为数学组的教研工作指明方向。

学生多维度的自我评价可以帮助老师全面、客观地了解学生的学习情况从而改进教学，保证数学课堂教学质量的进一步提高。因此，数学组对德育一体化课题的研究将持续开展，在数学课堂中进行德育渗透，促进学生全面发展。

第六章

课程领导力与"大写"的人

新课改,新机遇,新挑战。处在新课标、新教材、新课程全面推进的关键期,作为学校的管理者、教学的研究者、新课程改革的引领者,笔者深刻认识到学校课程体系如果没有课程领导力、校本教研、信息技术、家校社合力等资源做后盾,就如同无源之水、无本之木,再美好的设计蓝图也难以落地。因此,如何引领教师深入把握新课改的内在本质要求以主动迎接挑战,如何调动一切教育资源以对师资队伍、课程资源以及课堂教学做出战略性安排,如何引领教师加快育人方式转变以培养造就"大写"的人,是笔者始终思考的核心命题。

第一节　课程领导力提升

苏霍姆林斯基曾指出:"我们所从事的教育事业就有这个特点,要领导它,首先必须是本身不断地丰富和更新,使自己的头脑今天一定要比昨天更充实。"作为一校之长,笔者从战略的、全局的高度思考学校的发展方向,立足于时代对人才需求的变化趋势确立课程资源建设的理念和举措,以课程领导力引领学校育人方式改革。

一、健全课程管理机构

发挥全校师生的创造性,研制《北京十二中附小课程建设管理工作方案》,建立健全管理机构,完善课程管理制度,有效保证共同基础课程、个性拓展课程、创新发展课程的开发和实施。

学校成立课程建设工作领导小组,为有效推进学校课程资源建设提供组织保障。领导小组组长:司学娟(执行校长);领导小组成员:赵亚萍(课程与教学研究中心)、梁佳煜(学生成长研究中心);课程开发成员:各个学科备课组长和年级组长。

学校内设学校发展研究中心、课程与教学研究中心、学生成长研究中心、资源服务中心,分别承担相应的课程建设、学生发展管理职能,使课程管理战略化、部门化、权责化,保障课程实施有明确的取向、合理的目标、明确的主体、科学的决策、良好的监控,促进专业精进;以"研究中心"冠名,旨在引导干部教师以研究的态度对待工作。各职能部门各司其职、团结合作,不断提升管理效能，确保各项工作任务圆满完成。如图6-1所示。

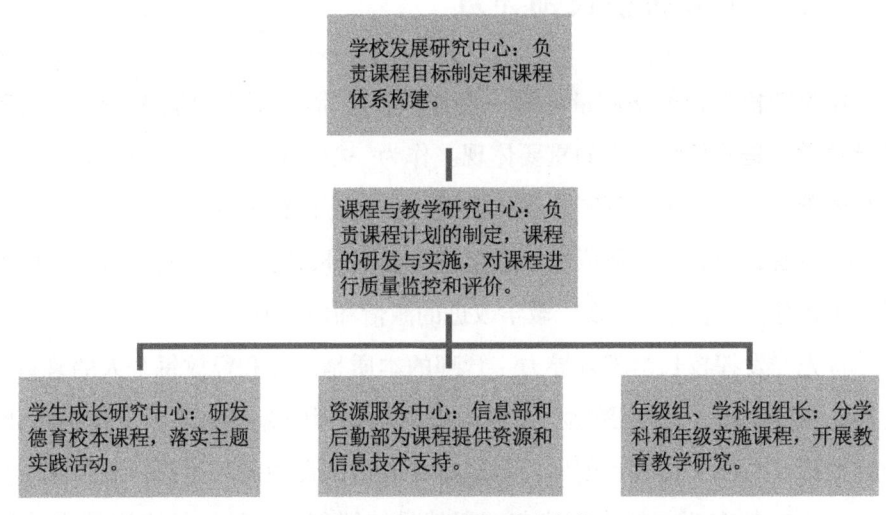

图6-1 学校课程管理组织机构

学校发展研究中心：统筹学校全面工作，制定学校发展规划、学期计划和周计划，整体规划学校课程体系，制定教师专业发展方案，整体设计和更新校园文化。下设学校办公室，负责党务、财务、宣传、招生、人事、接待等工作。完成校领导交办的其他工作。

课程与教学研究中心：落实学校课程计划，实施适性课程；负责学科组、备课组建设，组织协调教师继续教育及培训；进行教学质量监控；审核教学工作量；负责学生学籍和北京市中小学学籍管理云平台登录；负责图书馆工作和档案管理工作，负责语言文字规范化建设和阅读推广。

学生成长研究中心：负责大队部、开心聊吧、科体艺绽放社团、工会工作，负责班主任队伍建设和年级组建设，对学生进行核心价值观教育和行为习惯教育，对问题学生进行行为干预；负责大小课间活动和卫生工作。

资源服务中心：负责学校的后勤保障和服务工作，制订后勤管理规章制度，负责学校物品申领及校产保管、维护工作；负责校园绿化、安全保卫、爱国卫生、食堂工作；完成校领导交办的其他工作。

二、充分发挥校长领导力

作为学校教育教学质量的第一责任人，经常深入课堂听课、参与教研、指导教学，是校长领导力的重要体现。作为一校之长，发挥校长领导力的关键是要善于学习、勇于创新、积极实践，做教育规律的探索者、育人方式改革的引领者，为教师专业成长创造鼓励创新的外部环境，从而使每位教师都保持对教育教学、课程开发、教学改进的激情和创造力。

首先，发挥校长治理领导力。管理的本质是激发和释放每个人的善意与潜能；"唯其风清，方能致远"，以德服人是管理的金科玉律；工作标杆化，做到立标、对标、达标、创标，形成持续改进的良性循环过程；成长基于变化，但也有的东西却始终不能变，那就是持续创新、精细管理和精进精神；学术是一种心态，是一种能力，是一种风气，是一种境界，以学术思维引领工作思维，将管理当作一门学问来研究，让学校弥漫学术的气息；把握"结构、特色、创新"三个关键词，做好规划、计划、策划工作，做到仰视有高度，环视有创新，俯视有实效，把每一次规划、计划、策划都看作学校发展的进阶和里程碑；培育内心的哨兵，坚定地与自我感觉良好告别，用"创新"的思维去解决面临的问题，不断追求卓越。

其次，发挥校长教学领导力。不断更新教育观念，树立现代课程观、人才观、价值观，树立现代教学观和学生核心素养发展观；以科研为先导，理论与实践相结合，为学校课程建设提供方向引领和学术保障；以创新人才培养为目标，深入推动分享式课堂建设；引领教师开展分享式教学，鼓励教师体现专业风格的创造性劳动；提高教育评价意识和实践技能，提升教育评价能力，引导学校形成自我约束、自我完善、自我发展的内在机制，基于内外部评价结果，有效改进学校教育教学，引导师生行为转变，持续提高教育教学质量。

最后，发挥校长文化领导力。引领学校文化在传承与创新中得到进一步凝练和发展，促进学校文化软硬环境的内在统一，形成学校成员共同的信念、价值观、身份认同、行为倾向和规则体系，构筑旨在保护创新的文化内涵和文化环境，学校文化无处不在、潜移默化地释放出巨大的教育力量，实现了文化育人的教育境界，让"办一所友善、优质、可持续发展的学校"的愿景文化落地，促进师生幸福成长。

三、资深教育专家引领课程方向

为确保课程建设符合新课程改革方向，学校长期聘请国内教育领域著名学者、社会各界专家，对学校办学方向、战略规划、课程建设、评价改革等重大决策提供站位高、可操作性强、可持续的咨询建议，对学校的课程设置与开发以及在实践过程中的具体问题给予指导与评价；积极举办课程建设专题讲座、观摩课、座谈会等活动，引领方向，凝聚共识，加快推进学校课程建设；鼓励学校教师积极参加全国、北京市、丰台区各类课程建设研讨会，及时了解课程发展的前沿动态和研究成果，积极开展对外学习、交流与合作，为学校课程建设、教师专业发展探索和积累有益经验。

四、教师成为课程的开发者和实践者

教师是最重要的课程资源。学校遵循"一个教师就是一门课程"的理念，充分发掘教师创新潜能，鼓励教师人人争做课程建设的开发者和实践者，对自己所执教的本学科教材进行深度开发与广度延伸；深入挖掘、延伸共同基础课程、个性拓展课程和创新发展课程，重点建设机器人、航海模型、车辆模型、街舞、黄梅戏、小好奇学气象、衍纸、合唱、泥塑、书法、南瓜等具有学校特色的课程，实现了课程形式多、实践广、教育主题多样化的特征；学校以汇报课为任务驱动，结合联合教研活动，深入开展分享式教学研究与实践，教师在进行课程资源开发的同时专业素养得到锻炼和提升，个性化成

长路径得到有效拓展。

五、以课题研究推进课堂教学改革

聚焦课堂，深入开展"以分享式教学促进学生核心素养提升"课题研究与实践，深入研究如何使学生敢于发言、学会表达、学会倾听、学会对话、学会质疑、学会合作，并且将指导"学会倾听"作为一项"教"与"学"的重要策略，促进教师和学生相互尊重、相互学习，在倾听中"传递友爱和尊重"，收获"智慧与友谊"，倾听他人，完善自己。倾听的习惯、表达的能力、合作的意识、思维的品质不是一蹴而就的，学校正用静悄悄的方式推进核心素养本位的课堂教学改革，以思维工具撬动分享式学习，促进以自主学习和深度学习为标志的学习方式变革，使知识实现由个人维度向社会维度的转变。

六、建设自主学习的课堂文化

课堂是学生学习的地方，是学生的舞台，并非教师展示自我的地方。减少讲和听，增加说与做。学生已经会的不讲，学生自己能够学会的不讲，讲了学生也不会的不讲；从来不提问的学生不一定是没有问题的学生；让每一个问题在学生自己的手里得到解决；不占用学生自主学习和休息的时间是对学生的基本尊重；让学生了解教师的教学计划，将教师的教学计划转变为学生的学习计划，让知识树在学生心里扎根；倡导启发式教学，在教学设计特别是问题设计方面狠下功夫，设计并呈现问题的艺术比解答问题的艺术更为重要；一切学习来自经验。实践、沉浸、对话、互动、参与、体验是课程最活跃、最富灵性的身影，也是课程实施的最重要方法。重视孩子们直接经验的获得，开展系列实践活动，扩充和丰富孩子们的经验和见识，让学生在真实的情境中主动学习和深度学习得以发生，使学生在多样化的真实情境中提升综合素养，习得"大写"的人的必备品格和关键能力。

让教育因细节而美丽 *

老子说："天下大事必做于细。"没有完美的教育细节，就没有宏伟的教育大厦。那么，教育的细节到底在哪里呢？

一、细节彰显理念

李镇西老师曾说："理念都是在细节中体现的。"作为新建校，学校注重在细节中诠释和传播学校的办学理念。学校办公室均以研究中心冠名，例如学校发展研究中心、课程与教学研究中心、学生成长研究中心、信息技术研究中心等，体现了学校以研究立校的办学思路，期待干部教师以研究的态度对待工作。学校专业教室以"实践室""探究室""实验室""制作坊"取代"教室"，蕴含着新课程"自主、合作、探究"的教育理念。学校的心理咨询室取名"开心聊吧"、菜地取名"开心农庄"，教工之家取名"康馨苑"、广播站取名"康乃馨"广播站，教师办公区楼道文化以"为幸福而教"为主题，寓意为幸福是教育的目的，教育是人获得幸福的手段，学校致力于创建康馨生活场域。

二、细节传递关爱

当教育传达出对学生的善意、信任和希望时，唤醒的是学生的向学之心和向善之意。我的校长办公室门口专门设计制作了心情树、心愿树、感谢树，目的是给孩子们创设一个表情达意的平台，这里已经成为孩子们最喜欢来的地方。一个叫小罗的孩子因为喜欢打人，同学都躲着他。他很孤独，渴望有朋友，特别渴望与小韩成为朋友，而小韩总是拒绝与他在一起。我一方面鼓励小罗在心愿树上传递自己的善意，写上"我希望与小韩成为好朋友"，另一方面我也在心愿树上表达我的心愿"希望小罗和小韩成为好朋友"，并找到小罗和小韩，希望小罗能控制自己的情绪，希望小韩能帮助我实现心愿。如今他们常常在一起玩。

---

* 本文发表于《湖北教育（综合资讯）》2017年第1期。

学校常在中午举办"午间秀场"活动，目的是为学生搭建展示自我的平台。我多次参加小秀场活动，每次有故事类节目、有歌舞类节目，每次活动结束学生投票选自己最喜欢的节目，歌舞类比故事类都占优势。我发现讲故事的同学往往是高兴而来，黯然而去。我明白组织老师的用心，如果只有故事就显得沉闷、单调，难以形成高潮。"大家不同，大家都好"是我们的评价理念，为什么我们不能分类制定评价标准，使公平体现在教育的起点、过程和结果之中呢？以后的"午间秀场"活动我们改为分类评价，并设立"勇气奖""志气奖"，鼓励能力弱的学生大胆表现自己。

三、细节指导方法

学校每一个楼层和教室既是展示的世界，又是方法的世界。例如一层围绕"和雅做人"，设计了礼貌帆、沟通帆、尊重帆、和平帆、友爱帆等，这些主题皆以描述性的、指向行为的语言给予学生具体指导。如"尊重帆"的内容有：记住并念出一个人的名字；尊重别人的决定，可以提建议，不能强迫；尊重别人的身体，不随便去摸、拍或推；不干扰别人的工作和生活等。围绕分享式教学研究，提炼出"小组展示""全班交流""课堂评价""寻找帮助""课堂小结"等常用小组合作语言，为学生学习提供支架。在教室黑板的旁边贴了"音量表"，当需要提醒学生安静时，教师打一个0的手势；当小组讨论音量大时，教师提醒：现在开始启动二级音量。"音量表"有效帮助了教师用信号组织教学。

四、细节饱含理解

学校将学生在学校生活的感受放在首位。进入学校大门，映入眼帘的"我们一起，欢欢喜喜"玻璃墙，体现了学校的价值追求。为了满足不同学生的学习需求，将40分钟一节课改为35分钟一节课，多出的时间进行集体分层教学，每周三并开语词积累、阅读理解和看图写话三个班，每周四并开基本数理、益智游戏和英语口语三个班，指导家长与孩子一起根据自己的学习基础和兴趣自主选择课程；为了满足一些学生成长需求，学校要求行政人员和科任教师每人与一到两位有需求的学生做"影子成长伙伴"。之所以称为"影子",是因为我们想让教育有目的而又自然地发生,不让学生感觉到老师是因为有任务而关注他。在"和雅班级"评价中,在说教或惩罚之间加上督促和提醒环节。例如,视导教师会根据学生行为问题送上"和雅小贴士,温馨提示你"纸条,帮助学生从"他律"慢慢过渡到"自律"的状态。

教育因为细节而美丽。让我们永远保持一颗敏感、细腻、体贴的心,从细节入手,以真善美的方式追求真善美的目的,相信美妙的教育就会发生。

第二节　校本教研提能力

教师是学生成长成才的引路人，永远保持一种规定的教学模式的教师不会成为创造型教师。十二中附小把教师素质提升作为学校工作的重中之重，作为学生发展、学校发展的先导性基础性战略举措，以菜单式培训为每位教师量身定制发展规划，以阶梯式师徒结对活动为桥梁，以基于问题解决的课题研究为驱动，以常态化分享展示活动为平台，以"学术积分"为评价方式，形成"事事可研究，事事要研究"的学术思维，采取"邀请课""领导和主管约课""研究课""展示课"相结合的听评课方式，引领教师追求专业精进，享受专业的滋养和教育的美好。

一、加快推动新时代教研转型

面对不断变化的世界，学生需要的不只是大量的知识和信息，更需要提高学科思维水平和解决复杂问题的能力。新课程标准的修订及实施，教学理念由"以知识点为核心"转变为"以核心素养为导向"，教学由注重学科逻辑转变为更多关注生活逻辑，要求一线教师在课堂教学中聚焦和发展学生适应未来社会生活需要的必备品格和关键能力。因此，准确把握学科核心素养导向的教学本质，创新教学组织形式，转变教学方式，是新课程改革对学校教育教学提出的新要求。

学校营造民主、自由、科学的研究氛围，构建对话、合作、反思、共享的研修文化，鼓励教师开展教育教学改革和实验，以开创性研究应对新课改对教师专业素养提出的新挑战；成立教师研修工作指导小组，统筹协调负责教师专业成长的校本研修工作，充分保障教师研修时间；加大专项经费支持力度，支持教师积极申报区级、市级教育规划课题，引导和鼓励教师立足学校、立足学生、立足课堂，积极开展问题导向的教学研究和课题研究，以课题研究驱动教师专业发展，促使教师向教学研究型教师转变；健全激励机制，激发教师学习动力，提升课程研究能力，促进教师的梯队成长，实现自我价值，提升教师对自己工作和学校工作的满意度，促进每一位教师个性化发展。

探索构建问题导向的教研、基于证据的教研、跨学科教研、跨区域教研、线上线下混合教研等多种新型综合性教研模式。探索集教研与培训于一体的校本研修模式，着眼于学校发展中的现实问题，通过集体备课、公开课、教研活动、学习培训、课题研究、撰写论文等专业活动方式，获得学校教育教学改革的解决方案；邀请高水平专家对课程建设、教学、教研及成果转化进行深层指导，发挥专家指导的导向性作用和名师引领的实践性价值。

积极引导教师转变教学观念，创新教学方式，创建和落实体现新课程理念的教学模式，形成具有自身特色的教学风格。课堂教学真正实现"以学生为本"，才会更加有效，才能焕发出生命的活力。注重培养学生的学习习惯，注重培养学生的学科思想方法，注重发展学生良好的积极的情感体验，是有效培养学生核心素养的积极探索；优化课堂教学结构，转变教学方式和学生学习的方式，转变教师的角色，落实"听课、评课、磨课、反思"四位一体教研教学活动，在学习中研究，在研究中反思，在反思中创新，探究出解决问题的策略和方法，在创新中提升教学水平。

跨学科教研成为校本教研的重要方向。哈佛大学教育研究生院资深专家戴维·珀金斯（David Perkins）在讨论具有生活价值的知识时提出了"六大超越"，即超越基础技能，形成21世纪必备的综合能力与品质；超越传统学科，开辟新兴的、综合的与有差异的学科；超越彼此割裂的各学科，形成跨学科的主题和问题；超越区域性观念，融合全球化的理念、问题与学习；超越对学术内容的掌握，学习思考与课程内容有关的现实世界；超越既定内容，提供多元学习选择。① 珀金斯教授的观点强调了打破传统意义上学科界限的重要性。在教研实践中，学校组建跨学科教研共同体，推进不同学科的融合，通过多学科资源的介入，在学科彼此交互影响和问题探究过程中提升课程育人能力，引领一线教师围绕对学生具有生活价值的学习组织教学，引领学校着眼学生未来的生活调整学校课程体系，重建学科知识、跨学科知识与个体发展之间的关系，切实推进五育融合、五育互育。

二、强化师德师风建设

学高为师，身正为范。汉代学者扬雄说："师者，人之模范也，无德者无以为师。"教师首先要"大写"，才能在培养造就"大写"的人过程中发挥出对学生耳濡目染、潜移默化的影响作用。2014年9月9日，习近平总书记在北京师范大学强调，全国广大教师要做"有理想信念、有道德情操、有扎实知识、有仁爱之心"的好老师，为"发展具有中国特色、世界水平的现代教育，培养社会主义事业建设者和接班人做出更大贡献"。学校坚持"四有"好老师标准，在继承北京十二中核心价值观的基础上，制定了《北京十二中附属实验小学最美教师行为准则十条》，明确教师员工的行为准则，并将师德师风建设作为教师研修培训的重要内容，实行师德"一票否决制"。

基于《北京十二中附属实验小学最美教师行为准则十条》，研制了《北京十二中附属实验小学教师师德表现问卷》（家长、学生版）、《北京十二中附属实验小学教师师德表现问卷》（同事、主管版），每学期对学生、同事、管理者及家长等群体发放问卷进行教师师德师风测评，作为教师绩效评价的重要指标。师德问卷调查以指向行为的描述性语言予以呈现，并根据新情况、新问题及时调整问卷内容，也就是倡导什么就评什么，改进什么就评价什么，使师德评价更加公正客观，更加立足了教师的成长，也使学校的教师文化不

---

① 珀金斯. 为未知而教，为未来而学——什么才是有价值的学习[M]. 杭州：浙江人民出版社，2015.

仅仅停留在宣传上，更是践履在日常教育教学活动中。与此同时，围绕最美教师行为准则十条，学校每月开展"月度最美教师"评比活动，为学校教师树立起身边的榜样，增强教职工爱岗敬业、教书育人的责任感、使命感和成就感。

北京十二中附小最美教师行为准则十条

1. 担当使命：我们的一个肩膀挑着学生的明天，一个肩膀挑着国家的未来；我们将用精神的成长创造使命的精彩。

2. 热爱学校：学校是大家的，学校的发展是为大家的，学校的发展是靠大家的；我们努力为学校增光添彩。

3. 敬畏制度：澎湃的河水只有在河岸之间流淌才是自由的；我们行有规，我们心自由。

4. 仪态和雅：和雅是教师最美的气质；我们要成为学生的审美对象。

5. 榜样示范：最好的教育是感染，最好的管理是示范；要求学生做到的，我们首先做到。

6. 博爱学生：孩子最不可爱的时候就是他最需要爱的时候；我们将主动承担起建立良好师生关系的责任。

7. 尊重家长：家长不是被教育的对象；我们视家长为最重要的教育同事。

8. 友善同事：水涨才会船高；我们为同伴的成长助力，为同伴的成就喝彩。

9. 乐于承担：每一次经历都是在积淀经验，生长智慧；我们乐于承担挑战性和临时性的工作。

10. 学习创新：成长基于变化；我们通过学习探寻本质，寻找新意。

三、结构化的校本研修主题

学校坚持"科研兴校"战略，以"深浅有度"促"道术并进"。"深"是指对教材研究深，学科底蕴深；"浅"是指有儿童立场。基于这两个研究方向，学校在每个学期初都会设计好每一周的校本研修主题，引领学科组、教研组分解内化、有序实施在各个教研活动中。每周一下午是教师教研的专门时间，单周全体教师会，双周学科组或备课组教研。例如，"读书分享""分析学生的学习历程，讲述学生的学习故事"等校本研修活动。

"分析学生的学习历程，讲述学生的学习故事"旨在引领教师转变教与学的方式，在教学中尊重学生学习的过程，还原知识产生的具体情境，让学生经历人类知识再发现的过程，进行"有过程"的教学。"有过程"是指教学应体现学生的学习和成长过程，其内涵包括以下四个方面：一是对知识产生的环境、原初状态进行还原，经历人类知识再发现的过程；二是经历从个别到一般的过程，重视归纳，从个别出发，从经验出发；三是经历探究、发现、合情合理推测、建构的过程，提供时间、环境的保障，培养学生"构想"的意识、"实证（推理）"的能力；四是经历沉思、自省的过程，让学习成为知识习得、能力培养、情感丰富、价值观形成的过程。

四、分层分岗的教师成长计划

针对新教师、青年教师、发展期教师、骨干教师，开展"四格教师"成长计划，为学科教学技能、教学实践问题解决、教学反思改进等教师核心素养提升提供高水平专业引领。

首先，建立阶梯式的师徒梯队，形成特级带名师，名师带新星，新星带新苗的培养网络。一是为学校有一定建树的北京市骨干教师聘请特级教师和全国知名教师作为他们的导师，指导其教育教学，在专家引领下突破专业发展的瓶颈，向更高的目标努力，带动教师队伍整体发展。二是建立学校名师工作坊，充分发挥北京市骨干教师和高级教师示范引领和辐射带动作用，指导和帮助区级骨干教师成长。每个工作坊建立骨干研究团队，以课题研究为切入点，在课题研究中形成课堂教学策略，培养协作精神，提升科研能力，打造学术型团队。三是实施"青蓝工程"，通过以老带新结对子的方法，充分发挥老教师的传帮带作用，让师带徒活动富有实效。

入格教师：研修对象为入职一年内教师。研修目标为：喜欢教师职业，有正确的教师职业观，能够"站上讲台"，具有良好的沟通能力，能带好班级，树立成为优秀教师的意愿。

合格教师：研修对象为入职二到五年内教师。研修目标为：能够"站稳讲台"，积极主动参与教育教学实践研究，大胆实践，努力成为校级骨干。

升格教师：研修对象为入职六到十四年内教师。研修目标为：能够"开拓讲台"，能够自觉反思自身的教育教学实践，具有一定的反思和研究能力，在课题研究中成为骨干力量，努力成为区级骨干，发挥示范引领作用。

风格教师：研修对象为入职十五年（含）以上的教师。研修目标为：有持续学习能力、有洞察力、有解决问题能力和能创新的"领头羊"，形成稳定可控的教育教学风格及深具感染力的人格魅力，能发挥示范、引领作用。

其次，围绕"问题、常态、实效、创新"四个关键词展开教育科研工作。将教育教学实践中的问题作为校本研究课题，着眼于实际问题的深度解决开展常态化研究。学校校级课题分为一般课题和核心课题。一般课题是教师个人课题，由科研室评估后准予立项；核心课题是教师团队课题，由科研室外请第三方评估后择优立项。除中期汇报外，核心课题每学期举行一次面向全校的研究分享。核心课题具备引领示范、辐射激励的功能。科研室通过核心课题过程管理、成果展示等，以点带面规范教师科研行为，以科研引领教师专业发展。

再次，实施"学术积分"制度。制定《教师职称评审量化积分方案》《教师职称岗位晋级量化积分方案》《各类骨干推荐及评审方案》三个评价方案，采取"学术积分"的办法，每个方案均包含了教师的业务发展和工作业绩等内容，如课题研究情况、校本课程开发情况、辅导学生参加各级各类比赛情况、担任班主任和学科主任情况，以及各级别的公开课、优质课、研究课、展示课开设情况，等等。三个评价方案经历自上而下、自下而上反复修改，教代会通过后实施。在实施过程中，每一次评选都让教师先依据方案自我量化积分，再由各自评价主体核定分数。在此过程中，教师能够明确各自差距，制定发展目标，做好发展规划，使教师参与评价的过程成为"自己做自己的CEO"的过程。

最后，举办常态化的"日日新"讲坛活动。在一学年内，每位教师要在全校教师会上做一次讲座，分享自己在学习、生活、教育教学、班级管理、课题研究等中的感悟、收获与体会，以激励教师不断提升自己的专业素养，促进教师共同成长。

五、实施课程开发培训计划

"有什么样的教师，就有什么样的课程"，实施课程开发培训计划，提升教师课程建设能力，成为学校实现友善、优质、可持续发展的必然选择。通过实施课程开发培训计划，加强学科建设和教师专业能力培养，使教师在课程研发、课堂教学、教材编写上成为课程建设的主力军；从转变教师课程观、提高课程意识、赋予课程权利等方面，引领教师建构与分享互动式课堂建设以及新中高考改革相适应的课程开发能力体系；加大教师培训学习力度，提高教师课程整合能力，鼓励优秀教师承担精品课程建设任务，使教师从课程的践行者转变为课程的设计者和生产者，将课程资源建设与促进教师专业发展相结合，培养和提升教师课程意识与课程自主研发能力；分享式课堂是"有灵动"的课堂，强调课堂教学是一个动态变化、不断发展的过程，在生生交流、师生交流中不时有灵动的火花迸发，学生有一定的质疑问难的能力，这个过程既有资源的生成，又有过程状态的生成，教师要有一定的应变能力，沉着应对，不断调整教学策略，巧妙利用课堂生成的资源。

成长型思维让儿童阅读更具魅力 *

2020年2月27日，清华大学外文系教授、博士生导师、著名教育心理学博士尹莉教授，再次做客北京十二中附属实验小学，就成长型思维对儿童

---

* 本文由申慧敏撰写。

阅读能力的影响研究进行了一场深入浅出的精彩讲座。

图6-2　校本研究

自2019年11月起，尹教授及其团队，就如何培养孩子的成长型思维能力，助力学生阅读能力的提高，在学校进行了一系列的实验研究。本次讲座从理论和实践出发，重点介绍了思维模式理论、前期的研究发现以及在教学过程中如何以成长型思维提高阅读能力的具体策略与方法。

尹教授指出，成长型思维是一种认为人的智力和能力能够通过努力、良好的策略以及指导得到发展的思维倾向，而固定型思维是认为人的能力和智力是确定的，很难得到改变的一种思维倾向。成长型思维对学生的思维模式、阅读能力、写作能力的提高都会让他们终身受益。尹教授还重点解读了如何培养儿童的成长型思维以及教师如何建立科学的评价方式，使老师们受益匪浅。

图6-3　专家讲座

学校青年教师根据自身的教学实践踊跃提出了自己的思考和疑问。申慧敏老师关于阅读应试需求与阅读思维能力的提高之间的关系,以及怎样的学习小组分组方式更利于培养孩子的成长型思维能力进行了提问。尹教授指出,首先要抓住冲突的根源,从根本上解决问题,并巧设妙招,鼓励教师在阅读教学中设置不同话题、不同层次的闯关任务,来提高学生的阅读兴趣,进而促进学生阅读思维能力的发展。关于合作小组的组建,尹教授认为,多样性和差异性是小组发展的生命力,也是小组成长和思维碰撞的关键性因素。

宋艾雯老师关于如何改变中高年级学生的固定性思维倾向提出了自己的疑问,尹教授指出,人的思维是终生变化的过程,心念之,必达也,只要老师和家长从心底里认同这种思维方式,因材施教地运用恰当的策略和方法,假以时日,对孩子的发展必将产生有益的影响。

图 6-4　总结发言

司学娟校长在总结发言中指出,人的优秀体现在价值观和思维方式。成长型思维的核心观点是万事万物通过自己的参与都可以改变,要聚焦努力的过程而不是担忧自己的表现,对教师的专业成长和幸福人生有益,期待通过课题研究,教师成为拥有成长型思维的被阅读滋养的学术之师,并且用自己的成长型思维浸润每一个成长的心灵。

联动赋能！北京十二中附小开展联合教研活动*

2021年10月16日，北京十二中附小邀请褚宏启教授来学校为"联合教研，联动赋能"北京十二中附小联合教研活动做专题讲座。讲座的主题为"做更好的教育，做更好的自己"，旨在促进教师主动学习，提升专业素养，以教师的成长推动教育的进步。

图6-5 专家讲座

褚教授对21世纪核心素养进行了深入的分析，指出创新能力以及合作能力是学生需要具备的两大"超级素养"。作为教师，我们要努力培养具有"聪明的脑"和"温暖的心"的现代化人才。此外，褚教授还指出教师的专业化体现在三个维度：知识、能力和态度。教师要通过阅读丰富自己的学识，抓住机会锻炼自己的能力，并处理好工作与生活的关系，保持积极的态度。

通过褚教授的讲解，在座的教师认识到想做最好的教育，需要先做最好的自己，也更加明确了自己今后努力的方向。大家深刻体会到，想要实现育人的现代化、教育的现代化、培养出优秀的学生，首先自身要具备21世纪核心素养及现代精神。

---

* 本文由熊丹撰写。

图6-6 解读学校"十四五"发展规划

司学娟校长在总结发言中指出：教师要重视自己的成长，当每个人都在进步时，教育就在发展。教育工作者应该有更高的视野以及出色的创新能力，脚踏实地对待教育工作，这样才能做更好的教育，做更好的自己。

北京十二中附小举行"论学杯"初赛总结分享会*

2020—2021学年第二学期，北京十二中联合总校举办了和美五校区第一届"论学杯"教学大赛。学校数学组教师积极参与预赛，围绕"教学评一体化"开展了实践研究活动。

数学组教师们紧紧围绕"评价标准"这一核心词切入研究，引导老师们在教学设计前，先聚焦学科素养和教学目标梳理出评价标准和评价的分级指标，再围绕评价标准设计教学任务或者教学活动，赋予教学任务或者教学活动过程性评价职能。陈玉娇老师在赵亚萍数学工作坊的引领下率先开展课堂实践和研究，为老师们开创了新视野。

在赵亚萍副校长和数学大教研组的引领下，数学组教师们以学段为单位，纷纷开展"教学评一体化"的课堂实践研究。老师们根据教学目标和学生真实的学情，制定可见、可测、可行的评价标准，设计了新的教学设计模

---

* 本文由李珊珊撰写。

板，凸显"教学评一体化"，同时梳理评价标准、落实过程性评价。数学组的老师们在大教研组积极献课，共同研究，让设计在实践中完善，让理论在碰撞中升华。经过本轮预赛的磨炼，老师们提升了教学设计能力。

带着这段时间的收获，10月29日，北京十二中附小全体数学教师开展了基于"教学评一体化研究"北京十二中附小"论学杯"初赛总结分享会。老师们纷纷分享这段时间自己的成长历程与研讨亮点，也提出了自己在实践研究过程中的一些困惑。

最后，赵亚萍副校长在此次分享会上为老师们答疑解难，以老师们的这些教学设计为例，为老师们带来了一场理论思考与实践研究怎样结合的"现场讲座"，同时对老师们的共识进行总结归纳，理清认识、强化提升，为老师们指明了方向，让老师们有了持续探究的信心和动力。

专家进校园　研修促成长 *

为提升教师的教学能力，引领教师专业成长，北京十二中附小先后开展了全学科阅读、戏剧教育、教师职业道德与法治素养三场校本研修活动，特邀专家走进校园为老师们指导，答疑解惑。

图6-7　专家讲座

---

* 本文由梁佳煜、赵亚萍、周连香撰写。

2022年2月17日，学校特邀海淀教科院课程研究中心科研员张晓玉博士为全体教师做了全学科阅读的主题讲座，带领老师们思考"双减"背景下的教与学。张博士以全学科阅读"为什么""是什么""读什么""怎么读""如何评"等几个核心问题，与老师们探讨了全学科阅读开展的价值意义，进行了本体探寻和核心追问，梳理了方法策略和评价量规，深入浅出又抽丝剥茧地为老师们打开了全学科阅读的一扇窗。老师们在感受张博士深厚积淀的同时，也对全学科阅读有了更加系统的认识。

图6-8　专家讲座

为了更好地落实双减政策，丰富课后服务的课程供给，2月17日下午，我校开展了主题为"教育戏剧：找到教学改进的有效路径"校本研修活动，特邀首都师范大学教育学院乔鹤博士围绕着教育戏剧做专题讲座。乔博士的讲座给老师们带来了一种全新的体验，她将教育戏剧定位为一种以儿童为中心的学习方式，将课程主题转化为戏剧故事，让学生身临其境、感同身受。短短两个小时的专题讲座不仅诠释了"艺术让教育更有意义"，也让老师们拓宽了教育视野，丰富了教学模式与教学方法。教育戏剧与学科的融合实践，将有效扩大教育场域，进一步增强学生语言综合运用能力和社会责任感，从而更好地培养学生的创新精神。

图6-9 专家讲座

  2022年2月18日，我校邀请了北京市京师律师事务所陈亮律师到校进行教师职业道德与法治素养的讲座。陈律师从案例入手，抽丝剥茧地讲解了何为师德、为什么要重视教师职业道德建设、教师违反职业道德的行为有哪些、教师违反职业道德行为的处理办法、相关法律法规解读以及教师如何做到依法执教。陈律师的讲座情真意切、以法论事，以身边鲜活的事例为老师们敲响了警钟，引起了老师们的共鸣，给全体教师上了开学前的精彩一课。

第三节 信息技术拓边界

《教育信息化 2.0 行动计划》强调:"教育信息化具有突破时空限制、快速复制传播、呈现手段丰富的独特优势,必将成为促进教育公平、提高教育质量的有效手段,必将成为构建泛在学习环境、实现全民终身学习的有力支撑,必将带来教育科学决策和综合治理能力的大幅提高。"发挥信息技术优势,加快数字教育资源建设,更好地服务课堂教学,服务学生自主学习,已成为构建共享、协调、可持续课程体系的重要突破口。

一、高标准推进数字校园标准化建设

学校借助人工智能、学习分析、数据挖掘等新一代信息技术在教育时空、教育手段、课程内容、学习方式与学习评价等方面的重塑与创新,服务于师生个性化发展。按照服务教师教学、服务学生学习、服务学校管理的要求,推进电脑、网络、电视、录像等信息技术在教学过程中的普遍运用,高标准推进数字校园标准化建设,促进信息技术与学科课程的深度融合,规范制度建设、科组建设,创新教研模式,引导教师实践,深化反思机制,逐步实现教学内容呈现方式、学生学习方式、教师教学方式和师生互动方式的根本性变革。

积极争取北京市、丰台区支持,加快推进数字校园建设,实现学校普通教室、学科实验室、综合实验室、图书馆(室)等基础设施环境的信息化改造升级;加快学校录播室建设,实现数字化网络全覆盖,促进精品课程、远程教学、交互式教学建设；建设在线课堂系统，构建在线课堂的建设与资源共享机制，实现"一校带多点，一校带多校"的目标，使学校与拥有优质教育资源的学校同上一堂课；提升教育信息化应用水准。不断加强信息化基础设施设备更新，不断完善发现应用方法、应用软件，提高办公云应用水平；建立完善的备份体系，保证关键数据的安全，建立更加完善的网络安全制度及网络安全体系，为教育教学提供深度融合的信息化支持；开发实施"掌上康馨附小"APP，有效提升后勤管理效率，更好满足师生的日常学习生活需求。

二、建设优质课程资源库

教育信息化的价值在于有效提高基础教育育人质量和育人效率。有研究指出，目前，信息技术已经不再满足于以外部工具的身份提高教育效率与教育质量，而是力图向教育与生活全面"内渗"，使教育与生活、虚拟与现实、历史与未来、劳动和闲暇、工作与游戏等多重要素、多种场景互联互通。在此基础上，智能技术所具有的"筛选""淬炼""整合"功能，还将自动而精准地过滤掉不合时宜的教育要素，把有助于个体和社会更好发展的教育要素进行精简、匹配、传递下去，最终把未来学校打造成为一个超越生活世界的理想教育世界，使之更加契合学习者个体成长的需要。

基于学生个性特长、兴趣爱好和发展需求，重点建设创新思维训练课程、跨学科课程（STEM 等）、美育体育（音乐、美术、戏剧、体育、健康等）课程、劳动教育课程，保护和发展学生的想象力、好奇心和求知欲及其赖以存在的健康身体，为培养造就"大写"的人做好充分的课程资源储备；发挥集团化办学优势，优化、整合不同学科的优质课程资源，提升校际优质课程资源共建共享水平；正确处理优质课程资源引进与消化、吸收的关系，将优质课程资源转化成符合学校实际、深受师生喜爱的本土化课程资源；促进信息技术与教育教学融合应用，积极探索基于信息化环境的教学创新。

三、推进优质教育资源共建共享

在加速变化的信息社会，适应信息化环境下学习、生活的信息素养，已成为时代新人必备素养。学校紧跟信息时代的步伐，在信息技术的支撑下打造有生命、有热度、有深度、有广度、有个性的智慧课堂。完善校园信息化教育资源应用管理制度，创设信息化教学资源应用的校园环境，统筹规划教育专家与名师资源，推进北京十二中附小名校名师资源与信息共建共享共研，形成具有区域引领作用的优质教育资源共建共享新模式。

学校是全国分享式教学联盟校、全国创新教育实践学校、首都师范大学教育学院科研与教学实践基地、丰台区气象科普教育基地，是丰台区首批"新时代学校思想政治理论课改革创新基地校"和丰台区教育学会课程德育一体化研究会第一届单位会员；2021年9月，学校与河北省保定市莲池区第一实验小学和红星小学结成携手校，充分调动各校的优秀教师资源，以项目为驱动，创设合作对话的平台，不断拓展高质量课程资源建设的边界，实现了资源共享、互通有无、互相借鉴、共同发展的目的。

四、教师信息素养提升

教育信息化的显著特征是信息技术成为教学模式再造的重要推力。2018年1月发布的《中共中央国务院关于全面深化新时代教师队伍建设改革的意见》，要求"教师主动适应信息化、人工智能等新技术变革，积极有效开展教育教学"。2018年4月，教育部启动实施《教育信息化2.0行动计划》，提出大力提升教师信息素养。2019年4月，教育部发布《关于实施全国中小学教师信息技术应用能力提升工程2.0的意见》，着力推动全国中小学教师提升信息技术应用能力。信息技术与教育教学的深度融合重新定义了教师角色，教师信息素养提升成为国家教育信息化软实力建设的重点工作。

依据国家推动教育信息化内涵式发展的战略性安排，学校全面提升教师利用信息技术开展数据驱动的精准化教学能力，熟练运用信息环境下的教学模式与方法，产出一批具有学校特色的信息化教学成果；研发适应信息化环境的教研模式，引导教师在课堂教学和日常工作中有效应用信息技术；利用信息化工具完整记录学生发展过程性数据，并能使用过程性数据对学生进行个性化诊断与分析；有效指导学生选择、获取和使用个性化学习资源；在大数据分析的基础上反思和改进教学活动；培养学生自主学习能力，引导运用探究性学习、批判性思考、信息整合与分析等多样化学习策略，帮助学生更清晰地认识自身学习进程，引导学生进行学习反思、评估与调节。

五、学生信息素养提升

学习的实质是获得并使用信息，信息是关系学生发展质量的极其重要的资源。对于信息化环境下的学习者而言，选择学习什么以及理解何种信息的过程是学生在面对加速变化的外部环境时所做出的认知调整与改变的过程。学校开齐开足上好信息技术课程，培养和增强学生的信息意识，主动适应"互联网＋教育"发展趋势，积极运用新技术和多媒体学习；推动学生掌握信息基础知识，掌握信息工具使用方法，有效培养信息获取、评估、鉴别、应用能力；借助信息技术手段更好地进行自主、合作、探究学习，促进批判性思维、创新思维等高阶思维的发展；强化信息伦理教育，引导学生自觉遵守信息道德伦理，不沉迷网络；探索推进中小学人工智能教育，开设人工智能课程，创造人工智能体验和实践环境，让学生了解人工智能领域的基础知识，初步探索人工智能领域的奥秘，以改善人们生活品质为目的，鼓励学生在智能制造、机器人智能家居、智能生活等方面开展创意探索。

第四节　家校社合力育人

在加速变化的人工智能时代，学校已不是唯一的知识来源，教师也已不是知识的唯一权威，学生的个性化成长需要学校、社会和家庭共同付出努力。凝聚家校社育人合力，提升家校社共育水平，对于教育目标的实现越发重要。

一、实施家校社共育工程

立德树人是家庭教育的根本任务，是家庭教育的重心和重点。一个对孩子真正负责的家长，不能再认为给孩子多报班、多陪课就是尽责任，而是要真正参与到德智体美劳全面发展的育人事业中。习近平总书记在全国教育大会上强调，办好教育事业，家庭、学校、政府、社会都有责任。教育不只是学校的责任，培养造就"大写"的人离不开学校、社会和家庭的共同努力。

学校充分发挥家庭、社会的教育价值和功能，推动三者统筹治理、协调发展。以家庭为基础，密切家校联系，发挥好家庭的育人功能。2022年1月，学校研制了《北京十二中附属实验小学家长委员会章程（征求意见稿）》，高质量推进学校、家庭和社会教育一体化，全面提高家庭教育质量水平；以社区为平台，建立与社区交流沟通机制，加强资源整合，为学生健康成长为"大写"的人营造良好的社会氛围，使家庭、学校、社区形成育人合力，构建学校、家庭、社会"三位一体"的协同育人格局。

家校同心，温暖同行。引导家长积极参与学校民主管理，从关注"我的孩子"到关注"我们的孩子",进一步发挥参与、参谋、纽带、监督作用,成为学校发展的智囊团与后盾,家校用更为严谨的、研究的方式去探索和解决学校发展过程中的真问题;开发实施家校共育系列课程,实施积分制,有效提升家校共育能力;成立家校问题研究与解决小组,及时化解问题;通过微信群、电话、家长接待日、家长会、家长教师协会会议等方式进行家校互动与对话;开展美德家长评选活动。创建深度互动、和谐共生的家庭、社区和学校文化,构建起多元化的家校社区合作体系对学校来说,这是一项只有过程、没有终点的工作。

二、搭建家校成长课堂学习平台

依托移动互联网技术,搭建学校专属家校共育课程在线学习平台。针对孩子不同阶段的年龄、心理特点,以学生发展为本,尊重教育规律,构建"家长同步必修课(家长与学校)、家长课堂系列课(家长自身)、专题教育课(学校与家长)、青少年素养课(孩子自身)"为一体的课程体系、"综合实践活动方案、班级主题班会方案、手抄报黑板报资料包"课程资源体系以及专家入校指导(线上+线下)的优质服务体系,旨在建立和创新有学校特色、有群体适应性的家校共育指导模式,形成学校、教师、家长关于"相互尊重、彼此信任、平等合作、以人为本、智慧育人"的基本共识,在强化家长家庭教育主体责任,提高家长家庭教育水平的同时,促进家校协同共育,实现常态化、过程化、专业化、规范化的教师指导、学生主体、家长参与的"共育"格局,促进家庭教育数字化资源整合与开放共享。

家校成长课堂学习平台的课程形式包括直播课、视频课、音频课等,以学习者为中心,通过多维教育与深度教育,着力解决家长与学校、家长与孩子以及家长自身和孩子自身的成长问题。

精选直播课:该课程定位于高端引领和权威解读,特邀教育专家和社会知名人士,根据教育节点和热点,推送直播课程与线上主题论坛等,每月一期，以引领家长树立科学的教育理念、掌握正确的教育方式方法。

家长同步必修课：该课程依据教育教学目标，顺应学校的教育规律、教育进程、孩子的身心成长发展规律，把整体教育目标分解到各个年级以及每年级的各个阶段，从"自我保护与生活技能、同伴培养与情感培养、学习习惯与学习兴趣、行为规范与道德养成、家校沟通与智慧家长"（见表6-1）五个模块入手，科学地指导家长理解每个阶段学校的育人目标、教学进程和教育重点，把握教育关键期，从而正确面对、科学解决孩子在不同成长阶段出现的不同问题，并有针对性地开展高质量的家庭教育，以使家庭与学校达成教育共识，形成更系统、更强大的教育合力，促进家校协同育人达到事半功倍的效果。年级细分：同一课程模块，针对不同年级，有不同课程目标与内容；常态同步：以月为周期常态推送课程，构建陪伴式成长系统；协同共育：促进家校互相理解与信任，达成教育共识，高效育人。

表6-1　部分年级课程列表

年级	模块	主题
二年级	家校沟通与智慧家长	1. 应对有招，帮助孩子突破二年级成长瓶颈期
	自我保护与生活技能	2. 从小培养孩子整理自己房间的好习惯
	学习习惯与学习兴趣	3. 我的学习我能行——二年级学生自主学习的启蒙和引导
	家校沟通与智慧家长	4. 两招解决孩子精力过剩，小恶魔变小天使
	行为规范与道德养成	5. 公交车上的小麻雀——过度表现的孩子怎么了
	家校沟通与智慧家长	6. 孩子顶嘴怎么办
	家校沟通与智慧家长	7. 您会玩吗——假期来临，您该如何"带娃"
	家校沟通与智慧家长	8. "玩"中有"学"才是真寒假
	家校沟通与智慧家长	9. 你们之间"负负得负"了吗
	行为规范与道德养成	10. 低年级孩子卫生习惯养成四部曲

续表

年级	模块	主题
四年级	学习习惯与学习兴趣	1. 让孩子学会学习——如何培养孩子的自主学习能力
	行为规范与道德养成	2. 如何帮助孩子正确认识电子产品
	学习习惯与学习兴趣	3. 如何帮助孩子摆脱"厌学"情绪
	家校沟通与智慧家长	4. 放手，让孩子独立成长！
	行为规范与道德养成	5. "撒谎大王"养成记——孩子可以犯错吗
	学习习惯与学习兴趣	6. 如何让孩子保持学习的热情
	家校沟通与智慧家长	7. "三部曲"——给予孩子与众不同的寒假生活
	家校沟通与智慧家长	8. 您会玩吗——假期来临，您该如何"带娃"
	家校沟通与智慧家长	9. 你们之间"负负得负"了吗
	家校沟通与智慧家长	10. 线上课期间，如何做好家庭教师
六年级	家校沟通与智慧家长	1. 小升初，您准备好了吗——父母的思维模式决定孩子的命运
	同伴培养与情感培养	2. 如何引导孩子与同伴相处
	家校沟通与智慧家长	3. 青春期亲子沟通方法与技巧（小学高年级）
	学习习惯与学习兴趣	4. 孩子学习效率低，家长一定要做这四件事！
	行为规范与道德养成	5. 21天优势日记——孩子是真的难管吗
	行为规范与道德养成	6. 如何培养孩子的规则意识
	家校沟通与智慧家长	7. 您的"心意"，让孩子的寒假更有意义！
	家校沟通与智慧家长	8. 您会玩吗——假期来临，您该如何"带娃"
	家校沟通与智慧家长	9. 你们之间"负负得负"了吗
	家校沟通与智慧家长	10. 如何避免疫情下，亲子时光被"无聊复制"

家长课堂系列：该课程以家庭教育为主线，结合当前家庭教育现状和热点话题，深层次、多维度挖掘家庭教育痛点，解决家庭教育中存在的现实问题。课程融入教育学、应用心理学、社会家庭学等理论知识，采用系列课的形式开设。课程内容包括亲子沟通、身心健康、学业指导、习惯养成等模块（见表6-2），旨在引导家长关注并走进孩子的内心世界，帮助家长根据孩子身心成长规律科学育儿，走出家庭教育误区，实现家庭关系的优化与家长的自我成长。

表 6-2　家长课堂课程明细

模块	主题	课时	子主题
智慧父母	优等生养成课	40	1. 责任培养法：如何让孩子为学习负责 2. 驱力培养法：如何让孩子从被迫学到主动学 3. 目标管理法：如何让孩子坚守学习目标 4. 时间管理法：如何抵抗拖延症，让写作业快起来 5. 自律建立法：如何实现孩子管好自己，父母不操心 6. 康奈尔笔记法：如何做笔记，让学过的知识不会忘 7. 突破式学习法：如何让孩子避免低水平勤奋 8. 知识输出法：如何提高学习的留存率 9. 思考力：如何建立孩子的批判性思维 10. 提问力：如何用问题让知识学得更快
学习习惯	儿童高效作业课	11	1. 家长陪读误区有哪些 2. 怎样让孩子快速写作业 3. 孩子小动作多怎么办 4. 孩子拿不到高分怎么办 5. 孩子碰到难题就退缩怎么办 6. 孩子考得不好怎么办 7. 父母如何有效鼓励孩子 8. 如何营造好的学习氛围 9. 孩子假期任务怎么安排 10. 如何让孩子自主管理作业 11. 如何与老师沟通作业问题
时间管理	儿童时间管理实战课	10	1. 认识时间：如何帮助孩子快速建立时间观念 2. 认识孩子：由性格看拖拉磨蹭的内在原因 3. 时间分类：培养孩子管理时间的好习惯 4. 作息调整：让孩子睡觉不磨蹭早起不赖床 5. 任务管理：如何同时处理多项任务 6. 效率提升：教会孩子专注做事，高效执行 7. 目标规划：培养孩子规划自己时间的能力 8. 建立界限：培养孩子自主管理时间的能力 9. 场景应用：高效作业与考场时间 10. 场景应用：自主时间与假期安排

续表

模块	主题	课时	子主题
学业指导	告别崩溃式辅导，高效伴学有妙招	8	1. 孩子不够专注怎么办 2. 孩子作业拖拉怎么办 3. 孩子粗心马虎怎么办 4. 如何检查作业更高效 5. 如何背课文更有效 6. 如何更有效地期末备考 7. 如何分年级伴学促进孩子习惯养成 8. 如何将好家长经验转化为自身经验
亲子沟通	学会亲子沟通，不吼不叫培养出好孩子	8	1. 孩子不爱学习怎么办 2. 孩子犯错不承认怎么办 3. 孩子是起床困难户怎么办 4. 孩子写作业拖沓磨蹭怎么办 5. 孩子遭遇校园霸凌怎么办 6. 孩子爱发脾气怎么办 7. 孩子依赖心重怎么办 8. 孩子喜欢玩手机和电脑怎么办
心理健康	小学生心理危机识别、预防与干预	4	1. 小学生心理危机的识别 2. 小学生心理危机的预防 3. 小学生心理危机的干预 4. 小学生心理危机答疑专场
行为习惯	如何培养有教养的孩子	7	1. 尊师重道：别让礼貌影响了你的师生关系 2. 三项校园礼仪，做人见人爱的文明学生 3. 传统礼仪，让孩子的春节更具仪式感 4. 着装、举止礼仪：小处见素养，少时育涵养 5. 宾主礼仪：待客以敬，拜访以诚 6. 就餐礼仪：和餐桌上的熊孩子说拜拜 7. 言语礼仪：争做谈吐文明小标兵

专题教育课：该课程紧密契合学校教育和家庭教育的需求，以系列课的形式呈现（见表6-3），从幼小衔接、安全教育、性教育等模块，配合学校育人工作的开展，为家长开展专题教育提供参考和借鉴，促进家校教育的互通性和一致性。

表 6-3　专题教育课

模块	主题	课时	子主题	学段
安全教育	安全为先，假期更精彩	4	1. 追溯安全之源，守护孩子平安 2. 关注生活点滴，确保人身安全 3. 网而不忘，网助成长 ——网络安全的探索 4. 心安身才安，阳光常相伴	全学段
幼小衔接	做好幼小衔接，和孩子一起成长	8	1. 让孩子喜欢上学、快乐向上 2. 让孩子积极锻炼、精力充沛 3. 培养孩子良好的生活习惯和自理能力 4. 培养孩子的安全自护意识和劳动习惯 5. 引导孩子融入集体，结交新朋友 6. 培养孩子的规则意识和良好品德 7. 培养乐学好问意识，建立科学学习习惯 8. 维护学习兴趣，提升学习能力	小学
性教育	小学生性教育实用指南	5	1. 开展性教育，正确态度是前提！ 2. "我从哪里来" ——如何回答孩子的小问题 3. 防性侵教育，这样做更有效！ 4. 让孩子远离色情品，确保网络交友安全 5. 青春期性教育怎么做	小学
性教育	关注身心健康，守护秘密花园	3	1. 孩子的心事，你了解吗 2. 跟孩子谈谈私密的话题 3. 智慧父母，这样守护孩子成长	中学

青少年素养课：该课程包括科学课程、普通话与口才课程、传统节日课程、主题班会课程等（见表6-4），旨在帮助孩子对课内教学内容做到有效补充和拓展，激发孩子的学习兴趣，提升孩子的道德素养和综合素质，促进孩子学科思维的同步训练、语言能力的双向提升以及对传统文化的热爱。课程形式新颖，为孩子提供了轻松愉快的学习氛围，让学习更加生动有趣。

表 6-4 青少年素养课明细

模块	主题	课时	子主题
传统文化	用传统节日解锁中华文化基因密码	9	1. 中秋节来啦，我们这样过中秋！ 2. 过了这么多九月九，今天才真正读懂重阳节 3. 冬至——不单单是吃饺子那么简单 4. 腊八节——万事"粥"全，感受吉祥温暖 5. 春节——欢天喜地过年啦！ 6. 元宵节——团团圆圆才是真！ 7. 龙抬头，快打开一年的好兆头！ 8. 话端午，粽飘香 9. 七夕节——走进七夕节的前世今生
文史艺术	普通话与口才课：会说话的孩子更有竞争力	16	1. 掌握朗诵的基本技巧 2. 复述三步法，表达有逻辑 3. 配合肢体动作进行舞台朗诵 4. 识别文字中的尖音发声位置 5. 在故事中树立正确的价值观 6. 在故事中学会观察和组织语言 7. 如何讲故事，更有画面感 8. 朗读中轻重格式的阶段学习 9. 表演的舞台节奏 10. 如何让声音更有穿透力 11. 如何找准古诗词的朗诵基调 12. 掌握现代诗歌的表达技巧 13. 诗歌朗诵动作的自我创作与运用 14. 配合肢体动作及背景音乐综合练习 15. 现代诗歌朗诵肢体与音乐的结合 16. 口才课程的综合练习
	朗读者	12	1. 我用微笑学习朗读 2. 我用思考学习朗读 3. 我用专注学习朗读 4. 我加上手势学习朗读 5. 我用强调重音学习朗读 6. 我用热情学习朗读 7. 我用情感重音学习朗读 8. 我用目标感学习朗读 9. 我用画面感学习朗读 10. 我用气势学习朗读 11. 我用倾听学习朗读 12. 我用理解力学习朗读

续表

模块	主题	课时	子主题
文史艺术	经典诵读	12	1. 秋的脚步 2. 稻花里的梦想 3. "柳"在唐诗 4. 数灯 5. 植物妈妈有办法 6. 屋脊上的小可爱 7. 宣传员小不点儿 ……
科学普及	旭崇叨科学	231	1. 2B铅笔的秘密 2. 十分钟颠覆你的星座观 3. 纸只能对折9次吗 4. 那张对折到太阳的纸 5. 中国也有十二星座 6. 纸牌背后的事儿 7. 重新认识你的头发 8. 猫的世界你不懂 9. 狗的世界太疯狂 ……
	时间之问·少年版	49	1. 回家之路 2. 夏日的呢喃 3. 地平线下的朝阳："现在"存在吗 4. 横着切牛肉：学科的联系 5. 永远的鸽群：时间的延续 ……
主题教育	线上主题班会课	持续更新	1. "五一"劳动节，我们爱劳动！ 2. 母亲节——妈妈的爱，感恩永远 3. 有一种精神，叫钟南山！ 4. 今天，我们这样爱国！ ……
主题教育	跟名师学党史	10	1. 建党领袖陈独秀 2. 播火先驱李大钊 3. 革命书生瞿秋白 4. 开国领袖毛泽东 5. 党的理论家刘少奇 6. 人民军队之魂朱德 7. 人民总理周恩来 8. 党的骆驼任弼时 9. 总设计师邓小平 10. 共和国理财专家陈云

三、加强家庭教育队伍建设

建设以班主任为主体的家庭教育指导队伍，充分借助家长会、家长学校、家访等机会，加强班主任对学生家长家庭教育理念的指导，进一步促进家长对学校教育理念的理解、认同，提升家庭教育水平，提高学校治理效能，保障学生个性化发展。

提升家庭教育指导专业化水平。学校非常重视班主任这一家庭教育指导的骨干力量，通过培训研修、资源引进、专家指导等形式，加强班主任学习与学校教育理念契合的家庭教育理论与方法，提升家庭教育指导素养；引导学校教师开展家庭教育实践研究，探索家庭教育有效经验，产出高质量家庭教育成果；通过家长学校、家长论坛、学校开放日等各种形式的交流互动和培训活动，让家长懂得构建平等互动的亲子关系、从小培养孩子超越变化的学习力、从小培养孩子的创新思维习惯以及从小做好孩子的职业启蒙等对于孩子个性化成长的重要价值，并学会实践操作的策略与方法，推动家庭教育与学校教育改革同向同步，从而共同为孩子尽早找到适合自己、愿意为之奋斗的发展主线。

四、拓展社会教育资源

满足学生多样性需求，离不开社会资源的介入和参与。当今社会是全面竞争与相互合作共存的时代，教育面对纷繁复杂的变化，已无法局限于学校之内，必须寻求社会各方面的支持与配合，将社会资源转化为教育资源，作为学校教育资源的重要组成部分和必要补充，以引导学生"读万卷书，行万里路，历万端事"，使学生获得最真实的成长。

学校积极营造和谐、开放、包容、支持性的组织环境，寻求社会各方面支持，建设课程与教学资源包，构建以资源开发和统整为主要特色的学习与发展共同体；加强与高水平教育机构、平台合作，联合清华大学开展"以成长性思维促进儿童阅读能力提升"课题研究，课题研究范式与国际接轨；参加丰台区足球进校园项目和戏曲进校园项目，发展足球社团和黄梅戏社团；与丰台区气象局携手共建科普教育基地，成立气象站、气象中队，申报中国石油"益路同行——我是小小气象宣传员"项目，获得立项并荣获中国石油颁发的实践创新奖；借助北京十二中附小联合总校的师资指导机器人社团和排球社团，开展家校共育工作坊活动。

学校处在卢沟桥街道张仪村，毗邻抗战纪念馆、园博园和永定河，距离二七纪念馆和留法预备学校不足5千米，历史文化、红色文化、科技文化资源丰富，为学校深度利用区域资源丰富教育发展内涵提供了独特条件。学校积极整合社会及家庭课程资源，鼓励社会多元参与以及深化家校合作，为学校课程资源建设提供环境支持和系统保障。

学校加强与周边社区、村镇、卫生院、部队等单位的沟通合作，建立德育实践基地。积极协调社会有关部门，深入推进德育资源的课程化，充分利用抗战纪念馆、卢沟桥等爱国主义教育基地等区域内丰富的红色文化资源以及历史文化资源，积极建立校外德育活动实践基地，扎实开展主题教育活动，把社会主义核心价值体系融入立德树人全过程；开发"卢沟笔记"跨学科实践课程，运用图画、文字、音像等多种笔记的方式引导学生进行观察、记录和实践、体验，培育学生家国情怀、责任担当、问题解决、创意物化等意识和能力；依托汽车博物馆、金龙鱼等校外课程资源，研发和实施车辆模型、食育课程；运用家长资源，开展消防安全和食品安全教育。

引导家庭教育要讲艺术 *

苏联著名教育家苏霍姆林斯基曾经指出：没有家庭教育的学校教育和没

---

* 本文发表于《湖北教育（综合资讯）》2017年第5期。

有学校教育的家庭教育都不可能完成培养人这一极其细致和复杂的任务。教师和父母都是无可替代的孩子的教育者。学校教育要想取得成功，必须要有家庭教育的密切配合，而良好的学校教育是建立在良好的家庭教育基础之上的。因此，学校教育与家庭教育相辅相成，加强它们之间的沟通互动也就显得尤为重要。

北京四中刘长铭校长认为：读再好的名校，都比不上家长重要。的确，问题学生后面往往有一个问题家庭，以我校为例，开学以来我连续约谈了几位问题学生家长之后，这几位学生的进步十分明显。因此，我意识到，引导家庭教育，需要讲科学，即尊重规律，更要讲艺术。

情通理才通。家长和教师之间的矛盾，部分原因是因为教师没有从家长的实际出发，而是一味地要求他们配合。我们要学会理解家长，站在家长的立场想问题，不指责，不教训，而是春风化雨般地将自己的教育理念传递给家长。

有个孩子的家长以"我说话直"为理由，对待教师言辞不甚礼貌，我拿自己学校的干部现身说法：十二中教育集团组织干部到清华大学参加培训，一位教授说有的人总将"我说话直"摆在前面，其实"直"从另一个角度来说是自私的表现，因为说话者不顾别人的感受。学校一位干部顿悟，说"教授讲的就是自己"，之后她积极调整，有了很大的进步。这位家长听完以后，认为学校领导都能勇于直面自己的问题，完善自己，他自己也要面对自己的问题并进行改正。

让家长明白要做最好的自己。每次开家长会，我都旗帜鲜明地告诉大家，教育本质上是人性、品格和精神在下一代身上复制和传承的过程，"做最好的自己就是给孩子最好的教育"。

一次，我在校门口迎接学生上学，一位家长怒气冲冲走到我面前，说："我儿子的水壶不见了，不知道是哪个兔崽子偷了，我要进去找老师。"进了教室，发现水壶正在自己孩子的桌子下面。孩子学习成绩一次没考好就发信息给学校教学主任，说老师教得有问题，只要孩子出现状况就归罪于同学或老师。我约谈这位家长，与他拉家常：我女儿到了婚嫁年龄，我希望她找一个有力量的好人，有力量体现在他有良好的思维品质，因为良好的思维品质能帮助人进行观察、分析、判断和选择；好人就是有正确的价值观。而后，我直言不讳地指出，他让孩子感受到的是不冷静、不理性、不从多角度看问题，思维习惯是点状的而不是系统化的。

让家长看到希望，树立信心。有的家长对"熊孩子"真的是毫无办法；有的还带孩子找著名心理专家进行诊断和支招，但往往以失败告终；有的家长开始放弃孩子……对这些家长，我注重引导他们以发展、期待、发现的眼光来对待孩子。最近，一位家长表示孩子爱打人、不服从规则，他很无奈。我回答道：你家孩子智力在一般孩子之上，爱阅读，表达能力又强，只要引导得法，我相信他以后会很优秀，这个我有信心！"问题孩子"的教育属于疑难杂症，不能因为孩子出现问题就放弃。

引导家长以终生发展的眼光对待孩子。有的家长不尊重孩子的想法。如有位离异的父亲，经常在儿子面前说孩子母亲的不好，不让孩子与母亲接触。一次孩子母亲来看孩子，孩子反问：你想过我吗？你这两年哪儿去了？你有资格做我妈妈吗？一年级的孩子如果没有家长引导，是不会说出这种话的。我问这位父亲：你是不是希望孩子成为一个阳光、温暖、人格健全的人？孩子的童年没有母亲的陪伴是残缺的，在他的一生中都会有心理阴影，你以为是惩罚孩子的母亲，其实是在害孩子。

家庭是孩子的第一所学校，父母是孩子的第一任老师，家校和谐共振，才会使教育事半功倍。我们的根本目的是让学生健康成长，因此，校长需要把更多精力放在如何引导家庭教育上。

铁血卢沟　爱国情怀[*]
——以"卢沟笔记"课程传承红色精神综合实践活动

为了让思政课堂与现实结合起来,学校深入挖掘丰台区思政教育资源的价值内涵,开发了"卢沟笔记"特色课程群。2021年4月28日,学校开展了主题为"铁血卢沟,爱国情怀——北京十二中附小以'卢沟笔记'课程传承红色精神"的综合实践活动。此次活动选择了三条思政课程精华路线:卢沟桥、宛平城、中国人民抗日战争纪念馆;北京园博园;北京园林博物馆。学校通过这样的综合实践活动,让思政课程"活起来",让育人共同体"转起来",让协同育人氛围"热起来",让"行走的思政课堂"成为现实。

图6-10　卢沟笔记课程

在卢沟桥、宛平城和中国人民抗日战争纪念馆中,同学们不仅完成了《门墩文化》《抗战诗社》《卢沟史话》《卢沟桥英雄古诗宣讲》《我为展品"代言"》等课程,而且在活动中了解了抗战历史,感受了伟大的抗战精神。去北京园博园、北京园林博物馆的同学们在完成《园林建筑》《走近卢沟植物》《植物英文海报》的课程中感受到了园林之美,了解了丰台的生态环境,同时也培育了实践创新精神。

---

* 本文由学生成长研究中心撰写。

图 6-11　同学交流

本次活动的另一大亮点是学校 20 个班级分别在三个地点唱响了爱国歌曲，二年级的全体同学还代表学校在党旗下唱起了《祖国祖国我们爱你》，用动听的歌声向中国共产党建党 100 周年献礼！

构建成长型家校合育共同体*
——北京十二中附小 2020—2021 学年度第二学期家长会

家庭教育对一个人的启蒙、成长、成才有着不可估量的作用，家长的人生观、道德观和价值观都会对孩子的成长产生极为深刻的影响。家庭教育和学校教育都应以孩子为教育主体，家校有效沟通、相互支持、通力合作，使学校和家庭成为同呼吸、共命运的共同体，携手共育我们的孩子。2021 年 5 月 14 日，学校以"构建成长型家校合育共同体"为主题，召开了一、二、三、五年级的家长会。

家长会的第一个环节是观看司学娟校长的发言视频。司校长以"在希望的田野上"为主题，对家长们关心的热点问题、学校和学生取得的成绩以及这学期学校开展的活动做了细致的介绍。

---

* 本文由学生成长研究中心撰写。

第二个环节是以"新闻发布会"的形式向家长介绍班级文化,包括规则、制度、活动等。各班的学生代表变身成为老师的小助手,绘声绘色地向家长们做着介绍。随后,学科教师反馈了开学到现在孩子们的在校情况和后续的学习重点。在孩子们和老师们的共同介绍下,家长们纷纷点头,以班级文化引领学生成长的理念得到了家长们的认可。

圆桌会议指一种平等、对话的协商会议形式,既便于沟通又利于互相学习。本次家长会的第三个环节是利用圆桌会议的形式对家长们关心的教育热点或家教问题进行研讨。在此之前,班主任老师进行了调研,收集了家长们关心的话题,并选出2~3个话题在家长会时发布,供大家进行研讨。

图6-12 家长教师协会会议

针对中低年级的习惯培养、在家如何指导孩子复习,高年级的青春期沟通、激发学习的内驱力等问题家长们各抒己见,畅所欲言,热烈的讨论把家长会的气氛推向了高潮。充分讨论后,家长代表分享了各组的讨论结果。家长代表还来到学校食堂参观,大家对食堂的管理和环境连声称赞!大家怀着共同的理想和信念,互信、互容、互爱,形成开放、共享、共赢,促进学生发展的家校合育共同体。

第七章

迈向"大写"的人生

　　回望过去,学校育人硕果累累;展望未来,高质量发展催人奋进。在我国开启高质量教育体系建设的新征程中,十二中附小坚定高质量发展的信念,以"求真、崇善、唯美"的核心理念为指引,努力为全校师生奋力书写"大写"的人生创造有利条件,一所友善、优质、可持续发展的学校正呈现出全面育人的勃勃生机。

第一节　学生具备"大写"的气质

在加速变化的社会背景下,青少年应当具备哪些核心素养才能够很好地适应未来社会发展的需要？2016年9月,《中国学生发展核心素养总体框架》的发布,深入回答了教育要"培养什么人、怎样培养人"这一重大问题。中国学生发展核心素养体系研制的首席专家、北京师范大学教授林崇德认为,文化基础,重在强调能习得人文、科学等各领域的知识和技能,掌握和运用人类优秀智慧成果,涵养内在精神,追求真善美的统一,发展成为有宽厚文化基础、有更高精神追求的人;自主发展,重在强调能有效管理自己的学习和生活,认识和发现自我价值,发掘自身潜力,有效应对复杂多变的环境,成就出彩人生,发展成为有明确人生方向、有生活品质的人;社会参与,重在强调能处理好自我与社会的关系,养成现代公民所必须遵守和履行的道德准则和行为规范,增强社会责任感,提升创新精神和实践能力,促进个人价值实现,推动社会发展进步,发展成为有理想信念、敢于担当的人。

在培养学生成为有文化基础、有生活品质和有理想信念的人之外,十二中附小着力培养造就"大写"的人、让学生具备"大写"的气质。其中,创新是"大写"的气质的灵魂。李有毅校长在《培育创新DNA》的著作中强调,我们希望通过教育,让我们的学生身上能够附带创新人才的基因,让创新的因子根深蒂固地深扎在学生的内心,融入学生的血液中,让他们拥有创新的灵魂。创新思维和创新精神是创新人才最典型的特质,它们是隐性的,看不见、摸不着,却是决定了一个人能否成长为创新人才的关键。实践表明,将"大写"的人放在正中央的学校,培养出来的学生更富有活力、创造力和进取精神，胸怀更宽广、人格更健全、人生境界更高远，会努力去追求一种更有价值、更有意义、更有品位的人生。

滋养学生"大写"的气质，十二中附小有着自身独特的探索。学校以学生的兴趣点和需求为出发点，充分发掘教师的创造性潜能，开发校本课程资源并引进优秀的校外教育资源，不断完善适性课程，为学生提供丰富的特色课程资源。"乐乐"课程体系聚焦育人目标，强化课程资源与学生已有的知识和生活经验的紧密联系，做到逻辑自洽；将光影与阅读、金话筒、数学思维、大猫分级英语、黄梅戏、泥塑、街舞等教学整合进语文、数学、英语、音乐、美术、体育等学科教学，内容丰富、相互关联，拓展了学习的宽度和深度；开展适性课程探索，根据学生兴趣，开设机器人、航海模型、车辆模型、街舞、黄梅戏、小好奇学气象、衍纸、合唱、泥塑、书法等适性课程和社团课程，以课程的丰富性满足不同学生学习需求。

相信学生在一件事上获得的成功，将使学生获得持续发展的动力和能力。正如一位校长所说："学习，不仅在于获取知识，它更是一种生活，尤其对学生来说，是目前最主要的生活方式！"离开人，离开人类活动，离开主题实践活动，根本就无法说明美的发生、美的根源与本质。为此，学校每周开展学生自主微社团活动，为学生搭建展示才艺和互教互学的平台，学生的组织协调、倾听、表达、沟通能力得到了锻炼；在尊重学生及家长意愿的前提下，学校采用动态分层和隐性分层的方法进行分层教学，避免了标签效应；高度关注在学业成绩、行为习惯和心理品质上有待提升的孩子，指定教师与其结对，成为他们的影子成长伙伴，为特殊孩子的成长护航，做到了不让一个孩子掉队。

人不只是具有理性的片面人，而是同时具有情感性的全面人；人不只是具有同一性的抽象人，而且是同时具有个性和差异的具体人。课程要从学生生命的完整性和独特性出发，使学生在成为"大写"的人的基础上形成自由独特的个性。在"乐乐"课程体系的有力支持下，学生学习做人、学习知识、提升素养，在学校学习生活中获得存在感和价值感，学业水平测试一年一个台阶，在各类比赛和展示活动中精彩绽放，在实现自我价值的过程中获得生命的欢愉和积极向上的力量。近年来，部分学生获奖情况（科技类）见表7-1。

表7-1 北京十二中附小学生科技类获奖情况（部分）

序号	获奖学生	活动名称	奖项	获奖时间
1	李东实、王禹琦、张津	2018WRO机器人高手大会北区联盟赛——北京分站赛常规赛小学组	国家级一等奖	2018.7
2	刘仕桐、吴润轩、王子睿	2018WRO机器人高手大会北区联盟赛——北京分站赛常规赛小学组	国家级一等奖	2018.7
3	闫瀚文、郭田禹、欧梦阳	2018WRO机器人高手大会北区联盟赛——北京分站赛常规赛小学组	国家级一等奖	2018.7
4	赵楚萌	全国Scratch创意编程	国家级一等奖	2019.7
5	吴润轩	2018年未来科学家总决赛	国家级铜奖	2018.7
6	王子睿	2018年未来科学家总决赛	国家级铜奖	2018.7
7	仝佳怡、薛丁伟、王天灏	北京市太空种子种植小能手大赛小学组种植展示项目太空番茄组	市级一等奖	2018.12
8	曲坤元、陈一和	北京市太空种子种植小能手大赛小学组论文项目栽培技术与科学观察类	市级一等奖	2018.12
9	周雨轩	北京市中小学生纸飞机比赛小学女子组留空时间赛	市级一等奖	2019.4
10	王一灿	2018年海洋文化节电动航模航行赛	市级一等奖	2018.11
11	张津	2018年海洋文化节海洋主题的科普剧	市级一等奖	2018.11
12	张天悦	2018年海洋文化节航海模型制作赛	市级一等奖	2018.11
13	计子扬、李宗珉、贺煜轩	2018WRO机器人高手大会北区联盟赛——北京分站赛常规赛小学组	国家级二等奖	2018.7
14	欧梦阳、薛丁伟等船模小组成员	2018年北京市青少年创新大赛	市级二等奖	2018.4

续表

序号	获奖学生	活动名称	奖项	获奖时间
15	仝佳怡、薛丁伟、王天灏	北京市太空种子种植小能手大赛小学组论文项目栽培技术与科学观察类	北京市二等奖	2018.12
16	吴润轩	北京市中小学生电子与信息创意实践活动太空运矿项目小学组	北京市二等奖	2018.12
17	张鑫、张津	2018年度丰台区机器人竞赛FLL工程挑战赛	区三等奖	2018.12
18	肖子鸣	北京市中小学生纸飞机比赛小学男子组留空时间赛	北京市三等奖	2019.4
19	肖子鸣	北京市中小学生纸飞机比赛小学男子组直线距离赛	北京市三等奖	2019.4
20	马子昂	北京市中小学生纸飞机比赛小学男子组直线距离赛	北京市三等奖	2019.4
21	乔雅润	北京市中小学生纸飞机比赛小学女子组直线距离赛	北京市三等奖	2019.4
22	曲坤元、陈一和	北京市太空种子种植小能手大赛小学组种植展示项目航椒组	北京市三等奖	2018.12
23	彦翰文	2019年丰台区第九届青少年机器人竞赛	区一等奖	2019.6
24	张津	2019年丰台区第九届青少年机器人竞赛	区一等奖	2019.6
25	欧梦阳	2019年丰台区第九届青少年机器人竞赛	区一等奖	2019.6
26	李宗珉	2019年丰台区第九届青少年机器人竞赛	区一等奖	2019.6
27	郭田禹	2019年丰台区第九届青少年机器人竞赛	区一等奖	2019.6
28	吴润轩	2019年丰台区第九届青少年机器人竞赛	区一等奖	2019.6
29	张天悦	第十六届北京市中小学生气象知识竞赛	北京市一等奖	2020.5

续表

序号	获奖学生	活动名称	奖项	获奖时间
30	张津	第十六届北京市中小学生气象知识竞赛	北京市一等奖	2020.5
31	李东实	第十六届北京市中小学生气象知识竞赛	北京市一等奖	2020.5
32	沈浩睿	第十六届北京市中小学生气象知识竞赛	北京市一等奖	2020.5
33	曲坤元	第十六届北京市中小学生气象知识竞赛	北京市一等奖	2020.5
34	段少晗	第十六届北京市中小学生气象知识竞赛	北京市一等奖	2020.5
35	张天悦	第十七届北京市中小学生气象知识竞赛	北京市一等奖	2021.5
36	张津	第十七届北京市中小学生气象知识竞赛	北京市一等奖	2021.5
37	李东实	第十七届北京市中小学生气象知识竞赛	北京市一等奖	2021.5
38	沈浩睿	第十七届北京市中小学生气象知识竞赛	北京市一等奖	2021.5
39	曲坤元	第十七届北京市中小学生气象知识竞赛	北京市一等奖	2021.5
40	马子昂	第十七届北京市中小学生气象知识竞赛	北京市一等奖	2021.5
41	赵哲洋	2021年北京市青少年航海模型线上赛	北京市一等奖	2021.12
42	朱昕睿	2021年北京市青少年航海模型线上赛	北京市一等奖	2021.12
43	白钧晗	2021年北京市青少年航海模型线上赛	北京市一等奖	2021.12
44	杨梓芊	2021年北京市青少年航海模型线上赛	北京市二等奖	2021.12

续表

序号	获奖学生	活动名称	奖项	获奖时间
45	李若菲	2021年北京市青少年航海模型线上赛	北京市二等奖	2021.12
46	张浩睿	2021年北京市青少年航海模型线上赛	北京市二等奖	2021.12
47	马卓益	2021年北京市青少年航海模型线上赛	北京市二等奖	2021.12
48	仝佳怡	2021年北京市青少年航海模型线上赛	北京市三等奖	2021.12
49	闫沁	2021年北京市青少年航海模型线上赛	北京市三等奖	2021.12
50	陈泽轩	2021年北京市青少年航海模型线上赛	北京市三等奖	2021.12
51	王子熠	2021年北京市青少年航海模型线上赛	北京市三等奖	2021.12
52	马卓益	2021年北京市青少年航海模型线上赛	北京市三等奖	2021.12

菅卓然同学成功晋级世界青少年奥林匹克数学竞赛总决赛 *

在2020年第二十六届世界青少年奥林匹克数学竞赛（中国区）选拔赛中，北京十二中附小六（2）班菅卓然同学表现优异，展示出扎实熟练的数学基础和灵活开阔的思辨能力，顺利斩获第二十六届世界青少年奥林匹克数学竞赛（中国区）选拔赛北京赛区省级复赛六年级组一等奖，成功获得总决赛资格。在向菅卓然同学表示祝贺的同时，也希望他再接再厉，继续加油！我们也相信拥有这样的拼搏经历会让他更加从容地面对今后学业与生活中的挑战！

---

* 本文由张远征撰写。

北京十二中附小航海模型社团荣获佳绩 *

北京十二中附小航海模型社团学生积极参加 2021 年北京市青少年航海模型线上赛，共荣获 16 项奖项，获奖率 100%，其中一等奖 3 人，二等奖 6 人，三等奖 7 人。

2018 年，北京十二中附小成功承办了北京市学生海洋文化节。多年来，学校坚持发展航海模型社团，学生屡获佳绩，相信这次获奖将进一步激发学生参与航海模型课程学习的热情，进一步提升学生的科学素养！

一个孩子的动车展 **

有一个孩子表达能力很弱，讲话没逻辑层次，半天才能说一句话，特别自卑内向。我便特别关注这个孩子，其实方法很简单，什么都不做，就是请他每周给我讲一个故事。这其实是想向他暗示，我在倾听他的话语。他讲故事的时候，我只是偶尔跟进一句话，或者用眼神告诉他我在听，适当地表示惊奇，表示喜悦。

结果，没几周他就喜欢上我了。听了几次，我就发现他讲来讲去都是火车特别是动车的故事。有几次，他就送了他的画给我，画的也都是动车。后来，我就对他说，你对动车了解得这么多，我要给你办一个动车展。他听后高兴坏了。我们教室的外面都有走廊，我就把走廊的一面墙留出来，为他办了一个动车展。

这个孩子现在变得自信多了，他的家长知道后也非常感激。在我的鼓励下，他还给全年级孩子讲了故事。虽然他讲故事的能力跟其他孩子相比还是有差距，但是他现在非常喜欢讲话，喜欢学校。我在倾听的过程中体验到：不管孩子说得多么语无伦次，只要你试着表现出自己的兴趣，你就会对孩子的话产生真正的兴趣。我也感悟到：真正的爱不应只是关心他的衣食住行与

---

* 本文由高涵撰写。

** 本文由司学娟撰写。

生活起居，更重要的是对他感兴趣的事情给予关注。

来自小罗的挑战 *

有个叫小罗的一年级学生很聪明，也特别淘气。有次因为犯错误被大队辅导员金老师带到我的办公室，我还没开口，他就振振有词地说：老师办公室写着"当一个学生最不可爱的时候就是他最需要爱的时候！"我和金老师一下子蒙了，不知道如何应对。小罗说的是学校制定的《北京十二中附属实验小学最美教师行为准则十条》中的一句话，想不到刚入学的一年级新生竟然能认读里面的文字，而且用得恰到好处。不过孩子毕竟是孩子，我追问了一句：你是不是认为自己不可爱？为什么会这么认为？他不好意思回答。

小罗在与同学的交往中表现出暴力倾向，动辄就打同学，而且以自我为中心，自己想得到的没得到就大哭大闹，经过一段时间的关注和教育，他认识到了自己的问题。有一次他主动提出参加午间秀场活动，讲《周处除三害》。他讲得特别棒，并且结合自己的问题进行了反思，说其实自己也是班级的"周处"。那天隔壁班的一个叫硕硕的残疾孩子也参加讲故事，从效果看，与小罗相差较远。但是，因为小罗平时爱打人，同学反感他，在评选自己最喜欢的节目时21个同学将票投给了硕硕，小罗仅仅得了3票。活动结束，小罗开始一言不发，后来禁不住哭起来。我安慰他说："你今天讲得很精彩，但硕硕吐字不容易，讲了那么长的故事，同学们更多的是看到她的付出。"并且指出来这个得票结果与他不受同学欢迎有关系，希望他改正爱打人的缺点，做个受欢迎的人。他很伤感地说："应该看实际表现！"作为一年级的小学生，思想有如此的深度，很是让我意外。

小罗时而可爱时而可恨的故事每天都在上演着，每个学生的学习起点不一样，思维品质不一样，气质类型与兴趣爱好不一样，教育情境的不确定性、教育对象的差异性时时考量着教育者的耐心与智慧，这也是教育的魅力所在。

---

* 本文由司学娟撰写。

特派时间 *

去年冬天的一个星期天，北京下大雪，多年没下这么大的雪，这么好的机会，大人都想到雪地里去撒撒欢，更何况是孩子们呢？学校要将安全放在第一位，但学校不是保险公司，不能以安全压倒教育。学校在对学生的教育中应该有更多的担当，不能因为怕出意外怕担责任而剥夺学生正当的游戏和锻炼的机会。

那时候我从外地返回北京，在火车上发了短信给班主任，说了我的想法：第二天我在升旗仪式上宣布：如果哪个教室的地面不出现一张纸屑，哪个班级就可以获得"特派时间"——下午到室外玩雪。之所以用这个条件跟孩子们交换，是希望可以利用这个机会闻"机"起舞——当时班级的卫生状况不好，孩子们乱丢垃圾的现象比较严重，我希望借此引导孩子们改变卫生习惯。

把玩雪的时间放到下午而不是上午，是考虑到玩后孩子们的衣服可能会比较湿，如果没有换的衣服会比较冷，而下午玩完了就可以直接回家换衣服了。那天快放学的时候，我就去各班巡视，在三个班里都走了一遍。结果孩子们特别可爱，一个个非常紧张地盯着我，生怕得不到去玩雪的机会。一个班的地面上有一张纸屑，但为了成全孩子们，我便"视而不见"。最后，我宣布，三个班级的卫生情况都合格，都可以获得"特派时间"，孩子们顿时欢呼雀跃，下午玩得特别开心。

成人 成事 成群 **

带着浓浓的思念，带着热切的期盼，我们今天重聚校园！看着大家喜悦的眼神，听着大家激动的问候，我的心中涌动着一股热流。开学第一课，我以"成人、成事、成群"为己任与大家共勉！

---

* 本文由司学娟撰写。

** 本文为笔者在开学典礼上的讲话。

一、成人——责任与义务

这次新冠肺炎疫情，可以说是我们成长中的关键事件，在共同的遭遇中，每个人会有不同的看到、记住和反反复复的思考。除夕夜，援鄂医务人员的逆行送别，全副武装的他们在病房急速救护的倾心倾力，瘫倒在病室外、倚墙短暂而眠的睡姿，被口罩勒出的白净脸上刺眼的一道道血纹，都如刀刻般留在我们的记忆中。火神山、雷神山的威武之名，工地上彻夜的灯火、机器的轰鸣和一声声来自四面八方的"我来"，创造了10天、14天建成两个医院的奇迹，破解了病人等床位的困局，做到了床位等病人，为"拐点"的出现立下了汗马功劳。每遇灾难，冲在最前面的总是中国人民解放军战士的身影，满载着救援物资的疾驰的车辆，数以万计的民警、志愿者、快递人员、社区工作者，都为了自己的责任和义务而逆行。2月，教育部"停课不停学"一声令下，全国各地各类学校纷纷响应，老师们尽力付出，同学们尽力适应，开始了教育教学从"线下"转到"线上"的行动。我们都经历的这次"大考"，让同学们明白了成人就是懂得自己所背负的责任与义务，小而言之，是对自己以及亲人的责任与义务，大而言之，是对这个社会的责任与义务。

二、成事——努力实现计划、目标

居家学习，外界对于同学们的诱惑很大，这个诱惑可以来自电视、网络，甚至来自电影、小说等等。但是，我们大部分同学能自律，进行自主管理、自主监督、自主反思和调控，有的同学假期进行了大量阅读，有的同学学习了一整册新概念英语，达到了四级水平，有的同学跟着网络学习编程，有的坚持每天跟着网络课程学习写作和奥数，收获满满，实现了弯道超车，做到了"成事"。而有的同学挡不住手机游戏的诱惑，作业不能按时完成，学习一落千丈。我一位亲戚的孩子小升初，家长托了很多关系都被回绝，但最后以考试成绩被自己理想的重点中学点招，而且进了实验班。机会从来是给有准备的人的，每个人都是自己人生的主人！我希望同学们树立自信，树立学习目标，订立学习计划，提高执行力，以更清醒的生命自觉，成为自己人生小船的船长，从航线的制订，到暗礁的绕过、风浪的战胜，都要自主、亲历，在自律中"成事"。

自律学习者具备明显的特征：不需要外因刺激、主动追求所需信息，不断增强学习能力并逐步掌握学习方法和内容；有着内在的学习动机和自我激发能力；对信息做出反应，通过不断自我调整、改进来提高自己的学习策略；学习方法是有计划的，学习时间是定时而有效的；对学习过程做出自我监控，能够主动营造有利于学习的情境。

三、成群——在互助中共生

每年秋天大雁南飞一会儿排成一字形，一会儿排成人字形，那是为什么？因为这么飞可以更省力。大雁扇动翅膀会在后方带起一股上升气流。紧跟着后面就可以飞得更快更省力。带队的头雁飞累了，后面的大雁还会接替它的位置，轮流休息。据科学家分析，以人字形或者一字形编队飞行的雁群，比单只大雁能飞的距离要长73%。大雁通过创造性合作，实现了整体大于部分之和。在特殊时期，希望同学们学习大雁精神，在同学忘记一米距离时送上提醒，在同学情绪低落时送上关心，在同学学习遇到困难时送上帮助，让友爱的春潮汇成动听的合唱，在期末考试前有限的三周时间内，奋力拼搏，以赶学帮超的学风实现共好和更好。

最后，希望同学们在特殊时期成人、成事、成群，做到防疫与学习并重，实现健康与梦想齐飞！

在2021届学生毕业典礼上的讲话 *

今天，我们在这里隆重举行2021届学生毕业典礼，共同见证同学们圆满完成学业！首先，我代表全校师生员工，向同学们表示最热烈的祝贺！也让我们一起向为你们成长成才付出辛勤汗水的老师、家长朋友们，致以最衷心的感谢！

---

* 本文为笔者在毕业典礼上的讲话。

同学们，时间如白驹过隙，转眼六年过去了。六年来，你们和北京十二中附小一起成长，你们也一起见证附小的成长。我不敢肯定未来的学弟学妹是不是像你们一样优秀，或者会比你们更优秀。但是有一点我可以肯定，无论他们有多优秀，有一点，你们是永远无法被超越的，那就是你们是永远的学长，你们是"黄埔一期"，是首届毕业生！所以，你们创造附小的历史，他们去创造附小的未来。

今天，作为第一届毕业生，你们又将创造历史，你们将第一次让北京十二中附小成为"母校"。母校，就是你曾经在这里学习和成长的地方；母校，就是你曾经在这里留下快乐和悲伤、抛洒过泪水与汗水的地方；母校，就是你曾经在这里结识同学和老师，结下终身同学情和师生情的地方。在毕业之际，我有几点感悟与大家分享。

腹有诗书气自华，心中有敬礼自现。"书是甜的""书是最好的朋友""书让灵魂壮游"……这些喷绘在学校楼道阅读树上的话语都已经浸润到每位同学的血脉中，有书籍相伴，人生就会有温暖和力量。一个人如果目中无人，学再多的礼仪也没有用。心中有了敬意，在乎别人的感受，在行为举止上就会不自觉地表现出对人尊敬有礼，做到独善其身和相善其群。

胸怀在蓝天，深情藏沃土。因为对蓝天的渴望，雄鹰才搏击长空；因为对海水的向往，游鱼才逆流而上；因为有梦想导航，我们才有前进的方向。2016年春天，我们在校园里种下了一棵棵树，树像我们的小伙伴，与我们共成长，希望同学们像树木一样，顽强地向下扎根，汲取养分，积极地向着蓝天，向着阳光生长。

脚踏实地海让路，持之以恒山可移。现代社会诱惑很多，金钱的诱惑、懒惰和安逸的诱惑；网络游戏的诱惑、"哥们儿义气"的诱惑等，一个人成熟的标志是他有了自我管理、自我反思、自我监控、自我调控、自我超越的能力。"世界是一棵长满可能的树"，相信一切皆有可能。相信改变世界的力量有大有小、改变世界的方法有无数种，我们自己也可以成为改变的力量。找准了目标，就要克服困难坚持不懈地做下去，最终会达到"柳暗花明又一村""千树万树梨花开"的美好境地。

不厚其栋,不能任重。如果不愿担责或肩膀不硬就难以担当大任。是什么让霍去病发出"匈奴未灭,何以家为"的呐喊?是什么让陆游发出"位卑未敢忘忧国"的慨叹?又是什么让顾炎武发出"天下兴亡,匹夫有责"的呼唤?是责任,是无数仁人志士记在心上、扛在肩上的责任。正是这责任,推动了历史车轮的滚滚向前,也正是这责任,闪耀着人性中的光芒。一个人承担的责任有多大,就能取得多大的成功;一个人越敢于担当大任,他的意气就越风发。

我们的未来充满了不确定性,可能波澜壮阔,鲜花铺就;可能一马平川,春风荡漾;也可能遇到瓢泼大雨和暗礁险滩。天行健,君子以自强不息。我们十二中老校长陶西平先生曾经说过,真正的强者不是跑得最快的人,而是跌倒了爬起来最快的人。相信爬起来后你比你想象中更坚强、更勇敢、更强大、更豪迈!

今天你们毕业了,在写毕业致辞的过程中,我几次落泪,从心里真的舍不得你们离开,相信离别都是为了更好地相逢。希望你们带着附小的文化底色,去创造属于你们的人生高度和美好未来!未来可期!谢谢大家!

第二节　教师具备"大写"的风范

2014年9月10日,习近平总书记在同北师大师生代表座谈时说:"一个人遇到好老师是人生的幸运,一个学校拥有好老师是学校的光荣,一个民族源源不断涌现出一批又一批好老师则是民族的希望。……教过我的老师很多,至今我都能记得他们的样子,他们教给我知识、教给我做人的道理,让我受益无穷。"习近平总书记在学校思想政治理论课教师座谈会上强调,青少年阶段是人生的"拔节孕穗期",最需要精心引导和栽培。教师要给学生心灵埋下真善美的种子,引导学生扣好人生第一粒扣子。习近平总书记的重要论述突出强调了教师作为学生引路人的重要职责。培养造就"大写"的人,教师首先要具备"大写"的风范,要善于用人格力量来丰厚学生的心灵,要善于培养学生独立思考的精神,要善于帮助学生实现求真、崇善、唯美的相融共生,使学生最终成长为一个"大写"的人。

"传道"是教师的首要职责。唐代韩愈云:"师者,所以传道授业解惑也。"教师是深度参与学生精神生活的引领者,教师的一言一行对学生的思想、行为和品质都具有潜移默化的影响。具备"大写"风范的教师总是以自己的人格魅力和精神气质感染、熏陶和影响着学生。"传道"不是只关注分数,更要关注学生人格品质培养,以自己的精神气质、人格魅力和自身言行唤醒学生,给学生以启迪和思考,帮助学生在成长的关键期树立正确的世界观、人生观和价值观。做好传道者,教师自身修养是前提,包括坚定的理想信念、崇高的道德修养、对丰富个性的包容、对人个性化发展的充分认识、传递正能量的意识和能力、沟通的艺术、自我情绪管理,等等。

"君子之学必日新，日新者日进也。"教师只有保持进取之心，把"学习""追求卓越""创新"当成习惯，才能在教育上有所突破，才能具备"大写"的风范。着力培养造就学生"大写"的气质，把他们培养成为适应未来经济社会发展的"大写"的人，北京十二中附小教师要具有崇高的思想道德修养，不断学习新知识、新技能，反思、研究和创造知识，以学生为中心探索新型课堂教学模式，引领学生自我建构、自我发展、自我超越，加快形成自己的教学风格、独立的教学见解以及凝练的教育思想，做一名符合新时代教育改革发展需要的创新型教师。

教师具备"大写"的风范，离不开坚定的教育信仰。教师的教育信仰，可以通过挖掘各种各样教育仪式的精神性陶冶力量来进行，特别是可以通过在职教师的宣誓仪式来进行。世界不少国家，都有这种任职宣誓（teacher oath or loyalty oath），并把这种宣誓作为教师从教的先决条件。1996年，新加坡政府教育部为了提升为公众教育服务的质量和水平，也进行了任职宣誓活动，整个仪式简单隆重。誓词全文为："我们是新加坡的教师，誓言忠于教育使命，帮助所有学生将本身最好的潜能发挥出来；我们在执行任务与责任时将立下好榜样；我们将督导学生成为新加坡的好公民，有用的公民；我们将继续学习，并将学习的热情感染给我们的学生；我们将赢得家长和社群的信任、支持与合作，促使我们能完成使命。"十二中附小也通过教师职业宣誓这种仪式，培养教师具备"大写"的风范。

北京十二中附属实验小学教师誓词

校长：我们一个肩挑着学生的理想和希望，一个肩挑着国家的发展、民族的明天。面对国旗，面对学生，我们庄严宣誓：

集体：秉承北京十二中附小"求真、崇善、唯美"的教育理念，恪守"同心同德、兢兢业业、求实创新"的校训，八气修身，静心育人，潜心教书，做学生喜欢、家长满意、同行佩服的教师。

宣誓人：说自己的名字。

书写教师"大写"的风范，要求教师增强课程意识，建立课程思维，为学校课程体系建构贡献智慧，研究课程，研究学生，研究教学。在育人实践中，学校教师用自己独有的眼光去理解和领悟课程标准、课程基本框架、基本理念、培养目标、基础知识，将自己的教学智慧、人格魅力、价值取向和人生态度渗透在课程实施过程之中。通过选择、改编、整合、补充、拓展等方式，在不改变课程总体框架的情况下，对国家课程和地方课程进行适度再加工、再创造，使之更符合、更贴近学生、学校和社区的特点与需要，参与开发系列化的校本课程，教师在课程开发实施过程中树立了大课程观、大教育观。

在课程资源开发与建设中，学校越来越多的教师变"教教材"为"用教材"，变"学科教学"为"学科教育"。例如，美术教师以"海的女儿"为题材，通过话童话、画童话、塑童话的一系列课程设计，让学生在一定的语境中进行创作，让学生的作品因为"有文化"和"有用"而熠熠生辉；校本食育课教师在《春季话养生》教学中，引导学生查找并背诵与荠菜相关的诗句，了解荠菜的营养价值，教学生包荠菜饺子，在吃饺子的环节学习餐桌礼仪。教师在对课程的理解、改造和创生的过程中，目标意识、学生意识、结构意识、生成意识、资源意识、反馈意识使教师将学生、学科和自己完美编织在一起，教师成为课程里的重要元素，教师成为学生引导者、合作者、帮助者、支持者的角色转变得到一定程度的实现，分享式教学理念得到老师们的高度认同。在2020年学生居家学习期间，学校老师设计的主题学习学案先后有六篇被市区教研部门采用或分享，有八篇主题课程报道被头条、北京日报、千龙网、现代教育报等媒体报道，分享式小组合作学习方式受到学生的欢迎和家长的广泛认可。

"日日新"讲坛 *
"为学为师，求实求新"校本研修活动

为促进教师的专业成长，给教师搭建交流展示、学习提升的平台，2022

---

* 本文由赵亚萍、熊丹撰写。

年1月20日,学校以"为学为师,求实求新"为主题开展了校本研修活动。本次研修活动由赵亚萍副校长主持。

李爽、陈子娇、晋维娜、邓宇、金霞、靖晓宁、王梦怡七位老师分别从课程设计、教学研究、教育心得、教研创新四个方面为大家讲述了自己在工作中的收获和感悟;张远征、郗莎、贾占海、杨蕾、申慧敏、范晓烨、李珊珊七位教师结合大家的分享发表了自己的看法。

司学娟校长对每一位教师的分享进行了点评。"日日新"就是每天有生长,生长认识,生长理性,生长智慧,生长行动力。作为教师要善于反思自己在工作中的不足,没有反思就没有进步。工作中遇到了个性学生,要用智慧的方式,以坚持去浇灌,最终让铁树开花。司学娟校长强调,结构决定品质,附小还要进一步朝系统性、结构化来努力,做到有目标、有结构、有内容、有路径、有评价、有创新、有实效。

"日日新"讲坛,让老师们在"为学为师"的道路上,涵育情怀、感悟规律、寻找新意、享受生命的欢愉,收获积极向上的力量!

依托爱国歌曲 深植家国情怀 *
——丰台区"百年百团唱百歌"活动暨小学音乐爱国歌曲教学展示课

在中国共产党建党100周年来临之际,丰台区持续开展"百年百团唱百歌"主题活动。2021年6月9日,北京教育学院丰台分院艺体教研室主办的"百年百团唱百歌——丰台区小学音乐爱国歌曲教学展示课"活动在北京十二中附属实验小学召开。本次活动旨在让音乐课堂成为传唱爱国歌曲、厚植家国情怀的主要阵地,同时也展现丰台区少先队员的新风貌。

出席本次活动的嘉宾有:丰台区教委副主任钟灵;丰台区教委体卫艺科科长陈霞;丰台分院艺体教研室副主任、小学音乐教研员杨俐嘉;北京十二中附属实验小学校长司学娟;北京小学万年花城分校副校长丁艳茹;丰台二

---

* 本文由杨俐嘉、周连香撰写。

中附属实验小学音乐教师何媛。同时，丰台区小学音乐教师通过观看直播的方式参与到了本次活动中。

图 7-1　丰台区"百年百团唱百歌"活动

活动分为三个环节，第一个环节是爱国歌曲教学展示课。第一节课由东铁匠营第一小学的刘京涛老师执教二年级唱歌课《中国少年先锋队队歌》，所用授课班级为北京十二中附小二年级（3）班。第二节课由北京十二中附小的周连香老师执教四年级唱歌课《中华人民共和国国歌》，所用授课班级为北京十二中附小四年级（1）班。第三节课由东高地第二小学的张红梅老师执教五年级唱歌课《卢沟谣》，所用授课班级为北京十二中附小五年级（1）班。

观摩了展示课后，钟灵副主任指出丰台区开展的"百年百团唱百歌"活动是为了让孩子们在传唱爱国歌曲的过程中了解它们的创作背景和时代主题，知道中国共产党的发展历史。同时，我们要"学起来、唱起来、讲起来"，在音乐课中让学生学唱爱国歌曲；在学校、社区、公园、标志性建筑前传唱，传递红色基因；鼓励孩子们讲出爱国歌曲背后的故事，讲出丰台区标志性建筑的故事和新时代的故事，加强对中国共产党的认识，加深对自己家乡丰台区的情感。钟主任最后对音乐教育工作者提出了倡议：希望我们充分发挥"以美育人"的作用，让音乐成为感染学生的心灵、弘扬时代新风尚、表现新时代丰台区好少年的载体。

活动的第二个环节是三位授课教师分享课程设计思路。《中国少年先锋队队歌》课程设计思路:《中国少年先锋队队歌》是学生都非常熟悉的一首歌曲,也是作为少先队员必须会唱的一首歌曲。这节课的设计,在指导学生准确演唱歌曲的基础上,引导学生自主进行音乐要素与情绪情感的分析解读,从而能够富有感情地唱好歌曲。在唱好歌曲的基础上,引导学生了解中国少年儿童队伍的发展历程,从1924年的劳动童子军,到现在的中国少年先锋队,中国优秀少年儿童组织,已经跟随着我们的党,走过了98年历程。其中,《共产儿童团歌》是教材中孩子们喜欢的歌曲,并在演唱中了解到其中的"时刻准备着"就是现在入队时的呼号,象征着一种传承;抗日儿童团阶段,《歌唱二小放牛郎》这样表现小英雄的歌曲层出不穷,在歌唱中带领学生感受保卫国家的使命;直至1978年,中国少年先锋队正式恢复命名。通过聆听故事和演唱歌曲,带领学生在重温入队呼号中发自内心地以歌声来表达成为共产主义接班人的坚定理想与信念。

图7-2 向着太阳歌唱

《中华人民共和国国歌》课程设计思路:《中华人民共和国国歌》是中华人民共和国的象征与标志,它反映了中华民族的精神。国歌在本套教材中共出现了三次,两次聆听、一次演唱,可见地位之重。作为新时代的少先队员,我们必须能准确地演唱国歌,还要唱好国歌,更要理解国歌所表达的情感，从而实现"用心歌唱，用情演绎"。本节课在学生已经会唱国歌的基础上，以"爱国情感"的表达作为重点。本课以课前查找国歌的相关资料来调动学生学习的积极性，并以"知识热搜榜"来呈现，让课堂更有趣味性和时代性，以国歌的发展作为时间线索，在此过程中，了解《义勇军进行曲》诞生的时代背景、回顾国歌的发展历史、分析歌曲的词曲特点、结合时代背景用歌声表达爱国之情，通过几个教学环节最终使学生能饱含激情地演唱国歌。

《卢沟谣》课程设计思路：《卢沟谣》是一首站在卢沟桥头唱中国历史的歌，唱中国精神的歌。作为成长在丰台的一名少年儿童，对卢沟桥并不陌生，但是对歌曲《卢沟谣》表现的卢沟桥地区百年的历史变迁学生并不是特别了解。整个授课过程中，教师用生动的语言娓娓道来，带领着孩子们从今天的美好景象，回望过去的峥嵘岁月，用润物无声的方法引导学生在文化理解的基础上去感受并表现歌曲的美。教师饱含激情地引导学生体会并表现国家危亡时人民英勇不屈的决心，在引发学生情感共鸣基础上一步步唱好歌曲，在一次次情感的渲染中把课堂气氛推向高潮。课堂最后，孩子们用深情的歌声唱出了伟大祖国百年的历史变迁，唱出中国人民顽强不屈、坚韧不拔的精神，唱出了坚定的信念和继往开来的决心。

丰台区小学音乐教研员杨俐嘉在点评总结中指出：听完三节音乐课最大的感受就是"感动"。作为音乐教师，先要让音乐感动自己，才能在课上让音乐感动学生，三位授课教师都做到了这一点。《中国少年先锋队队歌》的视角是要让少先队员了解少先队成长的背景、历程以及歌曲所赋予我们的任务；《中华人民共和国国歌》是以歌曲创作、发展的时间为线索，带孩子们了解国歌的价值和意义。这两节课都是在孩子们已经会唱歌曲的基础上，抓住旋律中最有特点的地方，指导学生富有感情地歌唱。《卢沟谣》合唱教学对于老师和孩子们来说，在一节课完成是一个挑战，张红梅老师以丰富的教学经验，用孩子们身边的场景，带领他们走进卢沟桥并用声音诠释歌曲表达的情感。最后，杨老师高度肯定了三个授课班级孩子们的歌唱声音与精神状态并对学校的支持表示感谢！

第三节 把"大写"的"人"写得更大

教育是培养人的事业,把学生培养成为一个"大写"的时代新人,这既是教育的出发点,又是教育的过程,更是教育的归宿。时代赋予了教育工作者历史性的机遇,也带来了不一样的挑战,但笔者始终相信,为党育人,为国育才,把大写的"人"写得更大更好,既是十二中附小得以持续发展的最重要特质,更是学校未来发展必须始终坚守的初心使命。

一、友善:给生命涂上爱的底色

培养什么样的人、怎样培养人,是教育的核心问题。教育学首先是关系学,教育的全部意蕴都包含在师生、生生关系中。师生关系是教育教学质量的基础;亲其师,才会信其道;如果你讨厌你的学生,那么你的教育还没有开始,实际就已经结束了。好的关系的建立需要有包容心,需要积极沟通,需要有一个"仁爱""正义"的环境,让师生获得生命的欢愉和积极向上的力量,奋力书写"大写"的人生,是我们首要的教育价值追求。

满足儿童安全的需要。人是一个追求安全机制的有机体,其感受器官、效能器官、智能等主要是寻求安全的工具,安全感是心理健康的基础。有安全感的孩子才会有自信和自尊,才能与他人建立互信的人际关系,才能积极挖掘自身潜能。

树立正确的学生观。在教师的心目中,不应该有坏学生,只可能有心智发展不成熟的学生;学生成长道路上的错误,就像学习走路的幼儿跌跌头,绝大部分跟道德品质没有多大关系。教师不要埋怨学生，当教育教学效果不如意时，要先检视自己。"每临大事有静气"。面对学生不服从管理的情况，不是用冲动来解决。

尊重儿童成长规律和教育规律。教育活动要顺天性、顺人性、顺个性，尊重学生发展的差异性、阶段性和不平衡性，注重对每一名儿童自信心和独立精神的培养，在乎学生内心的感受。

构建"以人为目的"的德育主题活动课程。为了在学生心中播撒和平的种子，我们将和平教育作为德育的主要内容，引导学生学会防范和化解冲突，学会沟通和合作，树立全人类共同利益观念。我们遵循青少年认知规律，以循序渐进的方式，串联不同年级，从一年级到六年级分别围绕身心之和、人伦之和、天人之和、社会秩序之和、协和万邦、做大写的人六个维度开展主题活动，使德育成为一个逐步深化而又主线清晰的发展进程。

发展"做自己的冠军"的学校文化。"双减"以立德树人为根本任务，提倡"高合作、高激励"和"低评价、低竞争"，旨在打破学校恶性竞争局面。2021年9月，学校以"做自己的冠军"为主题举行开学典礼，激励学生从奥运冠军身上汲取力量，脚踏实地，仰望星空，自我超越，做自己的冠军。

学校着力加强社会主义核心价值观教育，加强生命伦理教育、公民教育、生命教育，培养学生养成以天下为己任的责任精神，养成平等尊重、友爱互助的友善精神，养成勇于创新、创造未来的创新精神，真正使学生成为一个"大写"的人。

二、优质：让学生获得选择的能力

教育的根本目的在于培养学生健全人格，让学生学会求知，学会做事，学会共处，学会生存，成为具有独立思考能力、能够自主选择人生方式的"大写"的人。作家龙应台曾对儿子说："孩子，我要求你读书用功，不是因为我要你跟别人比成绩，而是因为，我希望你将来会拥有选择的权利，选择有意义、有时间的工作，而不是被迫谋生。"① 人生的路有千万条，在面对选择专业、职业以及人生道路的十字路口，让学生学会正确的选择和取舍，是"大写"的人应具备的基本素养，是十二中附小建设优质学校的出发点和落脚点。

一个有发展潜力的教育系统或学校组织一定是充满生命活力、对内外环境变化高度敏感且能做出及时合理反应，并且面对未来能够实现可持续发展的教育系统或组织。彼得·德鲁克（Peter F.Drucker）说过："管理者的一项具体任务就是要把今天的资源投入创造未来中去。"② 十二中附小以体系建设促进学校教育高质量发展，建构系列化的教师专业发展体系，构建为学生提供丰富而个性的课程资源体系，建立协商、反思、个性化的发展性评价体系，开发出系列引导学生主动探索、发现和建构的教学支架，促进学生全面而个性发展，使学生在将来拥有更多选择的权利，从而能够以自己的方式书写"大写"的人生。

课题研究：以分享式学习促学习减负和教学增值。华东师范大学钟启泉教授认为，在对话中学习与发展是这样实现的：认知冲突的增值效应，向他者解释的增值效果，内化和外化的增值效果，角色分工的减负效应。我们以区级重点课题"开展分享互动教学促进学生核心素养提升的研究"为引领驱动学习方式变革，围绕分享互动式教学"问题""思考""分享""互动"的四个思维单元设计了系列学习支架，引导学生在互敬互助、有效沟通、成功分享的合作文化中主动探索、发现和建构，打破了传统以刷题、知识点灌输为主的学习方式，推进教学从传递中心走向对话中心。

课程实施：凸显综合化、主题化发展趋势。我们以契合、整合、融合、联合、化合为课程建设思路，以共同基础课程（国家课程）为圆心，根据知识的内在逻辑联系而进行多维拓展与整合，以"学科＋学科内""学科＋其他学科""学科＋专题活动""学科＋生活世界"的整合方式，形成"学科＋"的学科课程群；以"阅读＋"的方式实施学科课程和主题活动课程，所有课程在实施过程中都要有相关的阅读内容，进行全学科阅读，用阅读"让灵魂壮游"，

---

① 龙应台. 亲爱的安德烈[M]. 北京：人民文学出版社，2008.
② 德鲁克. 卓有成效的管理者[M]. 许是祥，译. 北京：机械工业出版社，2009.

让阅读"帮助学生建立更大的智力背景",让阅读"成为最长远的教育"。

课堂教学:设计由浅入深、循序渐进的学习过程。立足学生实际,遵循学生成长规律,将学生从超前教育中解救出来,还学生一个健康快乐的童年。深入推进以"深浅有道 道术并进"为主题的校本研修活动。"深"是指对教材研究深,学科底蕴深;"浅"是指有儿童立场,设计由浅入深、由简到繁、循序渐进的教育教学过程。通过设计学习单、思维导图的方式,暴露学生的思维过程,加强学生学习过程的诊断性评价和反馈,消除学生学习过程中的"疑点、断点、盲点"。以学科组为单位,开设作业设计交流群,着力提升教师的作业设计能力,包括作业内容、形式、数量、难度、广度、效度、完成时长、跨学科作业设计等,让作业众筹智慧,让作业张扬个性。

课后服务:五育并举满足和发展学生需求。十二中附小以立德树人为目标,根据学生和家长的需求,通过五育并举的方式,开展阶段式课后服务。一是"运动时刻",每周一下午课后用半个小时组织学生开展小课间活动,弥补周一上午升旗仪式占用的大课间活动时间;二是"学习时刻",学生完成书面作业,教师适时辅导;三是"社团时刻",根据学生的需求和特长,开展基于学生兴趣的适性课程和面向竞赛与展示的社团课程;四是"阅读时刻",周五下午全校实施《漫溯——北京十二中附属实验小学基于核心素养的阅读课程》,并以年级为单位举办好书推荐故事会;五是"劳动时刻",随机组织学生到"开心农庄"进行生产劳动和开展净化校园的服务性劳动;六是"延时服务时刻",为了满足双职工家长下班接孩子的需求,学校进行混龄编班,组织学生自学和进行辅导答疑。为了提高课后服务的针对性和实效性,学校党支部实施影子成长伙伴工程,每位党员重点帮扶一到两位在学习基础、行为习惯、心理品质上有问题的学生;利用智慧课堂学习机,为五、六年级学生建立个性化学习成长数据,精准设计个性化学习方案及个性化作业,进行人机英语口语对话,做到学习辅导数据化、精准化、个性化。

课外实践:将教育引向生活、引向自然、引向社会。立足五育并举,注重实践育人。结合学校的"小好奇探气象""跟着真真、善善、美美走读世界""跟着太阳走一年""卢沟笔记"课程以及科技节、学科嘉年华等综合实践活动，开展跨学科主题综合性学习，设立创意物化区，包括项目发布区、知识区、心路历程区、作品区，引领学生从真实生活和发展需要出发，从生活情境中发现问题，转化为项目主题，通过探究、体验、制作、服务、展示等方式，在多学科结合、多环境体验、多方式学习中，展开有意义、有深度的学习，做到五育并举、五育融合、五育互育。2021年，学校被中国气象学会命名为首批气象教育特色学校。

三、可持续：让学校文化成为师生隐形的翅膀

可持续发展的学校，不仅仅是为升学服务的学校，而是培养造就"大写"的人的学校。成为"大写"的人，不仅意味着具有谋生就业能力，更意味着具有正确的价值观、丰富的精神世界、厚重的家国情怀、强烈的社会责任感、健康的自我调节能力、和谐的人际交往能力。

贯彻落实"减负提质"发展战略。基础教育高质量发展是整体式、体系化的变革与发展，十二中附小坚持系统观念，加强前瞻性思考、全局性谋划、战略性布局、整体性推进，将双减、课后服务与学校整体工作进行整合，制定《十二项行动 十二分精彩——北京十二中附属实验小学"十四五"发展规划》，整体规划学校治理体系、深度推进"乐乐"课程建设、构筑全环境德育体系、建立减负提质育人模式、整合创新教育资源等十二项重点工作，使减负提质工作有了开阔的战略视野，能够面向未来、面向世界、面向现代化。

创设"我们一起，欢欢喜喜"的文化氛围。让师生获得生命的欢愉和积极向上的力量是我们首要的教育价值追求。在教师层面，笔者认为专业自觉、专业自豪感，是比校长要求和督促更好的管理手段，因此学校实施教师绽放计划，每月推荐最美教师和最美团队，宣传其事迹；举办常态化的"日日新"讲坛活动，每位教师在一学年内都要在全校教师会上做一次讲座，分享自己的研究成果；在绩效考评中采用团队绑捆式评价方式，促进教师间建立合作

式同事关系，做到"一起向前走"；在学生层面，笔者认为以情感和性格为核心的人格，是决定孩子一生的，将《情绪管理与性格培养》作为学生必读书目，开发实施社会情感课程，将学生社会情感能力纳入评价体系，常态化开展"校园和解日"活动；在家长层面，实施家校社共育工程，开发实施家长学校课程，实施积分制；成立班级问题研究与解决小组，化解矛盾，解决问题；多渠道进行家校互动与对话；开展家长升旗手和美德家长评选活动；设立社区"图书漂流驿站"，建立高链接的家校和社区关系。

建立自主承诺的行为和制度文化。唯有主动的心态才是永远的阳光，如果一个人的内心是燃烧的，周围的所有东西，对他来说都是可燃物。促进师生自我教育、自我管理、自我反思和监控调节是解决一系列教育难题的根本。一方面，以"我有主动性""我有自制力"为教育内容，以"自主管理"为突破口，开发实施《好习惯 我养成——和雅行为习养手册》《我是小小爬山虎——学生核心素养评价手册》，推进"五项管理"；另一方面，遵循"全员参与"原则，采用自上而下与自下而上相结合的方式，让各主体多方面参与学校制度的制定，形成从制度约束（他律）到公约约束（互律）再到自主承诺（自律）的制度文化，内容包括规范化制度和激励性制度，汇编成《标准·承诺——北京十二中附属实验小学管理制度》。师生在自主教育的文化氛围中将制度内化于心、外显于行，学校治理水平得到有效提高。

在责任担当中走向共好更好。只有共好，才有更好！2021—2022学年第一学期，受北京十二中联合总校李有毅校长的委托，学校牵头组织了北京十二中南站学校小学部、北京十二中朗悦学校小学部、河北省保定市莲池小学、红星小学围绕理论新视野、教育新策略、教学新方法、作业新思维、教研新成果等五个维度，以"论学杯"说课比赛和班主任情境问答比赛为驱动，聚焦"教—学—评一体化的逆向教学设计"和"作业设计"，聚焦班级管理和课堂教学的关键领域与核心环节，开展联合教研，一起破解难题。学校还建立了校长群、各校区学科组长群、学科教师群共16个微信学习交流群，五个校区所有干部教师都携手云端，联合教研成为教师专业成长的助推器，教师的单元教学设计能力、作业设计能力、命题能力、应对复杂问题情境的能力得到有效提升，教师在共好中走向更好！

可持续发展的学校，也不仅仅是学生成长的乐园，还应该是教师的人生幸福所在。教师的幸福与学生的发展密切相关，只有教师从心底里认同教师职业，才会参与到学生的成长之中，也才能获得自身职业价值的实现，收获作为教师的幸福。我们提倡"幸福而教"，区别于"为幸福而教"，一字之差，含义却大不一样。笔者认为"最伟大的教育力量是亲见的力量""最好的教育是熏陶和感染"，简单而幸福的职业心态，何尝不是一种教育力量？从"为幸福而教"到"幸福而教"，是基于对教育内涵的把握，基于对人生终极意义的理解，是对"真善美"内涵的不断创新和发展。

学校持续提升育人质量，以契合、整合、融合、联合、化合"五合"思维推进课程建设，有效促进了学生的主动学习、快乐成长，教师教学变得更有温度和力量，学校越来越受到学生的喜爱、家长的满意、社会的认可。北京十二中联合总校评价学校课程建设工作"有声有色"。2018—2021年，学校先后获得北京市综合素质评价先进单位、北京市中小学科技教育示范校、北京市课程建设先进单位、丰台区教育创新先进集体、中国气象学会气象教育特色学校等殊荣，五项成果被评为北京市基础教育课程建设优秀成果（见表7-2）；多位教师的分享式教学论文先后在高水平学术期刊发表，多次在区级以上做分享式教学研究课和说课，学校的社会影响力得到显著提升，学校对区域基础教育优质均衡发展的示范引领效应初步显现。

表7-2　学校办学荣誉

年　份	成果名称	授奖单位
2016年	丰台区校园文化提升工程特等奖	丰台区教育委员会
2018年	北京市综合素质评价先进单位	北京市中小学生综合素质评价研究项目组；北京教科院北京市教育督导与教育质量评价研究中心
2018年	北京市学校标准化管理首批达标学校	北京市教育委员会

续表

年 份	成果名称	授奖单位
2018 年	北京市语言文字规范化建设优秀学校	北京市语言文字工作委员会
2018 年	北京市文明校园	北京市教育委员会 首都精神文明建设委员会办公室
2018 年	丰台区教育创新先进单位	丰台区教育工会 丰台区教育科学研究院
2018 年	北京市"雏鹰爱心行动"创新实践奖	北京青少年科技创新学院 北京市慈善协会
2018 年	全国啦啦操比赛第一名	全国啦啦操比赛组织委员会国家体育总局体操运动管理中心
2018 年	丰台区校园集体舞比赛一等奖	少先队丰台区工作委员会
2018 年	国家社科基金十三五规划课题"无校园欺凌实验校"	国家社科基金十三五规划课题组
2018 年 2019 年 2020 年	丰台区落实体育条例优秀学校	丰台区教育委员会
2019 年	丰台区课程建设先进校	丰台区教育委员会 北京市教育学院丰台分院
2019 年	太空种子种植、排球、街舞社团被评为特色社团	丰台区教育委员会
2019 年	全国分享式教学联盟实践基地校	全国分享式教学联盟
2019 年	全国创新思维教育共同体成员校	全国创新思维教育共同体
2019 年	北京市中小学科技教育示范校	北京市教育委员会
2020 年	北京市啦啦操比赛第一名	北京市教育委员会
2020 年	合唱、黄梅戏在丰台区艺术节比赛获得二等奖	丰台区教育委员会
2020 年	黄梅戏获得国戏杯二等奖	北京市教育委员会
2020 年	"小好奇气象探秘嘉年华"获得立项	丰台区科学技术协会
2020 年	北京市课程建设先进单位	北京市基础教育课程教材改革实验工作领导小组
2021 年	丰台区落实体育条例十佳学校	丰台区教育委员会
2021 年	气象教育特色学校	中国气象学会

好学校应"形神兼备"*

"什么样的学校才是好学校?"我认为好学校应"形神兼备"。"形"包括环境设备、学业成绩、师资水平等;"神"则是学校的精气神,学生有梦想、有灵魂、有活力。一所学校"形神兼备",才能"一直被模仿,难以被超越"。

清华大学经管学院的钱颖一教授提出了一个公式:创造力 = 知识 ×(好奇心 + 想象力),后来又将这一公式改为:创造力 = 知识 × 心智模式。也有专家认为,培养创造力要有坚实的学科知识,并像科学家那样去思考。

"形"是让学生获得自主前行的力量。知识本身无法改变人的命运,而只有基于对知识的学习而形成的能力才能真正改变人的命运。所以,为了加强学生的语词积累,学校每月开展一次古诗文通关活动;为夯实学生的基础知识和基本技能,每年期末开展学科知识通关活动;为了发展学生的思维品质和综合素质,每学科每学期开展一次学科综合实践活动……不仅如此,还将"会玩一项球类""会弹奏一种乐器"作为课程目标,并落实到学科教学和适性课程中。

养成教育需要反复抓的意识。我们将和雅教育作为德育的重点,开发《我是和雅小学生》校本课程:每周国旗下讲话对上周的行为进行点评并宣讲本周学习内容;学校楼道的宣传发布台滚动播放文明礼仪动画片;学校正门的电子显示屏每周更新和雅行为学习内容和格言,例如:围绕"主动问好",播放礼貌用语和图片。学校将"干干净净每一天""耐心倾听""轻声慢步"等行为礼仪,"己所不欲,勿施于人"的底线要求作为重点教育内容,相信只要坚持不懈,学校会更加温暖而美好。

"神"是着力于提升学生精神高度。清华附中校长王殿军的报告《我想培养出一批热血青年》在朋友圈广为转载。王校长说:"如果像清华附中这样

---

* 本文发表于《湖北教育(政务宣传)》2017年第8期。

的学校，都没有培养青年领袖人才的追求和气魄，那么，国家和民族的未来靠谁来引领？"每一个优秀的学子，除了关心排名、分数和考入什么样的大学之外，还要关心身边的人和事，关注社会，关注世界。清华附小窦桂梅校长在一篇文章中写道："我内心常常涌动着一种特别的自豪：无论社会环境怎样，教师地位如何，你依然可以活出一个人应有的尊严、成就感乃至神圣感，你依然可以做一个精神上气象万千的教师！"读完两位名校长的文章，我内心汹涌澎湃。

2021年7月5日，学生期末考试结束，我请学生家长、石景山区蓝天救援队的队长郭志军来学校进行安全教育。我抓住契机，用一刻钟时间宣传了家长的事迹，提炼出三个关键词：奉献、专业、坚韧。当我介绍到蓝天救援队的叔叔们在一次洪水救援中，为了止住奇痒无比的痱子，先用刀子把皮肤刮破，然后涂上风油精才能勉强睡上一两个小时时，介绍到郭叔叔为了救援工作自己出资购买救援装备并免费提供自己家的出租屋放置救援装备时，现场响起阵阵掌声。我也再次感悟到：只有那种提升人的价值和精神的教育，才是真正的教育。潜心做"形神兼备"的教育，相信我们的学生会成为受欢迎、有力量的"大写"的人！

机遇只会眷顾坚定者、奋进者、搏击者，而不会等待犹豫者、懈怠者、畏难者。走向未来的教育改革是一项理论与实践相结合的艰苦的渐进的动态过程，我们将持续深入地思考和实践"时代新人"培养的校本化途径，凝聚教师、家长和社会的专业智慧和教育资源，充分发挥全校师生的创造力，努力把大写的"人"写得更大更好，为基础教育改革实践、为义务教育优质均衡发展探索可以复制的学校教育模式。

参考文献

[1] 习近平. 习近平谈治国理政：第二卷［M］. 北京：外文出版社，2017.

[2] 马尔库塞. 单向度的人［M］. 刘继，译. 上海：上海译文出版社，1989.

[3] 王本陆. 课程与教学论［M］. 北京：高等教育出版社，2009.

[4] 石中英. 教育哲学导论［M］. 北京：北京师范大学出版社，2004.

[5] 石邦宏. 职业设计［M］. 北京：金城出版社，2017.

[6] 龙应台. 亲爱的安德烈［M］. 北京：人民文学出版社，2008.

[7] 叶圣陶. 如果我当老师［M］. 北京：教育科学出版社，2012.

[8] 吉尔福德. 创造性才能：它们的性质、用途与培养［M］. 施良方，沈剑平，唐晓杰，译. 北京：人民教育出版社，2005.

[9] 夸美纽斯. 大教学论［M］. 傅任敢，译. 北京：教育科学出版社，1999.

[10] 达令-哈蒙德，亚当森. 超越标准化考试：表现性评价如何促进21世纪学习［M］. 陈芳，译. 长沙：湖南教育出版社，2020.

[11] 朱永新. 我的阅读观［M］. 北京：中国人民大学出版社，2012.

[12] 任景业. 分享孩子的智慧——改进教学的建议［M］. 长春：东北师范大学出版社，2014.

[13] 任景业. 关注思维的细节——读懂孩子的建议［M］. 长春：东北师范大学出版社，2014.

[14] 多尔. 后现代课程观［M］. 王红宇，译. 北京：教育科学出版社，2006.

[15] 阮守华. 异彩同辉［M］. 北京：社会科学文献出版社，2021.

[16] 孙瑞雪. 完整的成长［M］. 北京：中国妇女出版社，2015.

［17］苏霍姆林斯基. 苏霍姆林斯基选集［M］. 北京：教育科学出版社，2001.

［18］杜威. 民主主义与教育［M］. 王承绪，译. 北京：人民教育出版社，2001.

［19］杜威. 我的教育信条［M］. 北京：中国传媒大学出版社，2017.

［20］李有毅. 培育创新DNA——北京市第十二中学创新人才"双螺旋"培养模式探索［M］. 北京：清华大学出版社，2020.

［21］李泽厚. 美学四讲［M］. 武汉：长江文艺出版社，2019.

［22］佐藤学. 学习的快乐——走向对话［M］. 钟启泉，译. 北京：教育科学出版社，2004.

［23］佐藤学. 静悄悄的革命——课堂改变，学校就会改变［M］. 李季湄，译. 北京：教育科学出版社，2014.

［24］余文森. 核心素养导向的课堂教学［M］. 上海：上海教育出版社，2017.

［25］怀特海. 教育的目的［M］. 赵晓晴，张鑫毅，译. 上海：上海人民出版社，2018.

［26］宋修见. 中华美育精神访谈录［M］. 北京：北京大学出版社，2019.

［27］张晓瑜. 有机课程观研究［M］. 北京：中国社会科学出版社，2016.

［28］阿姆斯特朗. 当代课程论［M］. 陈晓端，主译. 北京：中国轻工业出版社，2007.

［29］陈晓芬译注. 论语［M］. 北京：中华书局，2016.

［30］林崇德. 21世纪学生发展核心素养研究［M］. 北京：北京师范大学出版社，2016.

［31］林崇德. 创新人才与教育创新研究［M］. 北京：经济科学出版社，2009.

［32］凯瑟琳. 杜威学校［M］. 北京：教育科学出版社，2007.

［33］周文叶. 中小学表现性评价的理论与技术［M］. 上海：华东师范大学出版社，2014.

［34］珀金斯. 为未知而教，为未来而学——什么才是有价值的学习［M］. 杭

州：浙江人民出版社，2015.

［35］哈蒂，耶茨. 可见的学习与学习科学［M］. 彭正梅，邓莉，伍绍杨，等译. 北京：教育科学出版社，2018.

［36］钟启泉. 课程与教学论［M］. 上海：华东师范大学出版社，2008.

［37］泰勒. 课程与教学的基本原理［M］. 罗康，张阅，译. 北京：中国轻工业出版社，2014.

［38］徐玉珍. 校本课程开发的理论与案例［M］. 北京：人民教育出版社，2003.

［39］陶西平. 大家不同 大家都好［M］. 北京：教育科学出版社，2012.

［40］陶行知. 陶行知选集（三卷本）［M］. 北京：教育科学出版社，2011.

［41］崔允漷. 校本课程开发理论与实践［M］. 北京：教育科学出版社，2000.

［42］斯艾斯奎. 第56号教室的奇迹：让孩子变成爱学习的天使［M］. 北京：中国城市出版社，2009.

［43］联合国教科文组织国际教育发展委员会. 学会生存：教育世界的今天和明天［M］. 华东师范大学比较教育研究所，译. 北京：教育科学出版社，1996.

［44］谢小庆. 心理测量学讲义［M］. 武汉：华中师范大学出版社，1988.

［45］蔡清田. 课程发展与设计的关键DNA：核心素养［M］. 台北：五南图书出版股份有限公司，2012.

［46］德鲁克. 卓有成效的管理者［M］. 许是祥，译. 北京：机械工业出版社，2009.

［47］王治河，陈静，樊美筠. 生态文明呼唤一种后现代的通人教育［J］. 教育理论与实践，2018（5）：3-6.

［48］王治河，樊美筠. 生态教育：打破现代文明困境——直击"农人与哲人：走向生态文明"研讨会［J］. 世界教育信息，2018（9）：6-11.

［49］牛晓琴. 对话：提升道德教育实效的有效途径［J］. 教育理论与实践，

2014, 34（7）：52-55.

[50] 石中英. "培养什么人"问题的70年探索［J］. 中国教育学刊, 2019（1）：51-57.

[51] 石中英. 什么是教育活力［J］. 上海教育科研, 2021（3）：1.

[52] 石中英. 发展素质教育的根本任务、时代内涵和实践建议［J］. 人民教育, 2021（10）：15-19.

[53] 石邦宏. 创新教育普及的社会背景、理论依据和行动策略［J］. 教育研究与实验, 2019（4）：67-70.

[54] 卢冬梅. 创新素养隐性课程的开发［J］. 教育评论, 2005（6）：118-119.

[55] 叶澜. 让课堂焕发出生命活力——论中小学教学改革的深化［J］. 教育研究, 1997（9）：3-8.

[56] 田友谊, 姬冰澌. 未来学校：迈向技术使能的学习共同体［J］. 现代教育管理, 2021（8）：51-57.

[57] 史瑞龙. 怀特海过程哲学视角下的课程观［J］. 文教资料, 2019（12）：185-186.

[58] 宁本涛. "五育"融合：何谓、何来、咋办？［J］. 陕西教育, 2021（4）：10-13.

[59] 朱永新. 缔造完美教室——第12届全国新教育实验研讨会主报告［J］. 教育研究与评论, 2012（4）：9-30.

[60] 任景业. 数学给我的影响［J］. 教育研究与评论, 2020（3）：76-81.

[61] 刘厚萍. 学校空间的育人性及表现［J］. 上海教育科研, 2019（6）：81-84.

[62] 刘登珲. 学校课程统整实践中的三重误区及其超越［J］. 教育理论与实践, 2016, 36（34）：57-60.

[63] 李有毅. 立德树人 培养真善美大写的人［J］. 北京教育（普教版）, 2014（2）：18-19.

［64］李光对. 生态的教育与教育的生态［N］. 光明日报，2016-02-16（14）.

［65］李芳. 教育要肩负起实现中华民族伟大复兴的历史使命［N］. 中国教育报，2020-08-10.

［66］李柏崐. 叶圣陶教育思想中大写的"人"——关于叶圣陶"培养合格公民"的理解［C］//中共江苏省委宣传部，江苏省哲学社会科学界联合会. 江苏省哲学社会科学界第八届学术大会学会专场应征论文论文集，2015.

［67］杨强，任景业. 寻找适合人的天性的教育方式——关于分享式教学的问答［J］. 辽宁教育，2013（5）：33-37.

［68］张金运. 论核心素养课程观：意义、限度与生成［J］. 当代教育科学，2017（3）：32-36.

［69］张晓瑜. 教师个人有机课程观的建构：基于过程哲学视角的分析［J］. 教育研究，2016（5）：117-123.

［70］张祥兰. 班级文化场域建构：价值选择与关系调适［J］. 中国教育学刊，2016（8）：51-54.

［71］张晨. 小学教室文化育人功能研究［D］. 岳阳：湖南理工学院，2020.

［72］陈若菲. "大写"的人——李泽厚美学观点中"人"的问题浅谈［J］. 名作欣赏，2012（27）：70-72.

［73］周文叶，陈铭洲. 指向深度学习的表现性评价——访斯坦福大学评价、学习与公平中心主任 Ray Pecheone 教授［J］. 全球教育展望，2017（7）：3-9.

［74］项纯. 五育融合的学校课程实践方略［J］. 中国德育，2021（13）：51-56.

［75］赵辛辰. "文化"润"德"思考与实践［J］. 中国教育学刊，2011（9）：87-89.

［76］钟启泉. 基于核心素养的课程发展：挑战与课题［J］. 全球教育展望，2016（1）：3-25.

［77］侯守峰. 把学生培养成为"大写"的人［J］. 北京教育（普教版），

1996（4）：20.

［78］姜峻. 教育就是培养大写的人［J］. 职教通讯，2016（5）：1.

［79］宣小红，纪效珲，石邦宏，等. 育人本位的基础教育信息化水平评价指标体系建构［J］. 中国教育学刊，2020（8）：52-58.

［80］顾明远. 个性化教育与人才培养模式创新［J］. 中国教育学刊，2011(10)：5-8.

［81］殷蕾. 基于场域理论的班级文化育人研究［J］. 中国教育学刊，2018(2)：64-67.

［82］郭华. 70年：课堂教学改革之立场、思想与方法［J］. 中小学管理，2019（9）：20-24.

［83］郭晓明. 从核心素养到课程的模式探讨——基于整体支配与部分渗透模式的比较［J］. 中国教育学刊，2016（11）：44-47.

［84］黄勤锦. 学校德育：从独白到对话［J］. 中国成人教育，2007（10）：10-11.

［85］曹红旗，王桂亮. 创新素养与课程开发［J］. 教育研究，2003（9）：80-84.

［86］曹瑞. 全社会为家庭教育赋能 护航未成年人健康成长［J］. 中国民族教育，2021（12）：8-11.

［87］阎琨，吴菡，张雨颀. 社会责任感：拔尖人才的核心素养［J］. 华东师范大学学报（教育科学版），2021（12）：28-41.

［88］谢翌，徐锦莉. 教室环境：一种被忽视的课程——课程开发视野中的教室环境布置［J］. 教育理论与实践，2008（11）：41-44.

［89］褚宏启. 国民核心素养清单与重点［J］. 中小学管理，2016（6）：57.

［90］谭颖，祁雪洋. 后现代主义课程观对我国基础教育课程改革的启示［J］. 教育观察，2021，10（19）：1-3.

［91］翟俊卿，刘伟. 学生核心素养视角下课程评价之发展［J］. 教育测量与评价，2016（9）：29-34.